苏州望亭中学优秀作文集

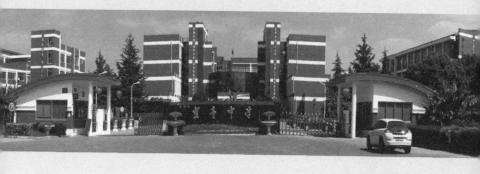

周政昌　于铸梁　主编

苏州大学出版社

图书在版编目（CIP）数据

野草/周政昌，于铸梁主编.—苏州：苏州大学出版社，2017.7
 ISBN 978-7-5672-2177-2

Ⅰ.①野… Ⅱ.①周… ②于… Ⅲ.①望亭中学-校史 Ⅳ.① G639.285.33

中国版本图书馆 CIP 数据核字（2017）第 170804 号

书　　名：	野草
主　　编：	周政昌　于铸梁
责任编辑：	倪浩文
出版发行：	苏州大学出版社
	（苏州市十梓街1号　215006）
印　　刷：	苏州望电印刷有限公司
开　　本：	850mm×1168mm　1/32
印　　张：	10.5
字　　数：	280千字
版　　次：	2017年7月第1版
印　　次：	2017年7月第1次印刷
书　　号：	ISBN 978-7-5672-2177-2
定　　价：	30.00元

苏州大学版图书若有印装错误，本社负责调换
苏州大学出版社营销部　电话：0512-65225020
苏州大学出版社网址　http://www.sudapress.com

《野草》编辑委员会

顾　问：顾　敏　陆巧明　陆文表　缪芙蓉
　　　　郭凤良　徐鸿芳　宁建英
主　任：高　平
主　编：周政昌　于铸梁
编　委：钱　毅　沈秋华　吴文英　庄德刚
　　　　王伯康　张　宇　赵　清　张建明
　　　　丁伟忠　陈首飞　顾雪华　刁继民
　　　　郭雪萍　裘丽萍　杨广东　黄小亚
　　　　王林方　赵亚萍　陆祥桂

活动·荣誉

共青团中央、语文报社颁发的"作文教学先进单位"铜牌

江苏省教育厅等颁发的"江苏省优秀文学社"铜牌

风华文学社代表大会

作品

《野草》

《风华》

油印版《风华》

让文章"亮"出来(代序)

周政昌

　　一篇文章让人读后要有"眼前一亮"的感觉,这应该是我们写作练习的追求之一,当然也是考场作文取胜的诀窍之一。

　　眼前"发亮"的篇章总是有创新的地方。"有创新"是作文评分标准中"发展等级分"的最高层面,《考试说明》对其解释为:"见解新颖,材料新鲜;构思精巧,推理想象有独到之处;有个性特征。"我们学生在作文的实际操作中,倘能从以下几个方面着手,也就能大体让自己的文章"有些亮色"了。

　　1. 细节生辉。叙事要曲折有致,不能过于平淡,要在曲折中显生动感人;描写要具体、逼真,只有逼真,才能给人留下深刻的印象;逼真的关键,就在于细节描写是否真实、具体、生动。另外,细节的逼真和生动,也可看出作者对生活观察的深刻程度。

　　"她一手提着竹篮,内中一个破碗,空的;一手拄着一支比她更长的竹竿,下端开了裂。"(鲁迅《祝福》)这是"我""昨天遇见祥林嫂"的情景,采用了细节描写。你从这一些细节描写,仅感觉到"哦,此时的祥林嫂已是个乞丐了",那是十分肤浅的认识。

　　"内中一个破碗",碗是"破"的,作为"乞丐"的祥林嫂,也属于落魄的乞丐了,真是可怜;"空的",落魄的乞丐祥林嫂,已经落魄到连饭也难以要到了,已没有同情她的人啦,悲惨啊。"拄着一支比她更长的竹竿",这支竹竿看来是随手捡来的,她已虚弱到没有能耐去挑拣一根趁手的拐棍,没有能耐去截削处理了,更不可能有人去帮助她;"下端开了裂",怎么会"开裂"?哦,此时的祥林嫂羸弱之极了,行走时身体已站不稳,不得不倾力于拄着的竹竿,竹竿受力太沉,致使竹竿"下端开了裂"。——对各个细微的环节一一推敲,便能尝到其中浓浓的"味儿";同时,一个穷困潦倒风烛残年已步入末路的祥林嫂,也栩栩如生地站立到你的眼前。这样的细节,意味深长,令人难忘,文章因此而生辉。

2. 情感动人。"动人心者莫过于情",高考作文要求"感情真挚",正是基于这种把学生培养成具有丰富感情之人的考虑。考生就是要把自己对生活的真实体验、把自己对人间真情的深切感动注入笔端,付诸文字。《人民日报》2012年2月13日24版发表黄兴蓉创作的《山果》,是一篇三千来字朴实无华的记叙文章,却如一幅写意水墨画卷徐徐向读者展开:

从一群十二三岁大山里的孩子背着背篓挤火车的广角镜头,浓缩到一位穿着打了补丁衣服、满脸汗水的背篓小姑娘的特写镜头;进而展开情节描写列车上乘客们从开始迷惑到后来同情小姑娘,并通过购买她的核桃向孩子伸出援手的全部过程,塑造了一位"贫困得让人心惊肉颤,善良得叫人落泪无言"的大山深处贫瘠土壤上小女孩形象,激活了珍藏于我们内心深处的真、善、美的情愫,让我们唏嘘不已,潸然泪下。这篇以情动人的小文,自2012年发表以来,一直感染着读者,最近再次发酵,据《文摘报》2016年4月23日2版介绍,连河北省秦皇岛市委书记孟祥伟在微信中也作推荐:"昨晚在群里看到《山果》一文,我看了两遍还是难以忘怀释手,真是感动人,太值得一读!"

生辉之文,往往是感情自然充沛的文章;另外,笔端有情,方能文如泉涌。

3. 思想火花。一篇文章,不时在迸溅出思想火花,必然能吸引读者的眼球。创新是思想火花的迸射,大凡在艺术上有所建树的人都是有自己独树一帜的识见与风格,而这种风格正是艺术家们对自身艺术生命的一种创新。明明是"月下独酌",李白偏偏"对影成三人";明明是秋后枯草毫无生机,鲁迅先生却把它比作"光泽照人的""铜丝"……创新使旧东西有了新生命,创新是一种心灵火花的飞溅。

思想厚重的文章,内涵丰富,蕴含哲思,启发人们深入思考,让人得到人生的教益。例如,鲁迅先生在《故乡》中写道:"我在朦胧中，眼前展开一片海边碧绿的沙地来，上面深蓝的天空中挂着一轮金黄的圆月。我想：希望是本无所谓有，无所谓无的。这正如地上的路；其实地上本没有路，走的人多了，也便成了路。"这段文字不仅具有诗情画意，而且极具哲理性，意蕴丰富，耐人寻味，激励人们冲破旧世界黑暗的牢笼，去开辟新的生活道路。闪烁着灿烂的思想火花，显得精警深邃。这样的文章，不止是让人"眼前一亮"了，而是让读者"眼前通明"啦！

4. 文采光耀。讲求文采，尽显文章亮丽光泽。"文采"是什么？文采多指内涵的一种韵味，一种光泽，一种气派，它以自然流露为上，返璞归真为上。考场作文时，我们的头脑中一定要有十分清晰的作文要求——"有文采"。一是要合理灵活地选用句式，或对偶，或排比，或反问，或长短，或整散。对偶句式整齐划一，富有音乐美。尤其是对联，上下字数相等，词性、结构相同，平仄相对，即使只用于文章的题目，也会为文章增色不少。二是要灵巧地使用修辞方法，或比喻，或拟人，或夸张，或对比。在作文中灵巧运用这些修辞手法，成绩一定会高出一个等级。

5. 机智灵光。什么是"机智"？作家王蒙说：就是亏他想得出来。"机智"为文，是临场作文的取胜又一道。"机智"，显示了作者对事物本质、人生真谛的穿透力，它来源于人们惯常的生活，来源于对生活的机智把握。

下面结合一篇例文来说一说"机智为文"燃旺亮点的问题。

习　惯

口头语也是一种习惯，在许多场合，人们往往脱口而出。

高三开始，班主任对我们说："这学期由吴老师教你们数学，上课好好听，别开小差。"

第一堂数学课，刚打上课铃，从门口横进一个"巴依"，戴着眼镜，镜片跟啤酒瓶底差不多，腆着大肚子，裤带陷进去寸把，西装敞着，没扣上，大概也扣不上。他自我介绍说："我叫吴吉昌。"大家都笑起来。同学们谁都知道语文课本里那个吴吉昌，那个农民科学家。笑得他莫名其妙。吴老师上课真奇怪，很少讲概念，全跟我们讲例题。那次上课,一开始,就在黑板上抄一道例题。哟!还挺难的。同学们都苦思冥想起来,过了五分钟,只听见吴老师说:"简单!"于是左手叉腰,右手拿着粉笔在黑板上写了起来,嘴里不住地介绍解题的思路,片刻,整个解题过程就出现在黑板上。同学们豁然开朗,都慨叹道:"简单!"

从此后,数学课上就经常听到"简单,简单"。随着一道道难题的"简单",同学们学到了大量的解题技巧,我们班的数学水平也有很大的提高。

有一次,我拿着一道较难的题目去问吴老师,他想了片刻,"简单!"脱口而出。于是就在草稿纸上写了给我看,我却看了半天也没有看懂,结果他急得满头大汗,我也急得满头大汗。胖子是怕热的,天气又热。"你看!"他又细细地给我讲了一遍,我终于开了点窍。他看我还是不大懂,于是又讲解思路。看着他满头大汗,我真恨自己笨,然而最后我终于懂了。"这道题目还不简单",他得意扬扬。我也笑着说:"懂了就简单。"他大声:"对,对,对!懂了就简单——简单!"他又拿起一道题目。

有一次,上语文课,语文老师问:"吴吉昌有一句代表性的话是什么?"同学们大声说:"简单——"

这篇作文涉笔成趣,潇洒自如,情趣盎然;足见这位考生非常善于瞄准和捕捉生活的机趣。我们在阅读过程中,一路会被作者逗得合不拢嘴;待到掩卷,不由自主地会击节赞赏道:"亏他想得出来!"

首先是这位数学老师的名字叫"吴吉昌"。这可能是真,也可能是假,还可能是音同字不同或大同而小异——但在这篇作文中用定"吴吉昌"这个名字,就别有趣味了。因为中学语文教材中有篇《为了周总理的嘱托》的文章,里面的主人公就叫"吴吉昌",他是位棉花种植模范。这样的两个人物"搅和"在一起,能不叫人忍俊不禁吗?能不让人拍案叫绝吗?这一"搅和"似乎还有一个妙处,就是巧妙地向读者暗示:这位数学老师"吴吉昌"也是位"耕耘好手",也可能是位"劳动模范",可能也在完成着"周总理的嘱托"。

其次是这位数学老师的"巴依"样形体。长就这么一副熊相，真是太具"特色"，难怪他的首次班级"亮相"，就惹来哄堂大笑，就是我们读者读到此处，也要喷饭了。注意，文章的真正妙处，不在于搞笑一下，而有其深层的用意：此处突出他的"胖"，为下文他为"我"解题时的"热"埋下伏笔；另外，他的笨拙的"外相"同他敏捷思维的"内在"形成了鲜明的对照，相映成趣。——如此构思，又是"亏他想得出来"。

再次，最为突出的是，这位数学老师常挂在嘴边的口头禅："简单！"文章将其作文构思的焦点，思路由此展开，将这位老师的音容笑貌、思想境界，活灵活现地刻画了出来。在"简单"的口号声中，吴老师引领着全体同学冲破一个个数学"难关"，攀登着一座座数学"险峰"。吴老师的口头禅"简单"，起到了莫大的鼓舞作用，这是一种战略上的藐视；而在战术上，他是从来没有半点马虎的。你看，他为我解题，他要先"想"；我不懂时他"急得满头是汗"；在他"细细地讲解"后我"开了点窍"，他又是"满头大汗"地再给我讲解；直讲解得"我终于懂了"，他才"得意扬扬"同意我的观点道"懂了就简单——简单！"

在"简单"声中，"我们班"的数学水平得到了很大的提高；在"简单"声中，一个教学有方诙谐幽默，一个其貌不扬不修边幅，一个战略上藐视困难而战术上重视困难的老师形象，栩栩如生地立在读者的眼前了。——如此构思，又是"亏他想得出来"啊！

第四，文章的尾段设计，也是巧妙绝伦：

有一次，上语文课，语文老师问："吴吉昌有一句代表性的话是什么？"同学们大声说："简单——"

你看，原先是将语文课本中的"吴吉昌"，同生活中的数学老师"吴吉昌"搞混了；现在是同学们将生活中的数学老师"吴吉昌"，同语文课本中的"吴吉昌"搞颠倒了。是故意开个玩笑，还是长期熏陶下的下意识回答？乱啦，乱啦！至于是真乱还是假乱，这一切并不重要，反正一种喜剧效果，一种幽默风趣的效果出来了。——如此结尾,又是"亏他想得出来"啊!

附一:风华文学社社员优秀作文辑录文章汇总表

辑号	获奖数	发表数	总计
第一辑	12	54	66
第二辑	37	37	74
第三辑	66	51	117
第四辑	67	30	97
合计	182	172	354

注:这四本集子所收社员佳作仅仅是获奖或发表佳作的半数,另一半是由于参赛作品没有留底稿而散失了,真有遗珠之憾。

附二:第四辑《野草》文章辑录说明

这第四辑《野草》,除了收录97篇学生佳作外,还收录了93篇曾刊发于校刊的教师作品。师生作品一并收录,是为厚重集子内涵,提供更多"例子"给阅读者品鉴;也是积极倡导语文老师"下水"作文,倡导所有老师让"阅读与写作"伴随教学人生。出版时,喜得刘海粟关门弟子赵凯先生题写书名,特此鸣谢。

目 录

让文章"亮"出来（代序）……………………周政昌

一　社员作品

（一）发表作品

我最想依靠的就是你 …………………… 苏　陶　002
眼光 …………………………………… 黄程珠　003
来生我要当姐姐 ………………………… 陆莉亚　004
懂得 …………………………………… 顾展悦　005
迷失江南 ………………………………… 陆莉亚　007
幸福草 …………………………………… 魏华婷　008
最美的下雨天 …………………………… 邹　语　009
美丽的乡村 ……………………………… 朱迎莹　010
标签 …………………………………… 袁亦卓　012
那株草，那个人，那种美 ……………… 王　晨　013
一路有你 ………………………………… 刘亚博　014
爷爷的草帽 ……………………………… 焦　燕　015
成长 …………………………………… 朱莹莹　017
那不是简单的紫藤 ……………………… 戈　妮　018
说"谦虚" ……………………………… 王翌涵　019
父亲 …………………………………… 朱雨珊　020
蹊跷 …………………………………… 单金凤　022
致我们逝去的童年 ……………………… 王翌涵　024
心灵的绿洲 ……………………………… 高佳佳　025

勿忘梦想，落叶归根	张嘉雯	027
为自己才能更好地为别人	单金凤	028
行行出状元	潘梦宇	030
国力强盛方有真正的和平	李昊然	031
那一刻，我的世界春暖花开	蔡云洁	033
留一点空间	李春燕	034
爱与苛责	李佳慧	036
简单	陈一祎	038
老街·老人	黄婷	040
为他人鼓掌	丁孜洁	042
不一样的真情	罗玲	043

（二）获奖作品

拥爱者的幸福	付鑫	046
只因有爱	严雪	047
幸福，藏在日历间	薛雅君	049
石头的蜕变	杨佳艳	050
幸福是什么	高梦佳	052
奋进	蒲慧	054
我眼中的幸福	王雪华	055
幸福的召唤	惠雯静	057
原来幸福就在身边	周洁	059
一抹淡淡的茉莉花香	乔芳芳	061
致最亲爱的爸爸妈妈	张昊	063
我的幸福	朱顺叶	065
号角	曹鑫	066
雨后	徐佳	068
悬崖边的生命	蒋绮玥	069
那一抹阳光	陆佳敏	071
我追求	翟云逸	073

小猪波波的追梦之路	李珍明	074
追梦，梦绚烂	石子尧	076
追逐梦想	沈小斌	077
梦	袁振煜	078
追风的少年	杨悦鑫	080
怪人	周懿	082
就这样慢慢长大	郑成露	085
嘿，你好吗	茆冰灵	087
人生沙漏	朱筱涵	090
真情难忘	韩悦	091
成长·蜕变	秦宁	093
过了爱做梦的年纪	王亦莹	094
为自己奔跑	何静	096
童年里的小水塘	姚晓君	098
记忆中的拼图	陈书周	099
妈妈的味道	丁新雁	101
恰逢暮雪亦白头	张苏娟	103
最是灶台烟起时	常山	104
守护那阵稻花香	张吻吻	106
待，银莲花开	葛志业	108
守一穗稻花香	李文军	110
守不住的地	侯佳璐	112
等待，是为了最终的繁华	余婷婷	113
老李卖肉	杨永杰	115
灯下尘	邓竹	117
守树人	李春燕	118
蒲草人生	尤文如	120
记忆中的温暖	李珊珊	122
永远的龙灯	颜泽鑫	123
成由俭，败由奢	许吟菲	125

守望星空	余　炎	127
春味	顾梦洁	128
守望和平	朱　莹	129
孤独的守望者	杨佳艳	131
月是故乡明	张　浩	132
缺失	谢国涛	134
牵动我心的声音	刘方松	135
梦开始的地方	季英杰	137
回望	王雪华	138
冬天的阳光是甜的	吴挥民	140
冬日的阳光是甜的	陈金丽	141
冬日的阳光是甜的	惠梦姣	143
年龄	陆晓婷	144
年龄	马文彪	146
年龄	赵凯华	147
年龄	高佳佳	149
遇见一本书，流泪	高佳佳	151
分别后的第三十八年夏至	周怡雯	153
又是一年	曹　鑫	156

二　下水作文

（一）诗歌

又闻桂花香	糜慧芝	160
洁白的梦	糜慧芝	161
那就是我	糜慧芝	162
选择的代价	王　沂	163
但愿失忆	王　沂	164
秋暖	王丽丽	165
情寄槐花	陶剑雄	166
电脑重启	庄德刚	168

谒马鞍山抗日烈士墓	华建明	169
获《纪念抗战胜利七十周年》邮集有感	华建明	169
巢湖三首	华建明	169
街头琴	华建明	170
花果山	华建明	170
题破山寺次常建韵	华建明	171
中秋咏嫦娥	华建明	171
吊钱公柳君因嵌"青云得路且回头"	华建明	171
登高	华建明	172
咏梅	华建明	172
香雪海	华建明	172
春水	华建明	173
探春	华建明	173
海棠花	华建明	173
送彭兄之湘	华建明	174
游花山	华建明	174
游树山	华建明	174
望中六十大庆有怀	华建明	175
采桑子二首	蒋瑞琮	175
望中六十抒怀	周易铭	176
建校六十感怀	路仲导	176

(二)叙议

老家的腌菜烧肉	胡维静	177
过年随感	胡维静	178
从《民兵葛二蛋》中的两个女性看抗日战争	胡维静	179
七夕念父母	胡维静	181
公公,安息吧	胡维静	183
时桂荣老师千古	胡维静	185
他们的歌声	黄雪静	187

雨伞	黄雪静	188
视角	黄雪静	189
学车	黄雪静	190
参加2016中国太极拳精英邀请赛合肥赛区比赛心路纪实	黄雪静	191
刺猬	黄雪静	192
摆摊记后续	黄雪静	193
暑假和孩子们再读《西游记》	黄雪静	194
紧握住手中的麦穗（外一篇）	糜慧芝	196
朝露里的光明	糜慧芝	197
茉莉清香	石鑫佳	198
是雨淋湿了我的心	石鑫佳	200
我想唱首《夜来香》	石鑫佳	201
毕业	时浩	203
火车的记忆	时浩	204
喝茶	时浩	207
杀猪	时浩	208
又回阳澄湖	时浩	210
一个人的操场	时浩	212
山塘记忆	时浩	214
为"有权不可任性"点赞	时浩	216
小处不可随便	时浩	217
秋裤的回忆	时浩	219
相见时难	时浩	221
咥糊馟	时浩	224
洋芋	时浩	226
背离还是回归？	王丽丽	228
粥的滋味	王丽丽	229
简记老杨	王丽丽	230
哲学老马	王丽丽	232

寻找一盏灯	王丽丽	233
外婆，今晚念着你	王丽丽	235
儿行千里话归家	王丽丽	236
安好，外婆	王丽丽	238
旅行的意义	王丽丽	240
弥补清晨的错失	王丽丽	241
寒山可语	王丽丽	243
梨花一枝春带雨	王丽丽	244
春在马兰头	王丽丽	245
让世界停止三秒	王丽丽	246
一切安好，父亲	王丽丽	247
闲话刀刀	王丽丽	248
一杯安慰	王丽丽	249
女儿终于睡着了	王 萍	250
外貌	王 萍	251
外人	王 萍	253
平平淡淡才是真	王 萍	254
唐婉殇	王 萍	255
孤独与孤单	王 萍	257
送考	周霞桥	258
散步偶感	周莉莉	260

（三）记游

杭马记	时 浩	261
美国游学十六天日记	王林方	268
英国修学日志	裘丽萍	276
赴韩文化交流旅行日志	周政昌	285
浙西大峡谷游记	胡维静	309

除夕值班（代后记）	311
附：何永康教授为《作文训练例文》写的序文	314

一 社员作品

（一）发表作品

我最想依靠的就是你

2009级高中10班　苏　陶

　　下着雨的夜，太熟悉的街，可我却无法向前迈步，没有你这把遮风挡雨的"大伞"在身旁，让我如何走出阴霾。

　　父亲，你是我的依靠，是你用坚强让我懂得要不畏任何挑战；你的忍让使我理解了海阔天空；你的不屈，教会了我不要轻易在困难面前低头。

　　你的坚强令死神也放手，那一次家中变得沉闷，我也半个多月无法振作精神，去医院看你，我都是强忍住了眼角的泪水，因为我知道，你希望看到的是一个活泼开朗的我。你总说，无论遇到什么事情，都必须有一颗乐观向上的心，你认为只有乐观的心态的人才能创造让人乐观的生活。父亲，当220伏特的电流穿过你的身体，你当时可能就只有一个信念：绝不能轻易放弃。可能正是这样的信念，上帝才不忍心抛弃一个信念坚定而又豁达乐观的人吧。父亲，你的坚强让我真正懂得：人，不能轻言放弃。

　　你还没有完全康复就出院了，为了养家，你继续干着自己的老本行。你的右手，较被电击之前有了明显的变化，可你从不认为自己是一个残疾人，你努力地继续工作了。因为右手比左手变化大，父亲，你只得改用左手做事，右手辅助。你不无幽默地对我说："多用左手劳动，人会变得更聪明。"我只在一旁笑着，我很明白你的良苦用心，父亲，你是教会我如何做人，如何面对突如其来的灾难，如何在逆境中不失信心乐观生活啊！

　　当我生病足足一个星期没去学校，按照平常，你早就会把我骂去学校了。可是，这一星期，你为了我东奔西走，带着我大大小小的医院去了好多家。记得童年时我常坐在你不太宽阔的肩膀上，黄昏中走过河东，夕阳的余晖洒在你的发间，你黝黑的头发闪闪发亮；而如今，你背着我还是行走在黄昏的余晖中，我望见你双鬓已露出了微微的白发。我的泪水不由自主地淌下来……

父亲，你生我养我教育我，我依靠你生长到而今；父亲，你忍让、坚强、乐观感染了我，你的这种意志精神必将是我坚实走好人生每一步的依靠。

我最想依靠的就是你——豁达乐观、坚忍不屈的父亲，父亲的豁达乐观、坚忍不屈。

（辅导老师：周政昌，发表于 2011 年 11 月 14 日《苏州日报》）

眼　光

2009 级高中 10 班　黄程珠

面对日常生活中的磨难或成功，换一种眼光看待，会使我们快乐起来或保持一种平静的心态。这样既减少了发脾气和消沉的次数，又避免了太多的盲目乐观。

一道数学题答案是唯一的，但是解题的方法却是千变万化的，从不同的角度切入，可以用不同的方法。这都是"换一种眼光"的功劳。

在日常生活中，如果在问题或荣誉面前"能换一种眼光"看，我们可以从事物中发现新奇美丽的另一面，也能够保持清醒的头脑，发现尚存的问题，找准努力的方向。苏轼有诗曰："横看成岭侧成峰，远近高低各不同。"说的大概也是看问题的"眼光"吧。

两个人在沙漠中迷了路，这时他们发现各自只剩下半瓶水了。此时的他们，一个觉得水太少而灰心丧气，另一个却觉得还有半瓶可救命而欣喜万分。后者"换一种眼光"看出"还有半瓶水"，心情乐观了；前者却只看到"仅剩半瓶水"，而陷入不安之中。这两个人的结局可想而知，心情保持乐观的人靠着半瓶水，心中充满希望找到了绿洲，走出了沙漠；而陷入不安之中的那个，很快就喝完了水，最后渴死在沙漠中。

　　两个人的结局之所以相差如此之大，主要原因在于面对困境时看问题的眼光。如果陷入困境时，那个人愿意换一种眼光，他的结局也许就不会如此悲惨。

　　如果人人都学会换一种眼光看问题，我想社会一定会更加和谐，人与人的相处一定会更加和睦，社会一定更加兴旺发达，我们的明天将更加美好！

（辅导老师：周政昌，发表于2012年2月6日《苏州日报》）

来生我要当姐姐

2010级高中4班　陆莉亚

　　你长我三岁，他们说你是我表姐。我在物理课上写这篇东西，如果你知道一定会骂我。所以你看年龄大就是好，来生我要当姐姐。

　　你总是懂的比我多，会的比我多，比我成熟，比我懂事。当我傻乎乎地走进幼儿园时，你已经神气地背起书包了；当我努力戴上红领巾，你肩上已经有鲜艳的红杠杠了。你总是跑得那么快，我追都追不上。你总是那么自我独立，我从没见你哭泣。当我不小心落下泪来，你从不安慰只会嘲笑我懦弱。于是我学会坚强，不让别人看见伤口。

　　大人们总是很相信你，有些事他们会告诉你。和你相比我像个没长大的孩子，我不明白你为什么要羡慕我。我不喜欢和你抢东西，但你总是会让我。你在网上买东西，不出意料都有我一份。你也偶尔会有小嘀咕，说姑姑比较宠我不宠你。

小时候我还不懂事，而你总会带我出去玩。在那么多个日子里，无数脚印都是你陪我一起留下。你总说我笨得像猪一样，但我知道你其实很疼我。当我孤单的时候，回过头总能看见你。你不知道我有多喜欢你，姐姐这两个字多动人。

　　如果人真的有来生，那么来生我要当姐姐。我会走得比你快，会做你的榜样。我会嘲笑你怎么那么爱哭，应该一个人学会坚强。来生我要当姐姐，你不需要明白太多，你可以天真可以撒娇可以耍赖，只需要当一个孩子。我会好好保护你，让你来生当公主。我不会和你抢东西，不需要你开口，只要你喜欢的，统统让给你。也许我会懂的比你多，会的比你多，也请你不要着急。我会带你去了解，什么是咖啡和牛排。

　　来生我要当姐姐，今生你给了我太多，我是多么感激上苍，让我当你的妹妹。我从不煽情说爱你，但我想你一定会明白。

　　如果真的有来生，那么来生我要当姐姐，你不许和我抢！

（辅导老师：王先猛，发表于 2012 年 2 月 13 日《苏州日报》）

懂　得

2009 级高中 10 班　顾展悦

　　"呼！"一扇门将自己与弥漫的硝烟给阻隔开了。自从进入青春期，就没和父母少冷战过。

　　门外有两只苍蝇，不，是两群苍蝇，嗡嗡烦个不停。你们烦不烦哪！

　　我打开窗户，我拉开抽屉，取出 MP4，挂上耳机，隔开嘈杂，静静地享受音乐，任由风儿吹乱我的发。希望风能浇灭我心中的怒火。

　　青春期碰上更年期，矛盾激化，就像火星撞地球那般惨烈。

我讨厌父母一直问我朋友的人品怎么样，我认为这是"外交孤立"。

我讨厌父母一直调查我的零花钱，我认为这是"经济封锁"。

我讨厌父母为我准备好一切，一切都得听他们的话，我认为这是"政治独裁"……

我不喜欢他们为我准备一切，小学的补习班，初中的补习班，进入高中又为我挑学校，大概在不久的将来，又要我去读他们喜欢的大学他们喜欢的专业了，再将来的将来是否要我去参加"全城热恋"抑或"非诚勿扰"了？

于是，我放肆不乖，他们与我谈话时心不在焉，面对多少教诲我无动于衷，我总认为我要走自己的路，与他人无关。

17周岁了，处在成年的边界，回首往事，原来我一直处于父母的保护之中，虽然没有"自由"，没有"独立自主"的权力，一直被干涉"内政"。

我豁然懂得：

父母管我零花钱是怕我不懂得勤俭节约。

追问我朋友的人品是怕我交友不慎，误入歧途。

为我准备好一切是关心爱护我以便我集中精力用于自我完善，因为现在的我还很幼稚。

我后悔了，后悔我的叛逆，后悔我的任性。如今，门外有父母久违的笑容与期待的目光；如今，我懂得，当我真正的具有独立思考能力和判断能力后，父母便再也不会"唠叨"了；如今，我读懂了父母"唠叨""管束"和"越俎代庖"的丰富内涵。

我懂得了，父亲和母亲。

（辅导老师：周政昌，发表于2012年5月14日《苏州日报》）

迷失江南

2011级高中6班　陆莉亚

这里不是我心中的江南。什么时候开始，我们迷失在江南。

草长莺飞，春暖花开。我执着迷恋于这般明媚动情的字眼，固执想在苏州找出它们。日复一日，年复一年。看着高楼大厦鳞次栉比——堆积，年少的蓝天被珍藏进妈妈的首饰盒。我始终没有找到。

无比热爱向往于江南春色小桥流水，却又有几分近乡情怯。十七年来去同里的想法升起又作罢，作罢复升起。直到今夏，鼓起所有勇气去探寻那幅梦寐已久的同里风光，只是除了失望，再没有什么感觉。青石板街静静躺在那里，笑看四周与它格格不入的商铺。与它们相比，它似乎已经落后很久。

记忆里的江南应该是什么样子？

温婉的素衫少女执竹骨伞一把，安静地走在河边，笑靥恬淡，眉目如画。清俊的少年抱书而来，温润如水，干净清朗，如旭日暖阳。有两岸人家枕河而眠，用竹竿儿在窗口递米接菜，不动声色间惊艳众人。

可是我找不到了。同里越来越国际化了，小巷小河慢慢消失在钢筋水泥之间，就连园林也失去了它本身的韵味。这样可怕！将来我哪里来底气，对着别人骄傲地说："我是江南女孩。"不，我已经不是了。

苏州不是江南，那里已不再是我心中的江南。

再没有春来少女摇船采菱唱民谣，再没有夏至老人摇扇吹风讲故事，再没有秋来少妇捡叶绾发寻红豆，再没有冬至孩童尝雪嚼梅喜拜年。

身处红尘之中，耳畔鸣笛声声。我遗忘了来时的方向，失措于繁华旖旎。我的世界开始下雨，迷失，在江南。

（辅导老师：陈燕，发表于2012年10月15日《苏州日报》）

幸福草

2010级高中2班　魏华婷

静坐在窗前，遥望远方。这个时候的我觉得这个世界充满了生机，耳畔的鸟雀声，眼帘中的垂杨柳，一切的一切，令人说不出的惬意。忽然，一个小小的身影吸引了我。

我忍不住循着那身影望去，哦，那是个可爱的女孩。她手中握着几棵四叶草，而且仍低头寻着。我忍不住出声："小妹妹，你找这四叶草做什么？它叫爱情草，也叫四叶草。"她抬头看了我一眼，又低头看了看她手中的草，歪着小脑袋，自语道："四叶？它明明就只有三片叶子呀？"听了她的话，我才发现她手中的草的确只有三片叶子。

这下，我更加觉得奇怪了，又问："这里到处都是三叶草，你寻这么仔细做什么？"小女孩这才醒悟过来，说："姐姐，这不是幸运草吗？"我点了点头："嗯，你找四叶草吗？四片的才是。"小女孩看着手中的草，失望地摇了摇头。

看着她一脸受伤的表情，我有些不忍。问："你要找幸运草干吗呢？"女孩依旧低头："我哥哥马上就要高考了，看他整天被爸爸妈妈盯着看书，好辛苦啊！我希望哥哥可以很幸运考上大学。可我找了半天，只有三片叶子的，难道一定要四片叶子才是幸运的吗？"

我从女孩手里拿了一棵，说："四叶草的幸运是指爱情。它的四片叶子分别代表美丽、幸福、快乐和爱。"小女孩疑惑地看着我，我把三叶草递给她，说："你知道三叶草的别名吗？"女孩摇了摇头。我继续说道："它叫幸福草哦！它的三片叶子分别代表了幸福、美丽和快乐。你哥哥他现在应该是太过于压抑了，我想他会喜欢你这幸福草的。"

听了我的话，女孩子笑了。她向我道谢后，飞快地跑回去。

我想,她哥哥是幸福的。

低头望去,不远处便有一棵幸运草。我抚摸了下,随后采下了它身旁的幸福草。

幸运也许不会降临到每一个身上,但是,幸福可以人人都有。

(辅导老师:傅健,发表于2013年3月25日《苏州日报》)

最美的下雨天

2010级高中7班 邹 语

天黑蒙蒙的,我望着窗外,耳边传来了雨滴拍打窗户的声音。我扭头看着讲台上奋力讲课的老师,突然间变得有些心不在焉。

我从来都不觉得下雨天美,因为它总让我感到烦躁不安。每当遇到下雨天,我总想躲在被窝里睡上一整天,不想出门。

或许,是因为我从未发现过它的美……

下课的铃声拉回了我的思绪,我背上书包和同伴一起向校门口走去。

校门口黑压压的一片,根本就看不清谁是谁。我努力地看着一片又一片的人群,搜寻着来接我回家的爷爷。

突然一声熟悉的叫唤声引起了我的注意,我循声望去,那微弱的灯光下正站着一位穿着臃肿的老人。我看着他黑帽、黑衣、黑裤的打扮,忍不住嘴角勾起了一抹笑。

我走到他面前,忍不住说道:"您这是要去拍《骇客帝国》啊?!"爷爷笑笑不语,我想他或许是不知道该怎么回我,又或是根本听不懂我说的话的意思。

"这一放学人可真多啊,我刚才都认错了人,我还寻思着那人怎么也不理睬我。"爷爷不经意地说着。我这才发现他将老花眼镜都戴上了,我顿时感到一阵内疚,却又很好奇爷爷是怎么在茫茫人海中看到的我。

"你怎么这么快就看到我了？"我忍不住问道。

"我看着你长大还能认不出你？"爷爷的语气中充满了得意。

"那你刚才还认错人？"我不服气地说道。

爷爷沉默了一下，叹了一声说道："毕竟老了嘛……"

我愣了愣，看着爷爷宽厚的背不知道该说了什么。寒风夹杂着爷爷身上皮夹克的味道蹿入了我的鼻子，我不禁心里感到一阵难过。

"冷么？"爷爷问道。

"不冷。"我坚定地说着。

"冷的话，就钻到雨披里来，感冒了可就不好了。"说完爷爷咳嗽了一声。

"哦。"我如实照做，为了可以让爷爷安心。

等到了家门口，爷爷的鼻子已经冻得通红，眼镜片上滴满了雨水。我转过头去，不忍去看他这副模样，倒了一杯热水给他焐手，爷爷笑着看了我一眼，接过茶杯不再说什么了。

我望着窗外，心中泛起了一股暖流。我想窗外的雨也一定是暖的吧，它这样美好，又有谁会不喜欢它呢？！

这个下雨天，好美好美！

（辅导老师：周政昌，发表于 2013 年 4 月 1 日《苏州日报》）

美丽的乡村

2010 级高中 9 班　朱迎莹

一路颠簸，终于下了车。远远便看见外婆守在路边。每一次，她总是守在那里，无论骄阳烈日还是狂风骤雨。眼睛一涩，鼻子一酸。不由加快脚步，奔了过去。骑着电瓶车，迎着风儿，找点话茬儿,心里好不自在。

　　不久就到了乡间之路——我的最爱。这条路有点特别。一大一小,大的高点,小的低点,紧紧地挨在一起。大路的两边,是排得不整齐的树。它们耸立着,守护这条大路,很是壮观。眼前不禁又浮现出多年以前,我总是跟在哥哥后面抓知了的情景。那时候,紧跟在哥哥后面,保护着网兜里抓来的知了。小路,是鲜有人至的,但那么多年,小路依旧保存着它那又细又长却又歪歪扭扭的痕迹。大概是下田的农夫会踩踩,下水的牛儿会踏踏吧。

　　大路的另一边,是条水渠。走在岸边,可以清楚地看到底部的黄土和水草。烈日当空的午后,渠里总是热闹的。看,又有几个调皮的孩子在里面畅游呢!

　　傍晚,又别有一番滋味,农村用的是灶,农村人,世世代代都是用灶,怎么习惯煤气那"洋玩意儿"。搬个农家特有的凳子,坐在门口,呆呆地望着天空。户户人家烟囱里升起了白烟。夕阳西下,晚霞千里,染红了半个天空和白白的云。天暗了,搬出桌子,点盘蚊香,一家人坐在桌边,与那微弱的夕阳余晖以及点点星光做伴,共进晚餐。亘古不变的是每家每户总有一两个特会讲的,于是一席晚餐,非常快乐。在这时,总会有几个"不速之客",端着碗,拿着筷子,东家跑到西家地串门聊天儿。有的聊聊就走,还有的索性坐下来吃点小菜。

　　夜晚总是按捺不住寂寞的。搬出竹编小床,四个角上绑住竹竿,挂上蚊帐,露天小床就做好了。晚上风大,躺在上面,很是舒服。仰望天空,漫天的星星,不时地眨两下眼睛,偶尔有几个胆大的萤火虫也会飞来与你做伴,睡在这么个露天小帐篷里,怎一个惬意了得。可这惬意也不是常有的,有是有几个走夜路的,引来一声犬吠,那可了不得了,一声犬吠引来了两声三声,直至一个村庄传到另一个村庄。这"共同"让你不敢做坏事。若恰逢雨后,一片片的水塘便会充斥着蛙叫,这时,就不能睡了,只能与星星干瞪眼,直到睡意来袭。

(辅导老师:顾妍妍,发表于2013年3月25日《苏州日报》)

标　签

2010 级高中 10 班　袁亦卓

《谁的青春有我狂》中，我看到了子尤那颗热爱生命的心的跳动。

子尤，那个出生就注定不平常的孩子，用自己的血肉去浇灌每一天，他生活过的日子。13 岁的子尤就可以和大人们侃侃而谈，而且大人们还不一定有他那么多的信息储藏量。

平静而又温馨的生活被子尤一次险情掀翻。子尤被确定为"纵隔非精原生殖肿瘤"，子尤的妈妈害怕了，她为了子尤的性命，她努力的学习癌症知识。当子尤被确定为恶性肿瘤时，子尤妈妈对子尤还是说了实话。子尤被妈妈要治好他的决心感染，努力地配合治疗，从未抱怨过那些痛苦。他说："我希望所有的人与我结识的理由，不是因为我是个病人，而因为我是个好看的人。"

子尤在摘除肿瘤手术后，又出现了波折。先是肺部出现积液，后来伤口愈合又出现新的麻烦。这一系列问题解决后，子尤又被发现由于长期化疗，血小板值低且持续下降。但是子尤那颗坚强乐观的心依然不改。

我在想：子尤一直被人贴上死亡的标签，为什么他还能如此乐观的生活？

直至后来，我被人教育说：不要抱怨上苍没有给你什么，而是要感谢上苍给了你什么。我们要做的就是珍惜自己所拥有的，对生活的逆境要勇敢地面对，大胆地接受。对待生活，一定要乐观、豁达、积极向上，只有这样才能让生活变得更缤纷。

冥冥中，好像懂了什么：一个人，千万不要被他人所贴的标签所累。

（辅导老师：周政昌，发表于 2013 年 5 月 27 日《苏州日报》）

那株草，那个人，那种美

2012级初中8班　王　晨

一棵草也许只是平平凡凡，但也可以在轰轰烈烈中绽放自己。那是一种美，一种不可忽视的美，而这一切只为那个人。

一想到后天，就要离开家乡，去往别处，心中便有一种不舍之情。踏着厚厚的积雪，去曾经玩过的地方，想把它深深地刻在脑海里。迎面吹来一阵寒风，我不由得裹紧了衣服，浑身打着颤儿，但还是继续前进，如同一位勇敢的战士。正烦躁间，视线中突然闯入一抹红衣，在茫茫白雪中那么耀眼。我快步上前去，只见一位年约六十的老太太，双鬓已染满白色，岁月在她黝黄色的脸上刻下痕迹，嘴唇边的皱纹如一道道深沟。只见她用手用力地挖着雪，冻红的手指从破碎的手套中露出。

我疑惑地问："老太太，您在干什么？"那老太太愣了一下，又和蔼地说："我在挖雪呢！"她见我疑惑的样子又继续说："以前我和老伴经常在这边的草地上晒太阳，而现在他已不在了。"说到这里她叹了一声："唉——过几天我就要去城里和儿子儿媳妇一起过了，现在我想再看看那些草，但这里已下满了雪，用铲子怕弄坏了小草，只好用手了。"说着，她又挖了起来。我一低头看见了她冻红的手指，不冷么？我心里满是不理解。

第二天，我又来到了那里，看见了那个火红的身影，像飞入人间的火红蝴蝶，摇摇欲坠。我走过去，只见老人满脸笑容地注视着那苍白之中的一抹绿。我被怔住了：一抹青翠的小草昂首挺立在白雪中，如一位神勇无比的大将军在疆场上展示着自己的雄姿，威武无比。风雪将它的色彩锻铸得如此深邃和明亮，似一块绿色的宝石。

我想是因为它读懂了老人的殷切希望；听到了老人深切的呼唤；感受到老人亲切的抚摸，才努力地在风寒中展示自己。恍然间，老人笑了，那是一种满足和幸福的笑，那是一种灿烂的美，寄托了老人的心意和愿望，那笑似把嘴角的皱纹也冲淡了，眼角似开了一朵美丽的花，她整个人都像年轻了十几岁，一片红与一抹绿相映成景，深深地镌刻在我的心灵深处，让我永生难忘。

后来，我离开了故乡，坐上了远去的火车，对故乡的留恋再次涌上心头，眼前却浮现了一片红，一抹绿，不禁叹道：那株草，那个人，那种执着的美！

（辅导老师：石鑫佳。获得第十五届语文报杯初中组省级二等奖，并发表于2013年11月25日《苏州日报》）

一路有你

2012级高中7班　刘亚博

"叮铃铃，叮铃铃……""快，上课了，快坐好！""咣！""啦——"各种搬椅子、拉桌子的声音响起，吵成一片。

门轻轻地被推开了，走进来一个斯文的老头，头发已经花白，脸上也堆满了皱纹，简单的衣着，几乎没有花纹，更不见图案，但干净、整洁，再加上梳得整齐的头发，使这老头越发显得文绉绉，他就是我小学二年级数学老师——钱老师。

钱老师是个极和蔼可亲的人，他每天早上都会骑着那辆20世纪七八十年代的破自行车边打铃边微笑着向认识的人打招呼，教我的那几年里，我还从未见他发过火，即使有同学犯了错误，他也只是一脸严肃地对那个同学说："我要是你爷爷早打你了。"这是很少见的，平常钱老师的脸上总会堆着微笑，让人看了如沐春风。

我是个外地孩子，从小生活在农村，比较调皮。来到苏州的这个学校后，人生地不熟，表面上可怜无助，隐藏着骨子里却有那种爱斗的劲。渐渐地远离其他同学，对这个城市也有了一种厌恶。或许就是因为这个原因吧，只要一有事牵扯到我，班主任总会认为是我的错,毫不吝惜她的口水,完全发挥了她作为一个语文老师"出口成章"的能力。但上天总是公平的,这时候,钱老师就出现了。他真的就像爷爷一样,会将我拉到身后,会去和班主任讲理,会为我的哭而皱眉,会轻轻地安慰我,会不厌其烦地一次次将我引导到正确的道路上来……

多年过去,早已失去了钱老师的消息。但那个温暖的身影却从未被一个叫作时光的坏家伙消磨掉——他依然无比清晰地印在我的脑海里。高中毕业后我就要离开这座城市了,或许在某个时刻,我望向这座城市的方向,最清晰的应该就是钱老师那定格的笑容吧。

钱老师,你已牢驻我的心田。在我以后人生漫漫征途中,我坚信,一路会有你!

(辅导老师:周政昌,发表于2015年1月19日《苏州日报》)

爷爷的草帽

2012级高中8班 焦 燕

天气凉了,枫叶红了,稻子也成熟了。我忽然联想到麦熟时节、联想到爷爷的草帽……

小时候,我跟着爷爷去麦田里收麦。爷爷走在前面,我蹦蹦跳跳地跟在后面。偶尔路上有些奇异的小昆虫,好奇心强烈的我就会蹲下来观察大半天。再抬起头时,便能看到爷爷站在不远处弯着腰收割麦子,他身上的衣服被汗水浸湿,仿佛都能拧出水来。油黄黄的草帽在刺啦啦的阳光下微微颤动,格外亮眼。

爷爷的草帽是他的宝贝,也是我童年的玩伴之一。

在麦田里,草帽被我装满了各种各样的石头,各色各异的花,有时还会偷偷藏几根爷爷收好的麦子。爷爷发现时,总会用粗糙的手摸着我的头,哈哈大笑。

在河边，草帽也会被我用来捞鱼，每次都捞不到的我总是噘着嘴巴，一副气呼呼的样子。爷爷便会放下手中的农活，挽起裤脚，走到小河里，用草帽给我捞鱼，每每捞到几条小鱼，我们爷孙俩都会乐个半天。

在炎炎的夏日，爷爷怕我热着，总会把草帽戴在了我的头上，硕大的帽子像是把我的小脑袋给吞没了，爷爷笑着抹去了自己额上的汗珠，用粗糙的大手拉着我的小手，一起走在乡间的小路上，夕阳将我们的影子拉得好长好长。

无数个秋天过去了。我渐渐长大，而皱纹却偷偷爬上了爷爷的额头，爷爷的目光不再那么清明了，背也不再那么笔直了，力气也不再那么大了。时光一点一滴在爷爷的身上打下了重重的烙印，可他却还要坚持下地干活，他总说："干了大半辈子，闲下来反而难受。"

麦田里，又一次，爷爷走在前面，一步一摇，我跟在后面，沉稳有力。他的头上依然还是那顶草帽，可惜草帽已经有些脱边了。静伫田边，我望着爷爷步履蹒跚的背影，心中满满都是酸涩的感觉，爷爷会不会就这样走出了我的世界呢？

突然觉着阳光很晃眼，刺刺的，眼眶有些涩涩的。

刚想弯下腰割麦的爷爷像是猛地像是想到了什么，看了看我，跟跟跄跄向我"跑"来，把那顶旧草帽戴在了我的头上，"别热着了！"爷爷笑道，满脸的褶子舒展开来，真美。

今天秋日，风凉了，枫叶红了，稻子成熟了，只是爷爷走了，每每想到爷爷，我便会去看看那顶旧草帽，轻轻抚摸，感受那里残存的爷爷的气息，心里都是幸福，满满的。

（辅导教师：周霞桥，发表于 2014 年 2 月 24 日《苏州日报》）

成 长

2012级高中7班　朱莹莹

记得每当父母说我还是小孩子的时候,我总会不满地嘟起嘴巴,鼓着腮帮子,气呼呼地反驳他们。仿佛我内心一直住着一个小大人,认为自己长大了。

从鼻孔里冒着鼻涕泡泡,渐渐地长成为懂得梳妆打扮的大女生,早先时我以为这就是成长的全部含义了;随着自己书读得多了与人交际也多了的缘故吧,我开始懂得真正意义上的成长最主要是心灵的成长。

以前,妈妈让我做些小家务,都会气呼呼地抱怨好累啊,后来才明白这些活是多么轻松。

我至今不知道自己是下了多大的决心,把接下来的人生赌在了美术这条路上。父母的默默支持给了我莫大的安慰,伴随着满满的温暖,我踏入了美考的战场。也许刚刚开始还是会抱怨训练的艰苦,但也就是那样度过了一个阶段,之后就没有再开口诉说过任何不满。倒不是不累了,只是太累了;累到没有力气开口,甚至觉得眼泪挣脱出眼眶都是一件费力的事。反而累到习惯了,已经习惯了每天早晨醒来,双手从骨髓深处传来的阵阵酸麻的感觉,好像它在告诉我"你的昨天很充实"。

老师说我们会在美术专业省统考之后成长许多。我想那是对的,因为那将是人生中最重要的经历之一,经历让人成长。以前学校组织的小考试,我都会在准备中紧张半天。意外的是,专业省统考那天我很平静,像饮水一样淡然。每次情绪有些激动时,我都会在心里给自己加油打气,深呼吸,告诉自己我可以做到,我会出色!就这样,我努力战斗了一天,也战胜了自己。那一天,我觉得自己像植物拔节般瞬间成长起来了,会沉着冷静地处事了。

也许,真正品尝过咖啡的苦涩,才会觉得糖有多甜。只有真正累过、付出过,才会明白真正的成长。

　　鸟儿总会有飞翔的一天,我们总要有独自面对生活的一天,总要尽快成长起来,天真烂漫的时光不会伴随我们一生,新的战场需要成长成熟的我们。

　　我们在成长,在成长中成长……

(辅导老师:周政昌,发表于2015年1月12日《苏州日报》)

那不是简单的紫藤

2012级高中7班　戈　妮

　　"呼呼呼",凛冽的北风吹凉了大地,回荡在空无一人的道路上,我不禁打了个寒战,缩了缩脖子,抖了抖脚,又深深吸了口气,这天实在冷,连生物都没有声息。"哗哗"几片枯叶飘落到我脚下,我停住脚步,顺势往它的来向望了望,哦!原来是那紫藤呀!昏暗的灯光下,它的藤蔓显得张牙舞爪,尽管枯萎了,依然紧紧缠绕在木架上,而我的思绪却已经飞得很远……

　　儿时的记忆里,爷爷的后院就是个百草园,想要什么就可以种什么,算得上是一片乐土。记得那天,爷爷满头大汗地拿回来一株枝干,说那是葡萄树干,我以后就有口福啦。然而日复一日的生长,我们惊奇地发现那竟是株紫藤;但它的长势已经很有起色。这紫藤随势伸展,高低爬行,就像一个拼搏的人不小心摔倒了,摔倒了又站了起来,一个劲不断攀爬攀爬,只管延伸延伸……第二年,它有了自己的伙伴;第三年,它有了一个大家庭;年复一年,随着我的长大,它也有了自己的一片天地啦。

　　人的一生很像紫藤的一生,该趁我们还年轻,拥有充沛的精气神,勇敢地像紫藤般地闯吧。

　　爷爷院里的紫藤没有束缚的,它自由生长,任凭风吹雨打,霜雪相向;而我们,现在年纪说大不大,说小也不小,却很在意别人的看法，做什么事总想被别人的看法或说的话束缚，失去了最真的自我、本真的天性。这就像小区木架上的紫藤，好看是好看，却有钢丝阻挡生长绳索牵引发展，失去了野性和自由，被禁锢着，看着它总觉得美得不是那么真实，至少是缺失了"自然"。

最近数学的天天练，做得我心里也郁郁闷闷。一两次粗心还说得过去，可次次粗心，你敢信么？去批作业，也是蛮不好意思递给老师了。但静下来想想，犯点错误怕什么，紫藤要用一年、两年、三年、五年，甚至十年的时间才能枝繁叶茂，而我每天用一分钟、三分钟、五分钟解决几道题，这样一天天地积累，到高考前夕不也是在知识的树上结满了果实吗？绝不能因为一次挫折而溃败，绝不能因为一次失败而放弃。

儿时的记忆里、爷爷的后院中那棚无拘无束的紫藤哦，给我以深深的启迪无穷的力量；那绝对不是一丛简单的紫藤！

（辅导老师：周政昌，发表于2015年2月2日《苏州日报》）

说"谦虚"

2012级高中7班　王翌涵

中国文化博大精深，中国人说话、行事，都特讲究"谦虚"的。人们坚信骄者必败，所以一般中国人多见谦谦君子。这本没错，谦虚是每个人都应学会的，但要把握好度，过分的"谦虚"就变味了，或显其虚伪，或见其矫揉，或几近于骄傲。

掇拾生活中几例吧。去亲戚朋友家串门，见别人家的孩子学习真的特别好，自己家长说："你家小孩学习可真好的，将来肯定会考个好大学。"那家长也真是谦虚，"哎哟，我家孩子一般般呀，小赤佬就是不肯上劲，这次都退步了，退到了年级第五啦！"对此我只能呵呵。

再有一种"谦虚"是压低了声音说的。比如，有天某人在舞台上唱了首歌，真的是婉转动听余音绕梁。歌罢大家报以热烈的掌声和由衷的称赞，可他连连摆手，凑到掌声最响的"粉丝"耳畔，低声道歉："今天嗓子不好，见笑了。"嗓子不好都唱成这样，那嗓子好了还得了？

天天这样委婉"谦虚"着，不累吗？为什么人活着总喊累，仅仅这嘴皮子之间就浪费了这么多心思和精力，能不累吗？

像我直来直往的人，最受不了的就是这种中国式的"谦虚"。幸好我不是生在古代宫廷，要是天天这般说话，可也够折磨人了。

老外学汉语难，也不是全无道理，毕竟中国话中的隐喻太过丰富，含蓄却不失锋刺，表面简单，内在复杂着呢！其中一个"关节"，就是咱们中国人说话往往过于"谦虚"。

谦虚，无论是说话、做事，都是应该的。骄者如刺，人人恶之；谦者如球，圆润利行。但在生活中，尤其是在亲朋同事们之间，我们要谦虚但也不要"过谦"；要真正学会如何谦虚，准确把握好谦虚的度。还是将为了谦虚而谦虚的心思精力节省下来，转移到殚精竭虑搞好学习工作中去的好，我以为。

我呼唤人与人之间最真诚而又朴实的谦虚。

（辅导老师：周政昌，发表于 2015 年 3 月 2 日《苏州日报》）

父 亲

2012级高中7班　朱雨珊

不知从何时起，和父亲的沟通少了，也许是因为他工作太忙，也许是因为我长期住校，也许是因为……我不知道，可每每想起父亲，心里总是酸酸的，想到他开着车，顶着40℃的大太阳，搬运着以吨为单位的家具，想起他从我们家最白的一个人变成最黑的一个，心中总不是滋味。

　　出卖劳力的工作比出卖脑力的工作体力上辛苦得多。日子久了，父亲的身子也越来越差了，总是这儿疼，那儿疼的；但他还是依旧不分昼夜地开着车，送着家具。以前我年纪小，总是对父亲说，开车有什么累的，只要坐着，手动动就好，现在想想真是童年无知啊。

　　父亲的手，也因为岁月的变迁而变得不堪入目。那一双手，曾经牵着我的小手一起逛公园、一起写字、一起玩游戏；记得那时，他的手还是光滑的，没有一丁点儿的损伤。而现在呢，早已面目全非！长满了老茧，布满了裂痕，变得又黑又丑。每到冬天，他的手指就会裂开，血也会随裂缝渗出——早先那双光滑的大手再也不会重现。但是父亲早已习惯，为了这个家，他无怨无悔。

　　父亲他不善言语，对我的爱也是无声的，但是我能够感受到他的爱。高二阶段小高考前夕，从来不给我发短信的父亲，居然破天荒地给我发了句："女儿，加油！爸爸相信你可以的！"看到这条短信，我眼泪顿时涌向眼眶，抑制住内心的澎湃，给他回了句："知道啦！"我再也忍不住了，温热的泪水从眼眶中不受控制地流出。爸爸这是第一次表达出他的爱。12月上旬美术专业省统考，下午5点考完，回到车上，我按开手机，全是父亲打来的未接电话，17:00，17:01，17:03……一个，两个，三个……他应该是想在我考完后，第一个慰问我吧。父亲，一双粗糙大手的父亲；父亲，一颗细腻之心的父亲！

　　某堂体育课上，碰到了卖水票的马老师。他是一个非常活泼的小老头儿，同学们都非常喜欢他，我们聊了很多，从他年轻的时候聊到了现在，从他的工作聊到了他的儿子，他说："儿子今年大学毕业，我50岁啦！"50岁，不知怎的，我想到了父亲，父亲50岁的时候应该是什么样子呢？应该比马老师苍老许多吧。

　　前些日子，父亲对我说，他不想开车了，开累了，开不动了，问我，他除了开车，还能做什么？是啊，父亲他开了大半辈子的车，是该歇歇了啦！

想到这儿,心中又酸了起来……

(辅导老师:周政昌,发表于2015年3月23日《苏州日报》)

蹊 跷

2012级高中7班　单金凤

今夜的风似乎更强劲,窗外的树枝被吹断,发出呼呼的骇人声,滴滴雨敲打着窗户,湖面被掀起层层浪花,桥上的行人用力撑着雨伞,哆嗦地前行。

唯独我一人在家里静静等待大人们的归来。村里小四石捕鱼时掉河里淹死了。家里人都去了他家。

听大人们回来说,是昨夜掉河里的,过了一天才有警察通知家里人。晚上送去殡仪馆要火化,但是连尸体都未见到。

我问妈妈,他怎么掉水里了呢?他旁边就没有同伴?他掉河里家里人怎么过了一天才知道?这事件有那么多蹊跷处,怎么解释也解释不通呀。况且落水的有两个人,一个活了,一个死了。当时,有警察去了事发现场,怎么隔了那么长时间才通知家属?就因死了的那个只是一个从外地来打工的,所以命贱?

我妈说,如果他掉水里就有人打电话来,那我们光膀子也把他捞上来,不会让他在河里泡一个晚上,死得那么惨!

是啊,冰凉凉的天里,在那冰冰凉凉的河里,只怕他的心最后也死得冰凉凉的吧?没有同伙的及时救援,他被撂在河里,无人管他,孤独死去,寂寞浸泡……

这鬼天气冻得人心颤颤,冻得心都凉了。他妻子像是被冻结了思维,冻住了情感,冻得不能言语,只披头散发,形容枯槁,呆坐在床头,两眼直直的,盯着她和丈夫此生仅留的一张合照,不哭不闹,不吃不喝,很是蹊跷。

女人们你看我,我看你,围绕在她身旁,都劝她哭吧。她,像灵魂出窍一般，不跟外界有任何互动。"大妹子，心里难受别憋着啦，你就哭吧！""小婶儿，你这样四叔看到了会心疼的。"终于，小婶儿哭了，她哭得像个孩子……

"呜呜呜……呜呜呜……"窗外的风也像她那样哭着，今天的风呀，怎么吼得这么像女人的泣声呢？好不蹊跷呀！大概是也在可怜这个无助的女人吧？

（辅导老师：周政昌，发表于2015年4月20日《苏州日报》）

简评： 关于写作有两种观点：一是写作是技巧，一是写作即生活。持不同观点的写作教学也呈两种状态：一是重写作技法技巧教育与训练，一是重学生发现生活思考生活表现生活的训练。本人不选边站，持论中允，以为写作首先是（根本是）生活，但也应结合一点技巧。所以欣赏单金凤同学的《蹊跷》，就在于这位学生不是"为作文而作文"，而是"为生活而作文"。

该生目光关注了真实的生活，记录下了真实的生活思考，传达了思维和情感尚未成熟的小作者偶遇一个悲剧后的一段思绪——一切都是那么"本真"！什么主题的鲜明突出，什么场面的凹凸有致，什么形象的柔和完整个性鲜明，什么铺垫烘托过渡照应等表现手段的多样丰富……小作者对此全不在乎，她就是摄下触动心灵的"所见"，录下不得不说的"所思"，哪怕是迷惘的、没有标准的、表达也是不怎么连贯的。

推荐此文，本人认为该文小作者走上了一条写作的正道；推荐此文，本人有感于当今通行的作文教育现状；推荐此文，本人期望听到对于写作教育的争鸣。

致我们逝去的童年

2012级高中7班　王翌涵

  孩童的面孔是青苹果加水蜜桃的天真，童年的过程是彩虹糖加蜂蜜的甜美，而回忆是苦瓜加蜜枣的苦中带甜，但那般滋味却是独一无二，挥之不去的。

  小时候，还没搬迁，家门前有一棵小樟树，那是爸爸种下的，我的成长也如那树一般，逐渐长高、长壮。酷暑的傍晚，暖风中夹杂着蔬果的香甜和一股独特的草腥味。拂过我的脸颊，发丝的香气与空气中天籁的味道缠绵，还没来得及好好享受，就听到妈妈在叫"快点过来端菜"，农村人总喜欢搬张桌子在自家门前的场地上露天吃饭，爱喝酒的还要来一碗黄酒——那种真的放在酒坛里用勺子舀出来的黄酒，而不是如今一瓶瓶包装精致其实不过是用酒精和水勾兑出来什么"优黄"什么"花雕"——抿一口煞是地道的香醇醇的佳酿，夹两粒脆生生的花生米，拉扯几句吴侬软语，仿佛与大自然共同畅饮。酒足饭饱，大家都会搬个小凳子，拿把大蒲扇，边扇边聊，直到夜深才各自恋恋回转家去。这是自然的温度，炎热中夹着凉爽，绝非空调能办到的，但当那一把把蒲扇变成电风扇，那一宅宅小院变成一幢幢小高层，那些老者坐在月下开怀的笑容也就变成了一个个对着电视屏幕木讷落寞的神情。

  对于孩童，儿时的游乐园无疑是菜地里和池塘边，捉迷藏、过家家、跳牛皮筋、摸小鱼小虾……但这都算低级了，拿把小铲子一个马甲袋趴在地旁挖荠菜，一棵、二棵、三棵……"啊"突然挖到了一条蚯蚓！没事，定定心，接着挖……看着竹林里慢慢长大的竹笋去挖两根，配着土鸡蛋一炒，那香味直把你肚里的馋虫勾出来！还有一项活动，相信小时候的你绝对干过，那就是钓田鸡。我至今也搞不懂，为什么钓田鸡最好的诱饵却是他们同类身上的一条腿？拿着一根小竹竿，系上一根线，先捉一只小的，扭住它的腿，"唰"一撕，一条腿就下来了，绑在绳上——咦，现在想想真是恶心加残忍，当时怎么下得了手的？——好啦，开钓。走在田里，看见一只田鸡，就把诱饵放它眼前，见它一咬住，便立刻一收放进麻袋，不出一会，便有一堆啦。还有就是在河边台阶下的石板里摸螺蛳，摸了一把就放地上，拿砖头一砸丢进鸭棚里，鸭子抢得可欢啦！不出多少日子，清早起身，你朝鸭棚的鸭窝一望，满窝这儿那儿尽是白花花圆滚滚的蛋蛋，真像蘑菇地基上探出的一地新蘑菇。

　　回想这些事，内心总是按捺不住激动，仿佛那些场景历历在目，童年虽逝去，但那份美好的回忆永远刻在心底。

　　写下此篇，致我们逝去的童年！

（辅导老师 周政昌，发表于 2015 年 5 月 11 日《苏州日报》）

心灵的绿洲

2013 级高中 8 班　高佳佳

　　一场秋雨带来一场寒冷，萧索的秋风吹过，寂寞的梧桐树叶终因忍受不了寒意而开始凋零，一片一片飘转散落。

　　我坐在窗前，缄默，面对一道怎么也算不出的数学题，心里一阵烦躁，恨不得将眼前的试卷撕得粉碎，让它们带着我的烦闷随风散去。

　　窗外的风越吹越大，把书桌上的书和试卷敲打得"哗啦啦"直叫唤。就在我一脚踢开凳子，准备关窗的瞬间，卷子却自顾灵活地飘到了楼下，好似还留下了阵阵嘲笑声。我紧了紧拳头，压抑着心中的怒火，无奈，起身下楼。

　　来到楼下，凉风扑面，顿觉舒爽了不少。捡起试卷，抬头，我又看见了那个先天性失明的孩子。他一个人静静地坐着，好像在聆听高山流水般的曲调，脸上的表情一如既往地恬淡，和刚才几近爆炸的我，形成了鲜明的对比。

想到平日里总听大人们说他是如何乖巧，如何懂事，我心中一动，静静地坐在了男孩身边，细细地观察起他来。

他的皮肤白皙得透亮，一双大眼睛空明如玉，安静的神态让人不由得也跟着心安，我不禁轻轻打了声招呼："你好！"他闻声微微转过头，浅浅地笑了，嘴角印着一个淡淡的酒窝，让人忍不住生出爱怜之心。

就在这一瞬，我也和那些婆婆妈妈的邻人大嫂们一样，心中开始怨愤于上苍为何会无情地剥夺这样一个明理漂亮的孩子用眼睛认识世界的权利，也难怪乎邻人走过的时候都会默默地将同情的目光投注到他的身上。可作为当事人的他似乎一点也不在意。

秋意渐深，又一片梧桐树叶擦着男孩的肩膀滑落到地面，男孩依旧抬头看向远方。哎，他又能看见什么呢？我心中一声叹息。

男孩似乎感受到了我心中的疑问，转过头，对我轻轻一笑："姐姐，你看，那里有鸟在唱歌！"我顺着他指的方向看去，果然一只小鸟雀跃着、鸣啭着。

突然，我感觉之前的想法也许都是错误的，就算身体上的不自由，这又算得上什么呢？只要心里有一片绿洲，自然就会有阳光照耀。想到我之前那莫名的怒火，我的脸颊隐隐发烫。

月无缺，迷华雀，人已醉，独暗颜。我悄悄起身离去，我想我应该让这孩子一个人享受五彩纷呈，一个人谛听欢声笑语。

秋意真的深了，我听见我的背后，哗啦啦的声响连成一片，我知道，那是歌声，是梧桐在唱歌——莫非梧桐树的心田里也有着一片绿洲？

（辅导老师：周霞桥，发表于 2016 年 3 月 14 日《苏州日报》）

简评：文学是人学，人学是心学。写文章，要直击人心。文题"心灵的绿洲"，就是一个直击人心的标题。构思立意，情节转接，人物交际，思绪波动，文本展开，无处不是直击人心。

勿忘梦想，落叶归根

2012级高中7班　张嘉雯

　　一棵树苗长成参天大树，在高空中与同伴争夺阳光，都依靠着它有深扎于土壤中的根，根越稳固、扎得越深，这棵树苗才能长得越高，所以无论到什么时候都不要忘了支撑你扑向天空怀抱的是你那深埋于土壤的根。

　　人也一样，我们每个人都有理想，我们一步步地努力，从各处汲取营养，慢慢迈入梦想的殿堂，可这一路上不时会有美丽的"罂粟"招引你，一旦着迷就会走上歪路。

　　看到新闻上报道的"反腐成绩单"报出的一连串庞大的数字，我不禁深思：有多少人挤破脑袋想当公务员，想捧上铁饭碗，为了这个朴实的理想奋斗着。我想那些落马的高管当初也是如此血气方刚，也如此质朴、单纯过，可争着争着，最初的那个梦想早已被抛到了九霄云外，他们迷上了中途美丽的罂粟，忘了自己的根，忘了初衷，甚至有那么几个瞬间忘了自己是谁，我想这也是业障吧！

　　我们也不难想到古代大家孟子早在很久以前就提醒过我们"勿忘初衷"，他的那篇《鱼我所欲也》至今引我深思："非独贤者有是心也，人皆有之，贤者能毋丧耳。""是亦不可以已乎？此之谓失其本心。"当初的那个乞儿为了义节不受嗟来之食，舍生取义的骨气去哪了？

　　著名演员胡歌，出演《仙剑1》之后以李逍遥的角色一炮而红，之后演艺事业一路攀升，可老天爷似乎想提醒他，不要忘了自己的根，那场让他容颜不再完美的车祸，使他从骄傲中脱离出来，重新看待自己，老天爷或许对他最为优待了吧，愿意在可以挽回的时候给他一记重重的耳光，把他从天上打回地面，让他重新认识自己的根，重新认识那个为了理想苦苦奋斗，血气方刚，永不服输的自己，让他能在以后的路上越走越远。

　　无论我们以后会在哪里，做什么，无论有多么高的地位，多么富有，都不要忘了现在这个会因为一句表扬高兴一整天，无论摔倒多少次都坚持不懈，忙了一整天却只赚了区区几十元钱而感到无比自豪的自己，因为这是你的根，将来会有多少成就，就要看现在的根扎得多么稳固。

　　"落叶归根"这个中华文化中最质朴、真挚的词汇，是每个人到了老年必然会有的梦想，所以才有了如今的"故乡""母校"多少人为此寄寓深情，挥洒热泪，那里有他们最真实的青春，最美好的年华。

　　无论走到哪里，爬得多高，都要记得回头望望自己的根，时刻提醒自己勿忘梦想，落叶归根。

　　（辅导老师：周政昌，发表于 2015 年 1 月 20 日"中国文明网·苏州"）

为自己才能更好地为别人

2012 级高中 7 班　　单金凤

　　很多人，都不明白自己活着是为了谁？为了父母？为了孩子？还是为了自己？当你每天兢兢业业时，你是否明确我这么做是为了什么？是为了让自己更心安理得地过了这一天？还是觉得自己今天对得起谁了，好给别人一个交待。我觉得，人应该要明确的是，我这么做是为了我自己。

　　为了我自己，才能有明确的方向。出生贵族家庭的托尔斯泰，曾一度放荡，不好好念书，考试不及格，老师把他降了年级。不久，他醒悟了。他意识到人生要为自己负责，他有了明确的方向。他精神振作了，他毅然从军了，他步上自立自强之路了，后来又走上文学创作之路了……终于成为俄罗斯伟大的现实主义作家,一代文豪。正是明确了"为了我自己",他才能反思自己,战胜自己,塑造成一个崭新的自己。

为了我自己,是一种对自己负责的表现。当我们每天坐在课堂中吸收知识时,是为了让自己有更多的理论基础,为以后走上工作岗位后的社会实践打下坚实的基础。每天完成作业,错误积累,也正是为了自己能够在考试中取得佳绩;当我们每晚回想自己,反省自己时,何尝不是为了对自己负责任?这样时时地检查反省自己,少走些不必要弯路,早日成为社会有用之才,贡献社会,有益大众。

为了我自己,必须时时刻刻地警醒自己。要明白受挫是常有的事情,吃一堑,长一智,那是赚了经验;摔倒了爬不起来,就是亏本买卖了。总是期望被人扶起,那是一种懦弱;摔倒了自己站起来,才是真正的勇者。当你时刻提醒自己时,或许你会更有勇气和力量。

我们还不会作过于长远的考虑,眼下我要为我的父母,要为自己以后的人生和家庭"强身健体"——父母要的不就是你能有幸福的未来,那么你为自己的幸福奋斗,倒也是同时在"为了父母";社会和大众不就是需要一个个有用之才,现在我将自己塑造为有用之材,不就是将来可以更好地"为了社会和大众"?

我的"为我观"应该是和"为人观"血脉相通的。

(辅导老师:周政昌,发表于2015年2月2日"中国文明网·苏州")

行行出状元

2012级高中7班　潘梦宇

如果上司对一位并不出色的职员说："你在我心中排第一。"我们其实心知肚明，这是一种善意的谎言。但这话听来还是别有滋味让人心暖的；细细想来，更是能够发人深省，很是给力的：只要另起一行，人人都是第一。

是啊，另起一行，你就是第一。未必拥有姣好的容貌，也未必拥有聪明的脑袋、如簧的巧舌，更不必定要有骄人的特长。日本有一个知名演员叫福本生三，以最无足轻重的角色而赢得尊重。15岁时，他初涉影视圈，很幸运地得到了一次出演的机会，饰演一个被武士一刀劈死的坏蛋。只有几秒钟的镜头。为了这几秒的镜头，他仔细琢磨剧本和他饰演的角色，研究打斗时的心态，推理出被杀死的表情和动作，他还自创了很多神态各异的死法，这样的角色他一演就是50年，算起来，他在屏幕上总共"死"了5万多次，而这5万次的"死亡"，把他锻造成了一个顶级的特技演员，得到观众的喜爱，得到同事的尊重，得到导演的称赞。他真正成为演艺界"死型"特技演员的"第一"。

不需要多么重要的角色，也不需要多么复杂的表演；自起一行，用心做一件事，你就是第一。这就是福本生三对我们芸芸众生的生动深切的身教。

我还记得，在我小学班级里，有位女生，她瘦瘦小小的，因为家庭遗传，从小就戴着眼镜，一直安安静静地坐在那里非常自觉地看书学习。让人纳闷的是，她的成绩一直很差，每天都要留下来订正作业。我本来心想她这一生完了，性格又内向，成绩又不明显，全都完了。但最近听我妈说，她在上专科时就被选中去银行实习了，很受银行赏识。这令我吃惊，我高声问妈妈："搞错了吧？"得到妈妈肯定答复后，我又好好地想了想，觉得自己的定势思维在作怪了：她也只是文化课成绩不好罢了，专业课和别的素质未必像文化课这么烂的。她另起一行成为第一，完全是可能的。

三百六十行，行行出状元——行行有第一。

我们没有理由去傲视别人，也没有理由自怨自艾，因为总会有那么特别的一行"你是第一"。有人说，上帝在关上一扇门的同时，会为你打开一扇窗甚至是另一扇大门的。身边的无数事实，也每每在证实着这句话。何尝不是呢？天生我材必有用啊。

当然，这并不意味着让我们放弃努力去提升自己。我这么强调，只是认为平平凡凡的你我，不要总为自己的弱项烦恼，而要看到自己的特色，发现自己的长处，避己之短扬己之长。是鱼就不要埋怨没有飞翔的翅膀，在大海中你就是主角，就是第一。

要相信：另起一行，你就是第一。

（辅导老师：周政昌，发表于 2015 年 2 月 12 日"中国文明网·苏州"）

国力强盛方有真正的和平

2013 级高中 2 班　李昊然

70 年前，在美国战舰密苏里号上，日本政府递出了投降书，是的，长达 14 年的抗日战争也随着中国的胜利告终。

70 年后的今天，我们能骄傲地站在五星红旗下，看着祖国日益繁荣，是多么令人高兴。我们的今天，源自于那些烈士们的鲜血，他们用生命打破了日本灭亡中国的狂妄计划，他们用生命将日本拖住在亚洲战场，他们用生命推动了反法西斯战争的胜利。3500 万的生命换来了日本的失败，3500 万的生命保住了我们的祖国母亲。可见这 70 年的"和平"多么来之不易。

我在"和平"二字上加了引号,这是为什么?难道我们还没有彻底取得和平?我想说的是的。孙中山先生当年道:"革命尚未成功,同志仍须努力。"这句话用在现在,依旧成立。我们最后的革命还没成功,最后的革命是什么?那就是祖国统一,人类的最终和平。70年间我们为了统一、安定,与那些所谓"民主"的国家作了一次次抗争。从朝鲜战争到中印边界自卫反击战,再到对越自卫反击战,中国取得了一次次胜利。朝鲜战争结束后,彭德怀元帅的话语掷地有声:"帝国主义列强在中国海岸线随便支起一门大炮就使中国沉落的时代已经一去不复返了!"没错,我们的祖国用一次次战争的胜利向世界证明:中华民族站起来了!但如今,日本右翼分子越来越猖狂。钓鱼岛自古是中国的领土,日本凭什么来抢?就凭他那些拿不出手的"证据"?这个曾经多次蹂躏过我们中华民族的帝国,又在磨刀霍霍。

百年前一度衰落的中国受着列强的各种欺压。甲午战争,侵华战争让日本军国主义分子打心眼里看不起中国。于是乎百年后,这个好了伤疤忘了痛的国家,还想从我们身上扯下一块肉来。面对这种无耻卑鄙的行径,我们应该给予有力的反击,让他们明白:中国,早已不是从前那个任人欺凌的弱国;中国人民,早已不是东亚病夫!

同学们,历史告诉我们,只有自身强大,才会赢得别人的尊重;只有自身强大,才会拥有真正的和平。历史带给我们的痛我们不能忘。这痛,我们一定要刻于骨铭于心。

(**辅导老师:尹艳**,发表于2015年8月27日"中国文明网·苏州",相城区文明办推荐稿)

那一刻,我的世界春暖花开

2014级初中7班 蔡云洁

清晨的第一缕阳光,透过繁茂的枝叶,洒在角落的一抹嫩绿上。晶莹的露珠在阳光的照耀下熠熠生辉,为嫩叶增光添彩,顺着叶的纹路轻轻滑下,"啪嗒、啪嗒",润湿泥土。

我轻轻拨弄着它的叶片,心里默念:小小兰花快快长大,快快开花吧。

这是一株小小的兰花,修长的嫩叶垂到地上,好似姑娘的披肩长发。这是我从奶奶花园里移植过来的,是奶奶以前在地里发现的,特意把它拿回来栽培,可悉心照顾了两三年都没开花,奶奶很是失望,渐渐失去了耐心,最后索性就不管它的死活了。也算它幸运吧,正好栽在奶奶最爱的月季边,每天偷偷汲取月季的水与营养,这才活了下来。

我打心眼儿里喜欢这株兰花,它不像玫瑰那样娇艳可人,也不像月季那样活泼可爱,更不像荷花那样超凡脱俗,但它却散发着一种清新与淡雅。我家的那株兰花,虽说叶子已经发黄、干枯,但在中心却长出了嫩芽,如同干草堆中的一点绿,也犹如黑夜中升起的太阳,绝望中还给人一丝希望。

我把它栽到我的"小天地"里,但因地方太小,只好在一个小小的角落中把它栽下。为了早日使它开放,我天天浇水施肥,盼望着奇迹的出现。老师曾经说过:世上无难事,只怕有心人。我就不信这花在我的辛勤栽培下不开放。为了这我每天给它唱歌,讲故事,还与它谈趣事。

日复一日,渐渐地,它长出了一个很小的花苞。为此我高兴了好几天,我觉得自己的悉心照料有成果了,每天花在它身上的时间就更多了。妈妈经常对我说教:"人都那么大了,该懂懂事啦,心思该多放点在学习上,你怎么总有闲心弄这些花花草草,心该收收……"而我却总是酷酷地甩甩头答道："你不懂，学习之余，与小花小草交流是我的乐趣。"这样妈妈便不再说什么了。

经过我的不懈努力，终于有一天，饱满的花苞张开了小嘴，粉嫩的花瓣呼之欲出。又过了几天后，旁边又长出了几个小花苞，簇拥着即将绽放的花儿，好似高高在上的公主。

每天清晨，我都会习惯性地去看望它，生怕一不小心就错过了它第一次开放的美丽瞬间。突然，一抹粉色的倩影映入眼帘——它傲然立在一片翠绿中，如仙子下凡，翩然欲飞……

此刻，我心里漾起一大片花海，无边无沿！每一朵全是粉色，还全在笑，甜甜的……

（辅导老师：赵亚萍，发表于 2016 年 6 月《中学生》）

简评：生活中不是缺乏美，而是缺乏一双发现美的眼睛。本文小作者独具只眼，一株小小的兰花历经生存的磨难，在奶奶的悉心照顾下存活下来，在"我"的精心浇灌下抽出嫩绿的芽儿，长出饱满的花苞，开出粉嫩的花朵……对于花来说，完成了生与死的搏斗，对于"我"来说，明白了生命的意义。一株普普通通的兰花，居然如此之美，意蕴如此丰富。练就一双善于发现美的眼睛吧！

留一点空间

2014 级高中 4 班　李春燕

一泓泉，载着这时间长河里古老的歌谣，淌过文化的波澜，一路轻歌曼舞悠然转入了 21 世纪。

新？新！一切都是新的，新潮流霸占了时代。新技术，新政策，新功能，新文化……当我们感慨日新月异的变化之时，只有老一辈的人惬意地躺在摇椅上，语调随着摇椅的起伏一升一降，用温软的吴侬软语向小辈们分享着过去的事儿。

闲散地走在乡间的小路上，田边稀稀散散地落着几户人家。阳光正好，我走进那户人家，还未进入，便听到了一丝一缕曼妙悦耳的歌声盘旋在天空之上，音符字节宛若跳动的精灵，装点着澄亮的风景。

我侧耳倾听，猛然惊觉，是《游园惊梦》！忆起旧时，外婆总爱带我听那么几首曲儿，渐渐地我也越发爱上这传统的艺术，唱念做打，每一个精美的细节都深深吸引着我，我轻轻地跟着和了几句，走近了些。

老人外婆般的年纪，坐在一张板凳上，手里忙着择菜，嘴里却也闲不下来，温润的嗓音随着收音机中的起伏，竟也有种异样的动听，微笑着我看懂了，她是深深热爱的。

"奶奶，吵死了！把收音机关小点，我听不见我的音乐了！"孙子在二楼不满地抱怨着。"哦。"老人原本上扬的嘴角垮了下来，眼底一片阴影。

随着收音机音量的减少，我的心情也降了大半，我抬脚，扭头离开。

不知道二楼传来的男生在演唱什么，我只听见戏中的人物无奈地哀唱着："新否？新！"

我思考着……

不久前，家里装修，爸妈更是大手笔，添置了不少新家具。然而爸妈去和爷爷奶奶因一件事争执起来。

灶台要拆吗？

拆！"爸妈现在都改革开放多少年了，总要换新的了吧！不能总守这些老古董不放！"

不拆！爷爷被气得吹胡子瞪眼。"什么老古董！我们是靠着他长大的！没有它，哪来的你们！"

爸爸气得摔门而去，只留下沉重的叹息声。

新？值否？

依稀记得小时候的我们总爱在寒冷的冬天，聚在灶台前，看着火苗熊熊地燃烧着，不时丢几个红薯进去。红薯熟了，我们的脸也映得红彤彤，从灶台出来还被大人笑称"小花猫"。

　　回忆总是带着甜味的，但与现实连在一起，却还是带上了苦涩。幼时带给我们欢乐的，而如今却只能成为发展新生活路上的障碍了吗？

　　科技在发展，为什么我们的思想却不在发展？难道新技术与旧传统之间注定只能存在替代关系吗？

　　新？值否？

　　请给传统文化留一点空间。

（辅导老师：谈敏红，发表于2016年6月《中学生》）

　　简评：以小见大，作文一法。该文小作者通过听曲子和拆灶台两件小事，用睿智的目光深刻的思辨，对当今的流行文化进行了形象而深刻的剖析，对传统文化进行了认真的审视，从一个侧面引起人们对传统文化的反思。构思精巧，细节出彩，笔法老到，内涵厚重，立意深刻。

爱与苛责

2015级高中10班　李佳慧

　　我小心又小心，仔细又仔细，在一个秋夜用一束温暖的灯光，将母亲的关爱珍藏……

　　记得那是个秋寒凛凛的夜晚，我一如既往开着大灯躺在床上，手捧一本小说看得入迷。正看到情节高潮处，妈妈却冷不丁出现在我面前，抽走了我的书。"这么晚了还不睡！开灯不要电费？"声气冷冷的，说罢"啪"的一声关掉了我的灯，随手也抽走了我手中的小说。

　　我躺在床上，咬牙切齿，有些愤愤地想：从不关心我的感受，就知道省省省，抠！我越想越生气，翻来覆去睡不着。不行，我得把小说"偷"回来。

我蹑手蹑脚地溜进了妈妈房间，犹如电影中的慢镜头。正当我的手指碰到书页时，妈妈突然翻了个身，吓得我手一抖，差点打翻床头柜上的水杯。

我看向她，只见她双目紧闭，眉头轻蹙，一副睡不安稳的模样；凑近了点，还依稀听见她细细的呢喃："……关灯……又不关灯……"我不禁失笑，妈妈竟连睡梦中都想着要我关灯，不就几块钱电费吗？也太夸张了吧，我不以为然地想。再凑近些，听得妈妈侧头又呢喃几句："晚上开灯……看书，眼睛不好，你……这孩子真是……"

细碎的话语像一个个跳动的音符，轻叩我的心弦；弹出一支面冷心热的母亲对尚不更事女儿的挚爱之曲。隐隐的担忧，轻轻地责备，入微的关爱，悠远的期许……全都融化在关灯时"啪"的一声清脆的声响里。

我怎么会忽视了母亲眼中的关爱，而只一味抱怨她的"冰冷"呢？

我的眼睛怎么有些酸涩？回到自己房间，我像妈妈那样无比郑重而轻地关上灯。"啪"，这轻微而清脆的声响敲击在我心头，重重的，仿佛充满爱意而异常动听。

我不由自主地想道：妈妈每一次为我关灯时在想什么？知道我偷偷开灯时又在想什么？被我拒绝并大声抱怨时，妈妈的内心又是怎样的？

第二天晚上，夜已深了，我走进书房劝正在做策划书的老爸："老爸，很晚了，该睡了，夜里开灯太久对视力可不好。"偷瞄一眼在旁边听到此话显得欣慰的妈妈，我对惊讶的老爸做了个鬼脸。

爸爸噢，你还不知道吧？我已经将母亲的关爱珍藏，化作一颗绿色的种子，在我的心田里，生根，开花，吐露芬芳……

（辅导老师：蔡会莲，发表于 2016 年 6 月《中学生》）

简评：真实、细腻、隽永，这是本篇的最大特色。作文，不要装腔作势,更不要故弄玄虚;只要将作者"慧眼"所见的生活真实,集中提炼一下"记录"下来就好了。李佳慧同学此文可以给读者这样的启示。(本篇原题为"珍藏",发表时改为"爱与苛责"。)

简 单

2012级高中7班　陈一祎

"池塘边的榕树上,知了在声声地叫着夏天……"翠绿的树,清澈的小河,天空很透,夕阳很美,小鸟的声音很悦耳,小花儿的姿态很艳丽。熟悉的旋律又在脑海里回荡,仿佛奶奶又站在面前,眯着眼睛笑着说:"要吃晚饭喽!"对我来说,那是最简单却又最幸福的事。

回忆童年那段时光,宛如一滴墨汁滴入河水涟漪之中,不断向深处下沉向四围扩散,那一滴黑越来越散越来越淡……而那儿时旧日的依依韵味则越发集聚越发浓郁。

最美好的是五六月份,春末夏初,慢慢的,空气中的湿润感已不像春初那般强烈,天空蔚蓝,空气中还夹杂着淡淡的泥土的芬芳,如此惬意的氛围,大家不会白白地浪费掉。夏日傍晚,天还是依旧明亮的,家中的男主人就会把自家的条桌搬到屋外,一家家都露天吃饭,虽然贫富不一,人数不等,桌上的菜色自然各异,但那一种浓浓的祥和的村意民风却让人倍感亲切。你能想象那样的画面吗?当桌子搬到屋外,各家的场地上早已其乐融融,"主厨"们把菜从厨房搬到场院桌上,随着奶奶一声叫喊,我就乖乖地跑出来吃饭了。一直就有一种规矩,就是朝南坐的是老大。小时候也不懂事,就争着坐那个位置,因为一般的长凳太低,所以就会在老藤椅上再放一张小凳子,"高高在上"的感觉实在是不错的。但有弟弟妹妹来家吃饭，我也只好"禅让"了。我们村上，那时谁家的孩子最小，他就是这家的"皇上"。

夏日的黄昏，整个村落，家家围着"皇上"谈笑风生。家乡的味道就是这么简单而醇香。

小桥、流水、人家，我家的老屋就处于这么一个好位置。那时候的水还算清，但是已经不能喝了；爸爸说他小时候就经常在这条河里玩耍：游泳、挖螃蟹什么的。而小桥的后面还有座小有规模的桥，河也是新开的，水很清。时常还有轮船开过，有打金器的，卖西瓜的……夏秋时节，晚饭之后，全村人都会搬着椅子去大桥上乘凉，我和小伙伴们迫不及待地去那早早占好地盘，我坐在我家的老藤椅上，手拿着蒲扇，享受着这风吹过脸颊的惬意，看见有船开过，还会兴奋个半天。有空的时候，爸爸会带我游泳，和伙伴们在水中闹腾，远远望去，那溅起的水花在夕阳下熠熠生辉……

这般简单而快乐的生活，上学以后就没再也享受过了。随着时间的流逝，环境的变迁，那桥上的人也逐渐少去；傍晚时分，将长条桌搬到场院里来的农家也越来越稀少。

直到那一天，阳光融融，拂起我内心层层的涟漪；微风暖暖，吹进心底淡淡的苦涩。院落旁的柿子树窸窣作响，摇曳着内心的不舍。我钻进老屋门前等候的车内，望着阳光下老屋的背影——记忆便封存了这安详伫立的院落。在那渐行渐远的途中，我落泪了，止不住地落，从心底流淌出的。

这是我对家乡、对童年的追忆，深沉而简单的；简单到化为一支歌："池塘边的榕树上，知了在声声地叫着夏天……"

（辅导老师：周政昌，发表于 2015 年 4 月 3 日《作文指导报》、2015 年 4 月 24 日《现代写作报》）

简评：题为"简单"，小作者意在强调淡淡的思乡之情、浓浓的亲情乡意均渗透在日常平凡的生活细节之中和爷爷奶奶孩子大人左邻右舍之间；用农耕味儿尚存时的"简单"折射城市化进程快速推进后"简单"的淳朴村风民情正在急剧嬗变并为之兴叹——文字浅而意蕴深。

　　章法上简单有序：重点截取"场院晚餐"和"桥上乘凉"两幅画面，以工笔细描的手法抒写；则则材料幅幅画面以"简单"为线索贯穿；文章用"歌"前呼后应，结构越发显得紧凑，并具诗情画意。

老街·老人

2013级高中7班　黄　婷

　　清晨，天气晴好。

　　沉睡的城市开始苏醒。

　　街道上，各种汽车慢慢填满了道路，人流一波接着一波开始涌动，早餐店的服务人员手脚麻利地包扎着一份又一份"便携式"早点。

　　不耐烦的鸣笛声，嘈杂的叫喊声，一下下冲击着鼓膜，叫醒了迷迷糊糊的人们，忙碌而令人焦虑的一天又开始了。

　　可是，如果你愿意稍稍多走几步，绕进闹市背后的小巷，你会看到一幅截然不同的画面。

　　一张竹制的躺椅悠悠地晃着，不知是太阳的缘故，还是这躺椅真的上了年纪了，不再是青葱的绿色，而是暖人的黄色。

　　老爷爷就这样闭目躺着，身边会放个古旧的收音机，播放着我们耐不下心去慢慢品味的戏曲。这时的老爷爷，嘴角总是微微上扬，那是一种幸福的表情。从我记事以来，我就知道和闹市毗邻的老街上有着这样一道风景。

　　老爷爷开着一个杂货铺，地方不大，东西却塞得满满的。中间是货品，靠近门口的地方是一个柜台，剩下的你所能看到的所有的墙壁上，都是他亲自书写、绘画的作品，统统没有用镜框裱起来,只是一根长绳,穿着一排的夹子,夹着一溜长长短短的宣纸。在狭小昏暗的房间内别有一番韵味,像是一场个性十足的展览。

不论你是不经意地路过,还是匆匆地赶来,一旦进入他的领域,你的心就会慢慢平静。有时找他聊上几句,他懂得不多,却往往正好是你所缺失的古色古香的东西,够你们聊聊。

一次偶尔路过,见他正在台上画画。有力的握笔,潇洒的姿势,专注的双眸,会让人情不自禁地走过去。那不逊于大师的出手,是人生与艺术几十年的交融,大胆的色彩是一种潮流的注入,大片却不连续的留白是一种生活的美学。

他不是个多么有知识的人,但他身上散发着文化的味儿。他说他是个没了田、无事可做的老农民,怀着一份喜爱的修行者。大富大贵于他而言已经不算什么了,他想要的只是安度晚年,晒晒太阳,画画画儿,想想过去的人和事。

我不清楚什么是中庸之道,但每每看到老爷爷,我的脑海里就会蹦出"中庸"二字,或许"中庸"就是活出属于自己的快乐吧!

而今发展太快,时光太快,我都快不记得全村人坐在桥上乘凉聊天的样子了。如果我们不能超过光速回到过去,那就缓缓脚下的步子,学一学老街上的老爷爷吧。

(辅导老师:周霞桥,发表于 2015 年 11 月 9 日《苏州日报》、2016 年 1 月 1 日《现代写作报》)

为他人鼓掌

2011级高中10班　丁孜洁

　　艺术大师毕加索在参观完一个儿童画展后，称赞道："我和他们一样大时，就能画得和文艺复兴时的大师拉斐尔一样，但是我要学会像他们这样画，却花去了我一生的时间。"毕加索并未因自己是艺术大师而不屑于儿童画，没有半点恃才傲物的骄人之气，而是极力称赞了孩子们的童真和富于创造，并且从中有所借鉴。大师这种为他人鼓掌行为，值得称赞。

　　的确，在生活中，我们也该为他人鼓掌，因为赠人玫瑰，手留余香。一位家长去接自己上幼儿园的女儿回家，女儿一路上都蹦蹦跳跳，满脸笑容。一问原因，竟只是因为老师今天表扬了她"吃饭乖"。这本是老师无心的一句称赞，却被女孩铭记在心，给予了她一天的好心情。看到他人的优点，就该及时称赞，肯定了他人，也快乐了自己。

　　生活中却常有人吝啬掌声，看不见甚至不承认他人的优点，这样的行为可谓是处世大忌。

　　切忌目光短浅，苛刻待人，请为他人鼓掌。某市有位母亲，女儿本已很优秀了，但她却认为还不够，女儿还未达到最优秀的名次，一直以苛刻的方法要求她进步，从未说过一句赞赏的话。长此以往，女儿积压在心中的郁闷与得不到肯定，使得她将罪恶的双手伸向了母亲！当然这仅仅是个极端的个例，但是这种血淋淋的事实，可是触目惊心发人深省的啊！

　　切忌恃才傲物，总是戴着有色眼镜看人，吝啬为他人鼓掌。孔子虽为一代圣贤，也难免会有过失。有次有学生问他关于种地的知识，他竟严厉地斥责了学生，认为种地是没有出息的活计，人应该更多地读书从事脑力劳动才是正道。孔子哪会知道，"种地"的学问也可大着呢！当今袁隆平的杂交水稻，解决了多少地区的粮食短缺难题，造福了多少人啊。我想，孔子的那位学生向先生咨询"种地"之事，可能是这位学生早在几千年前就有了当今袁隆平的追求。那时假如孔圣人为这个学生"鼓一下掌"，说不定这学生也会发愤研究，搞出点水稻高产的名堂。

职业与职业，人与人之间，本就没有高低贵贱之分，切勿自命清高，片面地去看待问题。每一种为人类奉献的职业，每一个对社会有用的人，都值得我们为之鼓掌。

请为他人鼓掌，看到他人的优点；同时也为自己鼓掌，激励自己每一天奋进。即使最终我们无法超越毕加索那样的造诣而成为"艺术大师"，我们也能成为自己生命的"大师"。

（辅导老师：周政昌，发表于2014年5月12日《苏州日报》、2014年7月15日《作文指导报》）

简评：这是一篇中规中矩的议论文。作者开篇由毕加索的话语引出中心论点：为他人鼓掌。接着从正反两个方面举例论证。其中从反面论证时采用了横向论证结构，提出两个分论点：一是目光短浅、苛刻待人而不为他人鼓掌，一是恃才傲物、戴着有色眼镜看人而不为他人鼓掌。结尾水到渠成，进一步点题。全文结构清晰，论证有力。

不一样的真情

2016级高中4班　罗　玲

暮色沉沉，天空被细雨打湿。车站旁的快餐店，透着暖暖的灯光，店里的客人三三两两，玻璃橱窗上凝结着一层薄薄的水雾。我坐在桌旁，埋头吃饭。

"吱呀"一声，吹进一阵冷风。我一抬头，玻璃门被推开了。一个老头收好伞，在门口地毯外水泥地上反复蹭着脚上的泥水。

老头看起来像六七十岁的样子，戴顶布帽，深色的蓝衫被洗成了灰蓝色。几个大布包压着他佝偻的背，空荡荡的裤管里支出两根干瘦的脚杆，一双黑脚套在塑料凉鞋里。

老头进门，并不直奔柜台，而是找了个没有人的角落，默默地坐下。或许是来避雨的，我这样想着，便不再理睬。这时耳边传来一阵阵絮语，我淡淡地瞥了一眼。不知几时，老头竟站在了我的身边。他花白的头发胡子，胡乱的糊了一脸；脸上像黄土高原一样，沟壑纵横。嘴巴一开一合，念念有词。倒霉，我心里闪过一丝厌恶——又碰上乞丐了。我收回目光，转过头，扔下一句硬邦邦的话："我一分钱都没有！"

我遇到的乞丐实在太多了，可到后来，我发现他们全都是假的，骗人骗得真真切切。记得曾有个长得慈祥的老奶奶拉住我，称自己的车票钱被扒手偷走了，求我给她几块帮助她回家，我慷慨解囊。不料，接连几天我都碰到那个"车票钱被扒手偷走"的老太太，还是那个打扮，还是那个理由……

拉回思绪，却见那个老头正在和服务员说着什么。他弓着腰，不断地点头，一脸的笑容，脸上的沟壑更深。"不是不给，是你不能在这吃……"老头卖力点头赔笑。这时我面前的一位女孩起身离开，玻璃门刚合上，老头竟然端起女孩的剩饭，开始狼吞虎咽起来。静静地看着眼前这一幕，我觉得脸上越来越烫。饭吃到嘴里，像是掺了沙，硌得牙疼。

曾听人说，乞丐是社会的毒瘤。前有东莞丐帮恶行揭秘，后又三里屯卖花老人事件，乞丐这个特殊群体，早让我们失去了信任和同情。冷脸相对，也渐渐成了习惯。看着老人扒着快餐盒里的最后几粒米饭，我感慨万千。乞丐是瘤，可也是长在城市上的肉啊！

包里还有一个面包，我鼓起勇气，扯扯老人的衣袖。"爷爷，给您！"说完，飞快地把面包塞进了他的怀里。"哎呀"一声，我推开门，逃也似的离开了餐厅。这时背后又传来低低的絮语，我仿佛看到老人嘴巴一开一合，俨然一尊佛，吐着唤醒良心的梵音……

(辅导老师:周霞桥,发表于2017年3月《作文指导报》)

简评:刚由初三升入高中的学生,稚气未脱;可是这位罗玲同学将目光投注街头社会,拷问司空见惯"乞丐"问题,直击当今社会冷漠人心,颇有振聋发聩之功效。作文,亦是文章;文章,当直面社会,直面问题。推荐此文,不仅主题震撼人心,开篇环境描写,行文中叙事与心理描写相结合,还有细节描写和"支"(第二段)、"糊""扔"(第三段)、"塞"(第七段)等炼字,均余味无穷,值得品赏。

(二) 获奖作品

拥爱者的幸福

2010级高中4班　付　鑫

红尘一世，纷繁荣华，纵览古今，几人玄机道破？

朦胧的雾气弥散开来，像一幕幕城墙般倾倒。独自一人，漫无目的地走，冥冥中似乎有什么在牵引着。不远处有些许微亮的光芒，便循着那微光径直迈开步伐。立定，这会是什么呢？俯身，从体侧斜过双手，轻柔地捧起，小心翼翼地凑近，舒展舒展鼻子，嗅却闻不到味道，邪恶地一舔嘴唇，紧接着上前咬了一口。刹那间，豁口处的血如泉涌，轻易便遮盖住齿印。然而那味道竟如此鲜明，如此苦涩。那分明便是我的心呐！

不及回味，耳畔传来整齐的脚步声，不禁心中生疑，缓缓站起身来。侧耳细听，那脚步声便愈发明朗，直至我足以猜想到他们就是我最熟悉的敌人时，毫不迟疑地转身，想抽身逃离。可是，脚步不听使唤，死死钉在原地，动弹不得，拼命挣扎，却丝毫不起作用。即使这样，我也不打算放弃。

挣扎间，眼前浮现出尘封已久的记忆之绳，上面的一个结随后打开。他们是如此可憎！自小，就让我生活在姐姐的影子里，似乎她就是我的上帝。但凡为人处事，都要被迫遵循她的原则，遵从她的模式。以至我总觉得我的童年、我的天空都是毫无意义的复制品。我是如此与众不同，却被强行推入他人的生命轨迹，这让我徒添无数烦恼。因此，我憎恶他们。紧接着，另一个结打开了。随着年龄及学业都不断增进，面临着择校。我日渐消沉，并最终如愿与姐姐分道扬镳。姐姐进入优等学校，而我与这样华美的校园擦肩而过，反教我心生骄傲。我终于得以彰显我的独特，我的不可替代性。

回过神来，继而侧耳细听，骤然间，脚步声听不见了，我急忙转身，真的不见了。我心底的防线彻彻底底地崩溃了，早瘫坐在极地般寒冷坚硬的地面上，痛哭起来，豆大的泪珠滴滴答答地下着，不觉又放出声来，先前捧着的那一颗心早跌落一旁，纵使它渗血，渗得再厉害也兼顾不到了。其实，我早已明白，只是茫然无措，不知如何回头，直至你们不见，我独自一人再伤心也无用了。我懂得，姐姐走的路既是最好的路，我又有什么理由应当拒绝这样走？至于独特，我的存在不就证明了我的不可替代性吗？幼嫩的我，曾经感受不到你们的存在，爱的存在，但那并不意味着真正意义的不存在。现在，请把以往的沉重的"不友好"的爱，都抛弃吧，把那些对幼嫩的我的惩罚都抛弃吧。雨意袭来，雾就应该消散了！至于我，自然可以重新爬起。

你们，是满满的爱，你们在，满满的幸福就在！"嘀——"紧急刹车将我唤回现实，梦醒来，生活还在继续。拥爱者的幸福，你懂了吗？勿让小小阴天遮盖整个晴天的噩梦再次上演！

（辅导老师：王先猛，获第十四届"语文报杯"全国作文大赛国家级一等奖）

只因有爱

2011级高中3班　严　雪

真心祈祷他们永远这么幸福。

母亲常说，当年是因为看见父亲躺在床上，以为生病了，怕退亲让父亲受不了，才勉强嫁过来的，说不定父亲到现在都娶不上媳妇。每当这时，父亲总是傻傻地笑，低头不语。但我绝不相信，光看父亲现在，就可知年轻的时候是个帅小伙，又有力又谦和，只是奶奶子女众多，父亲的婚姻就耽误了。

说来也巧，好似是注定的缘分。听母亲说，在相亲路上，她看见一个男子在田地里干活，心里一阵触动，一经问，果然相亲的对象就是他,所谓心有灵犀一点通。

父亲的踏实、老实深受二老的喜欢。母亲却因为另外一件事嘲笑父亲,"你爸当初真是,直接就叫爸、妈了,而且一点也不客气,包饺子吃,一人连吃两碗。"这时老实的父亲要狡辩了:"我吃得很少了,根本没饱。"温暖覆盖了每个角落,连自然也要进行一场蜕变。鸟儿翱翔欢唱,蝴蝶满天飞舞,小草尽情扭动,万物皆是美丽。幸福也油然而生。

天总有下雨的日子,母亲可能因为劳累而变得异常浮躁,常常为了芝麻大点的小事责备父亲,父亲不但没有丝毫抱怨,而且越发地对母亲好。母亲冬季睡觉,整晚都捂不热脚。父亲就用布满老茧的双手来做脚按摩。他还经常跟我说,这样有助于血液循环,让我帮着一起做。看着母亲安逸地入睡,他脸上总会有莫名其妙的笑容。

母亲伤心,他也难过。母亲高兴,他也开心。母亲是他一生的幸福。

事情发生了转变,我以为只有父亲对母亲默默的爱,却忽视了母亲对父亲深沉的关心。

父亲老是觉得胃不舒服,母亲担心他,让他去医院检查,可他总是不当回事。直到有一天凌晨,我记不清几点了,朦胧中只听见母亲抽泣的声音。母亲带着痛得直不起腰的父亲奔赴医院。在开刀住院期间,母亲一直守护在父亲身边,为了给父亲补充营养,她买了条鱼,可医院没有煮饭的地方,她于是找到一家餐馆,想让人家帮忙烧,她又转念一想,担心别人烧不好,多放盐不利于父亲身体健康,就自己亲手做。劳累使她日渐消瘦,看着父亲一天天见好,她感觉很欣慰。在她眼里,父亲是她的依靠,是她一生的幸福。她爱着父亲,父亲也爱着她。

有一周末,我前去探望,到门口时,看到父亲半卧在床上,母亲坐在床边,有说有笑的,阳光透过玻璃照耀在他们脸上,看起来好幸福,真心祝愿他们永远都这么幸福⋯⋯

当上帝让他们相遇时,一生的牵绊已注定。因为爱,他们彼此依靠；因为爱，他们彼此体谅；因为爱，他们相伴终生，不离不弃。

他们沉浸在幸福的怀抱中，只因有爱。

（辅导老师：王沂，获第十四届"语文报杯"全国作文大赛省级特等奖）

幸福，藏在日历间

2010 级初中 4 班　薛雅君

"奶奶，奶奶，你看这日历，怎么不对呀？"我站在日历边，故作奇怪地大声问道，嘴角有掩饰不住的笑意。紧接着，便听到奶奶"踢踏踢踏"的脚步声。奶奶朝日历看了一眼，马上明白过来了，伸出手轻轻捏捏我小巧的鼻尖："你这个小鬼，又偷偷撕日历啦！"无奈中又满含宠溺。我再也忍不住笑，一溜烟飞奔跑开。

记忆回到快乐的小时候，我总是天真地每天都偷偷撕掉一页日历，然后快乐地期待奶奶发现时略微生气又无可奈何的样子。那时候，日历被轻轻撕开的声音如同夏日的冰棒融化在舌尖一样美妙。幸福，在心间悄悄绽放……

而现在，这快乐似乎好久都没有过了。学业像一条巨大的鸿沟，横跨在我和奶奶之间。总是好久才能回奶奶家一次。

伴随着汽车的刹车声，车停在了奶奶家门口。还没有走下车，就听见奶奶从高屋里急忙冲出来时的"踢踏踢踏"声，奶奶似一阵热风般迎了过来，她倚靠在门框上，手不住地在围裙上来回搓动。"回来啦！"奶奶大声地叫我们，脸上溢满了幸福与满足。连深深的皱纹也舒展了开来，在阳光下透出暖暖的光晕。

我拿起几袋水果下了车，奶奶一下子全接了过去，一袋不留，一点也看不出她手中袋子的沉重，嘴里直说："快坐下，里面有水喝。"说着又忙开了。

也许是太久没有回奶奶家,我竟有些拘谨,不知要说些什么,就站在屋子里漫无目的到处看。忽然目光落在日历上,咦,怎么回事?日历上还是前几天的日子?"奶奶,你看这日历,怎么不对呀?"还是这句话,但此时,我是真的奇怪。

奶奶"踢踏踢踏"地过来,看了半天,忽然一抬头:"哦,看我这记性,这几天都忘了撕了。"我的心猛地一沉,似乎突然被人抽去了什么。从来没有如此真实地感受过奶奶的苍老——奶奶不会再在原地等我啊。

我一下子紧紧抓住了她的手,望着日历,心中说:奶奶,这日历以后就让我来替你撕吧。就让幸福,永远藏在日历间吧。

(辅导老师:石鑫佳,获第十四届"语文报杯"全国作文大赛省级特等奖)

石头的蜕变

2011级初中2班　杨佳艳

我很喜欢石头,喜欢五颜六色的鹅卵石、刚硬耐用的花岗石、含蓄优雅的玉石……即使是块平凡的石头,我也会相信它有一颗奋进的"心"。

要知道,不经历磨难的人生怎能叫人生?不经历奋进的理想又怎能叫理想?几乎每个人都是在为自己的理想而前进着、奋进着。奋进需要坚强的意志,这使我不觉想起了那块石头,它似乎沉睡了千年,被大自然母亲的低喃细语给唤醒了。它静静地躺在河岸边观察,似乎世间一切都是那么的充满诱惑。而在它的心中却只有一个理想,那就是能实现自己的价值。它可不想一辈子平平淡淡地生活在河边,任人践踏。

其实，在众多石头中它是最不起眼的一颗，瘦小的身影总使它成为其他石头的笑料。可即使被说三道四，它也充耳不闻，默默地幻想自己成功的一天。河岸边走过的人数不胜数，它的背也一遍一遍地被踩过，一遍一遍地被雨水冲刷过。原本一块墨黑而干净的石头，现在却变得又脏又臭，但它从未放弃过对未来的憧憬。也许大自然的磨砺会使它的眼眶湿润，但它决不会流下泪来，因为它知道只有坚持才能向理想奋进。就这样，小石头一直坚持着，后来小石头似乎过得很开心了……它再也不会感到孤单了。面对同伴们的冷眼讥讽，它也只一笑而过；当雷电交加时，它也不再感到恐惧。

就这样，小石头平平淡淡、晃晃悠悠地过了一百多年。岸边的小村庄也拆了，开始搭起了高楼大厦。原以为实现理想的最佳机会到了，可它渺小的身材与那些强大的石头相比真是天壤之别。小石头努力地向大石堆里面挤，努力地想抓住这仅有的机会。终于有一天，工程部的人发现楼道口有一个洞需要填补，也偶然中看见了小石头。可是上帝再次与它开了个玩笑，因为自己的身形与那个洞不相符合。它躲在角落里，身上沾满的泥泞和污垢，它被人们嫌弃地瞟过，也被经过的人群踢来踢去，伤痕累累。最后它滚入了水中，它的心就像被抛进了万丈深渊，泪水与河水相溶。痛苦过，伤心过，但它又重新收拾了心情，固执的它依然坚信希望还没有完全破灭。就这样，石头随着水流旅行。

几年后，一个顽皮的小男孩在玩水时，误将石头捞了起来。它睁大眼睛看着水中的倒影，惊奇地发现自己已经不再是一块墨灰色的小石头，而是一块晶莹剔透的白玉石了。看来在河水中的几年，它洗去了千年尘埃，就如凤凰涅槃，浴火重生了一般。石头兴奋地看着。这时小男孩也激动地像发现了宝贝似的，轻捧着石头跑向父亲，迫不及待地展示。刚好父亲正在为市中心石雕设计而发愁，看到这块美如冠玉的石头，灵感一下子便来了。

后来石头被雕得圆润无比，安在了石雕人像的手上，形如一颗圣珠。每次市中心走过的人都投以欣赏的目光。这座雕像也因此而闻名，成为城市的象征。石头展望着这片沉浸在宁静夏夜中的城市，它眼角再次划过的泪珠，闪现成为天空中最美的星星。

石头坚信：生活中，强者不仅是一帆风顺地走着的人，也应该是在这条路上摔倒了很多次又爬起来的人。因为有理想，所以要奋进；因为有奋进，所以更坚强。

（辅导老师：华娟，获第十五届全国"语文报杯"全国作文大赛省级一等奖）

幸福是什么

2010级高中11班　高梦佳

幸福是什么，幸福就是令人感到高兴或欢乐的事情或境遇。在人们的眼中，每一件事情都能让你感到幸福。有的人认为取得一个优异的成绩是幸福，有的人认为在寒冷中获得一声祝福是幸福，有的人认为赚得一份靠自己努力来的钱是幸福。而在我眼中，在外婆家生活的那段童年时光是幸福。

那段日子里，外婆家门前屋后无不留下我幸福的足迹。门前流淌的小河中常常有鱼虾嬉戏，炎炎的夏日里，常有一个穿着裙子、扎着马尾辫的小女孩站在水中抓鱼，那就是我。我站在光滑的鹅卵石上，清凉的河水流过脚踝，不时有小鱼儿好奇地亲吻脚趾，惬意极了。偶尔有一条银白的小鱼从脚边游过，全力一扑，结果可想而知，扑空的概率很大，但全身扑入水中的无所不至的清爽和舒适着实令人幸福和快乐。身旁经过的河水便带着我的快乐轻松地向远方流去。外婆家屋后的那片空地，里面长满杂草，看似荒芜，却是我的天堂。太阳刚刚升起，草叶上沾满晶莹圆润的露珠，走在其中，既凉爽又能惊醒许多蚱蜢。"好！看到它了！"轻轻地向那只蚱蜢靠近，双手猛地一合，小心翼翼地将手掌打开，一只大蚱蜢正顽强地挥舞着纤细的肢体,大大的成就感涌上心头,我脸上顿时挂上了大大的笑。于是我手里拿着蚱蜢连蹦带跳地跑到外公外婆那里炫耀。有时运气不太好,不过也没关系,满身草香也很令人快乐。外婆家有几块小小的菜地,在阳光明媚得如幼儿灿烂笑容的日子里,站在草地边,看着绿色骄傲地挺立在土地之上,心中便万分快乐。更多的时候,我们会坐在门前的那棵老杨树上,望着瓦蓝瓦蓝的天空,望着或如山岩或如薄雾的云头,晒着温暖的阳光,看着河水穿着一身全丝缝制的华服奔跑,听着河水的歌和鸟儿的笑,嗅着清新的草香,这样的时光让我着迷而陶醉其中,此时的轻松快乐是任何时候都无法比拟的。这时候,心灵的宁静是最大的幸福。

  读书累了,父母为我们削一个苹果,是幸福;口渴了,同学帮你倒一杯水,是幸福;沮丧了,朋友一句安慰的话语,是幸福;高兴时,朋友与你一起分享快乐,是幸福;平凡的日子,收到一份小小的祝福,哪怕是一片小小的花瓣,一片树叶,也是幸福……不同的人对幸福有不同的诠释,但有一点是共同的,那就是:幸福的往事值得珍藏。

  幸福,如沁人心脾的甘泉,畅饮甘泉,我们的内心变得纯净而明亮。

  幸福,如令人心怡的白雪,领略白雪,我们的内心变得安静而平和。

  幸福,如熏人欲醉的海风,感受海风,我们的内心变得纯净而宽敞。

  幸福其实很简单,它就存在于你的生活之中,只要你放慢脚步,用心感受,细细体会,幸福便随之而来。

  我对幸福的定义是,幸福是在外婆家度过的童年时光。

(辅导老师:糜慧芝,获第十四届"语文报杯"全国作文大赛省级一等奖)

奋 进

2012级初中5班　蒲　慧

"奋进"在我的记忆长河里是那样的铿锵有力，那样的悦耳动听，那样的宛转悠扬。孙中山说过"奋斗这件事是自有人类以来天天不息的"。

旭日初升，映射出的是奋进的光芒；万物复苏，舒展出的是奋进的希望；惊涛拍岸，撞击出的是奋进的力量；雄鹰展翅，翱翔出的是奋进的方向；骏马奔驰，飞扬出的是奋进的理想……奋进无处不在，奋进无时不有。

"坦然"一个简单的字眼，一个普通的动作。它是信心、恒心的代表；它是一种精神的标志；它是这个世界上最动人的动作；它更是奋进的人生之歌中最悠长悦耳的旋律。

冬季的午后，天空被笼上了一层黑雾，阴沉沉的仿佛要倾压下来，看来不久后就会有一场大暴雨了。

心情如天空一般的阴沉，墙上成绩单跳动的数字仿佛灼伤了我的眼睛。平时一向成绩优良的我这次竟考了班级第7名。那个刺眼的名字好似恶魔的影子，在我的脑海了挥之不去。

抬起头看看树上的小鸟，它也歪着头一晃一晃地斜着眼打量着我，"怎么，连你也嘲笑我么……"我沮丧又伤心，倏地腾起一股无名的火，向树的方向大喊起来，又是拳打又是脚踢的，把小鸟吓得跳起来。"女侠，求求你饶了我吧，我再也不敢了。"看着鸟儿惊慌失措的样子，我不由产生了一种同病相怜的感觉。我走进房间趴在桌子上，窗外，雨开始飘洒起来，接着越来越大……

迷迷糊糊之际，耳畔传来了清脆悦耳的鸟鸣声。我抬头一看，原来是树上的小鸟在歌唱。细小的声音被噼噼啪啪的雨声包围着，余音却清晰地刺破了雨雾。我愣愣地看着小鸟，心里却翻起了滚滚波浪。"这么弱小的小鸟都勇于向暴风雨挑战，我为什么这么懦弱呢？是啊，这点挫折算不了什么，一次考试的失败，并不等于永远失败！只要有信心、有毅力、有恒心，任何艰难险阻都阻挡不了我前进的步伐！"不经一番彻骨寒，怎得梅花扑鼻香？"

如果它是一望无际的沙漠，那我就是一片绿洲；如果它是坚硬无比的锁，那我就是一串钥匙；如果它是伸手不见五指黑夜，那我就是一盏灯……

一切都是浮云啊！

奋进——生命的强音！

（辅导老师：严水明，获第十五届"语文报杯"全国作文大赛省级二等奖）

我眼中的幸福

2010级初中7班　王雪华

冬日午后的阳光慵懒地爬进窗台，爬上每位同学的心头。淡淡的温暖由心而发，当然，也满满地充溢着幸福。

"七月份的尾巴，那是狮子座；八月份的前奏，那是狮子座。"在我们班的圣诞派对上，薛绵羊音正在讲台前发挥自己的独特唱功。情感浓烈时，薛同学就会陶醉似的眯起眼，颇有星范儿。他光唱还不过瘾，拿起一旁的扫把，来一首有"情趣"的弹唱曲。呵！还真把自己当成了哈利波特——拿起扫把就能飞啊！

坐在下面的同学吗，捂耳朵的捂耳朵，窃笑的窃笑。等他唱完最后一个音，全班从窃笑转变为哄堂大笑。同学们笑态各异，有的面红耳赤，有的前翻后仰，更夸张的，拍起了桌子。为什么笑？其实最主要的不是他的声音，而是，那最后一个简简单单的音，他居然唱破了！

薛同学微张小嘴，正待开口，急忙被"范伟"赶下了台。同学们都松了一口气,耳朵终于不用受罪了。说他是范伟,可真就是一个缩小版范伟。他不仅长得像,声音像,连那神情都是那么像。他是谁?他就是我们班著名的小品演员周同学是也。而他,也将与其他两位同学共同表演小品——卖拐。周同学丰富的面部表情逗乐了每一位同学。这其中状况百出,甚至还有忘词事件,但通过表演者"天才"的临场发挥,更是乐趣连连。

　　小品将近结束,薛同学为报被赶下台之仇,居然带着徐同学上台"抢镜头"。"现在,我们将献上一曲《兰花指》。"此刻,场面一片混乱。周同学不知哪变来一个橘子,剥了橘子皮往两位同学身上丢。薛同学怒了,举起扫把反击周同学。顿时,橘皮满地落,灰尘漫天飞,还真有点菜市场的"意境"。而徐同学,自顾自地为这场闹剧配着音:"你的兰花指,千年捻碎成往事……"同学们也坐不住了,加入了这场闹剧,在教室里四处"追杀"。

　　老师似乎有些急了,这么闹怎么行?别的班还在上课呢。而我笑了,悄无声息地混在大家的笑声中。也许并未察觉,而我却深深觉得,那一刻是如此幸福。

　　青春本不应该就是如此吗?充满幸福和闹剧。我知道,这是我眼中的幸福,我想要的幸福,我们共同拥有的幸福。

(辅导老师:裘丽萍,获第十四届"语文报杯"全国作文大赛省级二等奖)

幸福的召唤

2010级高中1班 惠雯静

当你去询问一位老革命家什么是幸福,他会回答你,"和平,没有战争就是幸福";当你去询问一位穷困潦倒四处游荡的人什么是幸福,他会回答你,"有一座自己的房子就是幸福";当你去询问一位在森林自然保护区工作的人什么是幸福,他会回答你,"人们不乱砍伐树木就是幸福";当你去询问……

由此看来,幸福在每个人心中都是不同的,也可以说,每个人都有属于自己的幸福。

"啊!伟大的爱情!"我从一篇缠绵哀怨荡气回肠的爱情故事中抬起酸肿的双眼,望见奶奶正在一旁修剪茉莉,我突然有了一个奇怪的想法:"奶奶,您爱爷爷吗?"奶奶先是愣了一下,然后脸一红,骂道:"小孩子不要问这些问题。""奶奶,您说幸福是什么呢?"奶奶思考了一会儿,突然脱口而出:"就像这茉莉一样吧。""啊!"我不禁傻眼了,幸福怎么会是茉莉呢,但看奶奶庄重的神情也不像开玩笑啊!

就在爷爷从外地回来的前一天,奶奶患急病住进医院。在病房里,奶奶拉着我的手,对我说道:"好孩子,我答应过你爷爷等他回来后就煮饺子给他吃,现在我住院了,不能做这件事了,你去街上买一些速食饺子给他吃。记住,等他吃完了再告诉他我住院的事,要不然他会吃不下的。记住了吗?"奶奶一脸焦急地望着我。"奶奶,放心吧,我会按照你说的去做,不要担心了。"我赶紧说道。奶奶这才松了一口气,安心地躺在床上休息了。

然而,爷爷并没有相信我精心编织的谎言,没吃饺子就赶紧跑到医院去看奶奶。一连几天,他一直守在奶奶身边,爸爸妈妈想让爷爷回去休息,让他俩轮流来照顾奶奶,他都不肯,一步也不离开。

我受奶奶委托,把家里的那盆茉莉带到医院,放在奶奶的病房里。我刚想走进门,听见病房里奶奶对爷爷说:"老头子唉,来帮我捶捶背。""好的。"我听到了爷爷那洪亮的声响。

我从门外向里望去,爷爷正帮奶奶捶着背,嘴里也不知在说什么,逗得奶奶大笑连连。我望着这温馨的一幕,心里不禁想:这便是幸福吧。

过了几天,奶奶出院了。奶奶出院在家的第一个早晨,起床有点晚了,便忍不住自责道:"人老了记性也不好了,这不是给全家烧早饭吗,怎么睡过头了呢?"奶奶一边说一边往厨房走。还没到厨房,便听见里面有"呼呼"的声音传来。奶奶好奇了,大清早的谁会在厨房?走进厨房一看,原来竟是爷爷。"哟,老头子,你在干什么呢,这一大清早的?""我这不是在煮早饭吗!"听了爷爷的回答,奶奶吃惊了,平日叫他来帮一下忙都不肯,今天竟会这么主动。

爷爷看出了奶奶的想法,耳根子不禁红了红,然后解开了奶奶心中的谜题:"你这不是刚出院吗,不要累着了,你快去休息吧,这儿有我就行了。""是吗?"爷爷看着奶奶怀疑的眼神,更加想让奶奶看看自己的手艺。

过了一会儿,奶奶就闻到了从厨房里飘出来的香气,不禁赞赏道:"老头子还真有点本事。"我从楼上下来的时候,正好望见爷爷在喂奶奶喝粥,奶奶拼命拒绝,想自己吃,但爷爷就是不让。奶奶脸上虽然不高兴,但我想,她的心里应该就像烟花一样绚丽多彩。这,就是幸福吧!

幸福不是非要做轰轰烈烈的大事才感受得到,幸福存在于任何一个角落,存在于每一件平凡的事中。

能否找到幸福,就看你是否有一双发现幸福的眼睛,是否有一颗感受幸福的心。让我们聆听幸福的召唤吧!

(辅导老师:倪静芳,获第十四届"语文报杯"全国作文大赛省级二等奖)

原来幸福就在身边

2009级高中11班　周　洁

大厅内挤满了人,每个人的脸上都带着疑惑的表情,他们小心地询问这只是什么案子,可都摸不着头脑。于是将目光都纷纷转向了审判庭上。

"哐,哐——"随着一阵榔头声,全场肃然安静下来,庄严的气氛弥散在空气中,强烈的灯光笼罩着我,顿时心头一紧,双手死死地抓住了衣角。此时,大厅内传出了法官庄严的声音:"今天案件的内容是一个小女孩责怪自己的妈妈把幸福弄丢了。下面请这位女孩和妈妈自述情况。"

我:我……我,每到周末就很想回家,可刚回到家,听着妈妈不停地对我唠叨,又想快点逃回学校。

我怯生生地说完后,才发现手心里都是汗,我看了一眼对面自己的妈妈,惊讶地看到妈妈安静地依靠着凳子,要是换作平时,她早怒火冲天了。

妈妈:我是你的妈妈,了解你,一遍遍地提醒你,如果你嫌妈妈烦,那妈妈下次……不催你了。

这可太不像平时雷厉风行的老妈了。我定了定神,心里开始为自己默默打气。

我:每次我想和您说说学校里的趣事,可您总是对我说两耳不闻窗外事,别管人家。这让我觉得没法和您说心事。

我轻轻吐了一口气,总算把心里话说出来了,却无意间看到妈妈的脸红了,我的心骤然慌乱。

妈妈:我是你的妈妈,只想关心你的事,却没想到让你误认为妈妈是自私的,原来这些就是你不幸福的原因。

妈妈的声音越来越小,我开始坐立不安了,心里喊着:天啊,我可不想背上不孝的千古骂名。我有点后悔了。

法官：大概情况，我已经了解，下面我想请各位看一些有关幸福的小事。

我静静地等待着，不时望向妈妈，才发现原来妈妈一直在看我，我"唰"地涨红了脸，竟看到妈妈在对我笑。

大厅的正中央传来了一个小孩子的声音，我顺着声音望去，凝视着屏幕，原来是我小时的样子，眼前所见和记忆深处那些碎片开始重合，我不禁笑了，发现这就是妈妈一直在我耳边念叨的她的幸福的小事。可每次都还没等她说完，我就开溜了，想想真不应该。我偷偷地看了妈妈一眼，妈妈的脸上竟笑开了花，像吃了蜜般。

大厅里突然静了下来，我又望向大厅中央，是妈妈，她在傻笑什么呢？镜头慢慢推开后，才看到妈妈的面前摆了好多菜，全是我爱吃的，她久久地盯着这些菜，脸上洋溢着幸福的笑容。不久，屏幕里传来了敲门声，只见妈妈急忙去开门，门后正是从学校回来的我，对面的妈妈脸上染上了幸福的红晕。我的心猛地抽搐了一下，背上一阵阵发凉，我想我是懂了……

"我想你已经找到幸福了。"法官的声音在我的耳边响起。

我坚定地向他点点头，快速地奔向妈妈。抱住她的那一刻，我知道我是这世上最幸福的。"老妈，我爱你！"

法官：本庭宣判幸福就在我们的身边，不必刻意寻找，有时需要我们认真去感受她。幸福不是"神六"升天那样遥不可及，幸福不是得诺贝尔奖那样备受瞩目，幸福其实很简单，不要抱怨那些不值得抱怨的事，而错过了许多本该属于自己的美景。幸福就在我们的身边，用心去创造幸福吧。

我牵着母亲的手走在回家的路上，母亲脸上的笑在这无边的暮色里显得无比温暖。

（辅导老师：周霞桥，获第十四届"语文报杯"全国作文大赛省级三等奖）

一抹淡淡的茉莉花香

2011级高中10班　乔芳芳

幸福，是温馨甜蜜的代名词，无处不在你的周围飘逸着，就如那一抹淡淡的茉莉花香。

"幸福是什么呢？怎样才算是幸福呢？"或许你问过自己，但问过之后，你或许又开始头痛了吧？幸福到底在哪里呢？

其实"幸福"不用你去找，可以毫不夸张地说，从一出生开始，她就在你身边陪伴着你，时时刻刻，生生世世都不会离开你，这就像上帝握着你的手说，"我不会抛弃我的孩子。"所以，你要相信自己是幸福的，前提是你不抛弃它。

我是一名普通的高中生，中考失败使我的心情犹如那一杯冷冰冰的咖啡，那种糟糕就像飞上蓝天的鸟儿快要到达云端时，突然没有了翅膀一样，从空中坠落，或许你经历过。但在新的班级中，我的分数却是名列前茅的，这便使我的形象在同学面前高大起来，也使我的自尊心满足了一下下，从而更加坚定了我要努力学习，浑身便都充满了一股"拼搏"的力量，突然觉得自己又是幸福的，或许你感受得到。

我追求的幸福虽不如牡丹的高贵，莲花的高洁，菊花的高傲，冬梅的高雅，但却像那一抹留有淡淡芳香的茉莉花。虽然这并不似轰轰烈烈般，但却是最真，最入心的！或许你和我是一样的感受。课堂上，老师的一次表扬；走路间对眼时，陌生人会心的微笑；帮个小忙得到一句"谢谢你的帮忙"；出门前，老妈的叮嘱；考试前，老爸的鼓励；生病时，友人的嘘寒问暖……这些不经意的生活充满了我的整个心，使我的心很充实，很温暖。因为我心中有了一个依靠，一个踏实的家的感觉。此时，你的心是否还在飘浮？苦苦地寻找安稳的落脚点而身心疲惫？每每余热过后，总会留下那一抹淡淡的茉莉花香，你闻到了吗？

这样的生活小曲很平凡很正常，几乎天天都在发生。也许你会觉得单调，也许你会讨厌，也许你会觉得她像癞皮狗一样紧紧追着你不放，想甩都甩不掉。你要摒弃这种想法，仔细慢想品味，这不是爱你，关心你的表现吗？我认为这是幸福的基源，连这你都不想要，你还指望得到别的什么幸福吗？回答你的只有两个字："做梦"。

这种普通再普通不过的幸福，却又是高尚的。像那种"金钱"的幸福只能满足你一时的欲望，并且那是毫无规律的。昨天，你还是大富翁，今天，你就变成穷光蛋了。这种幸福连一秒钟的时间都不会停留，连告别语都不会和你说。当你回忆的时候，就只剩下苦涩和心灵的折磨。那种幸福却不是说消失就消失得了的，为什么？当我的亲人去世的时候，我很是难过，为什么我只能眼睁睁地望着亲人的离去，同时也带走了属于我那份的爱？随着时间的推移，我知道我仍是幸福的，因为亲人留给了我那一抹淡淡的茉莉花香：在世时，对我的微笑，对我的关心，对我的保护……或许你经历过。但回忆到这些，你的心是否仍然很痛？

或许你是折了翼的天使，但是上帝在为你关闭一扇门的同时，又亲手为你打开了另一扇大门。再者上帝又没有指着你的鼻子对你说："没有翅膀的天使不能再上天堂，你死心吧！"其实你的世界不止有你，还有你的亲人，你的朋友，你拥有所有关心你的人，他们会"牵"着你的手，带着你一起飞。想到此，你的心情是否还很低落？

不管你是怎样的一个人，只要你不抛弃幸福，她就不会离开你。我说过"她无处不在你的周围飘逸着"，就如我现在做的这件事，这也是一种幸福，是对我"努力"，"精心创作"的肯定，无论结果。或许你能理解我。

静下心来，你听——"好一朵美丽的茉莉花，好一朵美丽的茉莉花，美丽芬芳满枝丫，又香又白人人夸……"

其实，幸福怎一"说"字了得？

现在，那一抹淡淡的茉莉花香，你"闻"到了吗？

(辅导老师：欧阳琦云，获第十四届"语文报杯"全国作文大赛省级三等奖）

致最亲爱的爸爸妈妈

2011级高中3班　张　昊

　　中考的一瞬，仿佛诉说着一切的结束。高·的开始，就好像倾诉一切的开始。

　　中考考完的那一刹，便觉得世界我最大，四星级高中等着我，可成绩出来的那会儿，便从天堂跌到地狱。中考失利，让我透不过气，仿佛这世界都抛弃了我。周围惨淡的空气只剩下压抑。

　　心情沉重的我，又重新拨了一遍，再次查询，只希望刚才拨错了，又或者我听错了，可就连我的一点点的小愿望到最后也随风湮灭，不留影踪。一度的心灰意冷，反锁上房门，独自一个人在冰冷的角落蜷曲着，把头埋在双膝之间，冰冷的泪水沿脸颊流下，浸湿大片衣角，身子止不住颤抖，我无法相信这是事实。只希望这是一场梦，一场噩梦，梦醒后，是晴天。狠狠地掐了自己一把，刺骨的疼痛告诉了我事实。心灰意冷的我喝了很多的酒，甚至开始嗜酒。很久很久。你们在门口不停地敲着，可我只是哭，也不理会你们的劝语，心里想着：为什么我这么没出息。眼神开始迷离，依稀记起，有一次，你们很无意地说到将来要有机会去送考，我还向你们保证那是肯定的。可是现实呢！直到你们撬开房门，把泣不成声的我抱在怀里时，说着一些安慰的话，可是我自卑，但我更愧对于你们。后来你们也哭了，再后来你们很平静地交了钱，把我送到三星级的学校。从那时起，我发誓，我一定不会让你们失望了。当初的骄傲把我推入深渊，而现在我将以努力爬出深渊。

刚开学,你们怕我还未走出阴影,坚持送我上学。每天起来看见桌上还热气腾腾的早餐,有些说不出的感动。还有那个在厨房里忙碌的身影,我知道那是妈妈你。每天晚上,我总是喜欢踢被子,可到早上却是盖得很好。直到那晚,睡眼蒙眬中看见一个人影在为我拉起踢到一侧的被子,鼻子有些酸涩,但为了不让你发现,我忍住了。看着那个瘦弱的身影,我知道,那是你——妈妈。

早上上学,你都会把我送到离学校很近的一个转弯角上。以前我都是和同学有说有笑地走进校园,却从未回过头。直到一天,同学说:"那不是你爸爸吗?"我猛然回头,却见一熟悉的身影站在转弯角上,见我回头,便对我笑笑,招招手,似乎在示意我,让我进去。只感觉鼻子酸酸的湿润的液体在眼眶里打转。又不想让你看见,便又迅速回头,快步向学校走去。我知道那是爸爸你。我也知道只有往前走才能报答你们。

一直天下太平。只是每天放学回家,走在昏暗的夜路上,眼角余光扫过陌生的路人甲乙丙丁,扫过冷漠的路灯,孤直的行道树,总有熟悉的人兀自在眼底摇晃。他始终与我保持一定的距离,我拐弯他也拐弯,我走大路他也走大路,我回头看车时,他不自然地低下头。

我知道那是谁,是你——爸爸。

为了维护我微小、可笑而又宝贵的尊严,你一连跟着我走了几天。

我知道你一直在我后面,一直都在。

蓦然回首,幸福油然而生。

乘上未来的列车,我知道,下一站,是幸福。

(辅导老师:王沂,获十四届"语文报杯"全国作文大赛省级三等奖)

我的幸福

2011级高中3班　朱顺叶

　　天空的幸福是穿一身蓝,森林的幸福是披一身绿,阳光的幸福是镶一身金黄……而我的幸福却是五彩缤纷的。

　　不需要太富裕、豪华的家,只要有家人的家就是幸福。不需要高档的厨具,简简单单能烧热腾腾的食物就是幸福。不要太多太美味的饭菜,有家人陪着一起吃,萝卜干咸菜就是幸福。不需要多大多软的床,能与家人一起入睡就行,即使再硬再破也是幸福……幸福很绚烂也很简单。

　　这个星期回到家,家中什么都没变,熟悉的一切静静地摆放在原地,只有狗窝旁的狗在喜出望外地叫着,它渴望我上前摸它的头。当我走上前,它又退回了狗窝,像是领我去看看它们一家三口的幸福。它的尾巴摇摆着,扇走了周围的冷气,那是如此温暖啊。

　　肚子饿了,走进厨房打开锅盖,饭菜仍冒着热气,那是幸福,因为家人时刻牵挂着我。坐在客厅的椅子上,休息一会儿,那是幸福,打开电视,享受着电视所带来的乐趣。天渐渐变黑了,忙碌了一天的太阳回家了,奶奶也拖着疲惫身躯回到家中,开头的一句话是:"今天晚上想吃什么啊,我来烧。"幸福包围着我。我愉快地说了一句:"随便啊。好吃就行了啊。"随之,爷爷也回来了,开头一句:"今天回来啦,蛮好。"看似简单的一句话,却意味实足啊,包含着千千万万的想念,惦记。

　　晚饭忙碌地烧着,一家人嘴巴里不停地说着,我把这一星期大致生活叙述了一遍,他们细心地听着,可也总会批评两句,最后又念叨着:"为了自己好好学习。"我不会嫌烦,因为我了解他们对我的好,对我的用心良苦,他们给我的幸福。热腾腾的饭菜摆在桌子上,全家人围在一起,全是我爱吃的菜,米饭都变得格外香甜美味。爷爷说:"知道你甜的喜欢,咸的也喜欢,多吃点,瘦了不少了。"奶奶立刻反驳道:"你看看她的脸还是圆嘟嘟的,应该没受多大苦。"说着手里还夹了一块大鸡肉放在我碗里,继续吃着。我很幸福。我问道:"你们这一星期都做啥啦?阿有累着?"爷爷说:"还是老样子,没啥大事发生。你奶奶一天到晚想着你,衣服阿够,睡得阿暖?"泪水在眼眶打转,可不敢流下来,因为我是坚强的孩子。我说:"我很暖和啊。同学也很好,都把她们多的被子给我盖的,放心吧,冻不着。"说完,奶奶像松了口气,继续吃着。晚饭后,因天气寒冷早早洗洗弄弄就到床上去了。边做着作业,边躺在陌生又熟悉的床上,是如此温暖,与窗外是两个季节。

窗外的"母子仨"也应该十分温暖吧。大家都洋溢着一种幸福感。

(辅导老师:王沂,获十四届"语文报杯"全国作文大赛省级三等奖)

号　角

2012级高中3班　曹　鑫

多少次思索着,何为"奋进"?是清梦洒在落英缤纷的年华,还是对着那寒窗,画着秋风干瘪的线条?

冬天将至,天总是早早地便裹上它的那件厚重的黑大衣,天幕上,嵌着一弯银色的月亮,熠熠地闪着冷冷的光,好似一道凌厉的目光。

脑中零乱的思绪如麻,剪不断,理还乱。拖着沉沉的步子,走在回家的路上。我该怎么回去和爸妈说我那糟糕的成绩?我该怎么面对他们那由期待而一下子坠入深谷的失落?我该怎么办?不经意间,一颗滚烫的泪坠落在我已有些麻木的手背上,温温的,转瞬又清寒入骨。我无奈地抬头望了望天,天上依然只有那枚银色的月亮,朦朦胧胧,冷冷清清。

一阵风袭来,道路两旁的香樟树叶发出了杂乱无章的簌簌声,刺着我的耳膜,让人愈加心烦意乱。

此刻,路灯不合时宜地亮了起来,一瞬间刺痛了我的眼。灯光转瞬便铺满了道路,似盖住了月光,将路也染成橘黄色。

转角,竟看到了一道熟悉的"风景"。

一位老人在散步。他是一位老军人,军旅生活曾带给过他无限的荣誉,而当他负伤归来后,生活却接二连三与他开起了玩笑,而今已入耄耋之年的他,孑然一身,身边再无亲人。我带着一丝同情望着他,生怕他不小心便摔倒了。

路灯斜拉着他的细长的影子,影子颤颤地向前爬着,时而与香樟树的影子交汇到了一起,时而又分离开来。渐渐地,这个影子靠近了。

风过,吹起了老人的斑斑白发,却如同这香樟叶般茂盛。老人驻足,撑着他那光亮的拐杖,闭上了眼,细细品味着风中香樟叶的味道,任凭微风滑过岁月在他脸上走过的每一道痕迹。老人的嘴角渐渐地上扬到了一个好看的弧度。风止,老人睁眼,又拄着拐杖,颤颤地前行。在与我擦肩而过时,我分明听到了拐杖落地时那坚定而有力的声响。

轻轻的,风卷起了香樟叶的味道,裹起了银色的月光,携起了路灯的柔光,萦绕在我的脑海间,带走了蒙在我心头积淀已久的那些令人心烦的灰尘。我一下子轻松起来,回头望了望老人渐行渐远的影子,转身,快步地走在这被橘黄色灯光铺得软软的路上。

我明白了,即便倦了,磕绊了,失落了,无望了,也要微笑着前进,这便是"奋斗",是青春的号角。

(辅导老师:周霞桥,获第十五届"语文报杯"全国作文大赛省级二等奖)

雨　后

2012级高中1班　徐　佳

不及格？

不及格！不及格！三个醒目的大字狰狞地映入我的眼帘。我愣住了。怎么会，怎么会！我似乎无法接受这个事实。

我一把拉过书包，一下子冲出去，全然不顾外面下着大雨。每滴雨滴都如刀锋般划过我的脸，火辣辣的痛与冰冷的雨融为一体，狠命地摧残着我的皮肤。可我已经毫无知觉，就像疯了一样地跑，任凭豆粒般的雨点砸向我。脸已经湿透，分不清是雨还是泪。胡乱地用手抹去，仍然停不下脚步。我怕一停下来同学和老师就在背后嘲笑。

我不要！

不知跑了多久，累了，跑不动了，雨也收敛了气势。我双手抵着膝盖，弯腰靠坐在墙角，急促地喘着粗气。缓和片刻，似乎才有力气抬头。环顾四周，这是一条挺古老的巷子。巷子的一侧长着一片草坪，路却只占了一小半，似乎刚够一辆自行车通行。小路是石子铺成的，经过雨水的冲刷，一块块石子显得异常晶透。石子与石子间形成的小坑里积了不少水。微风过处，引来层层涟漪，与砖墙结合，阴雨蒙蒙的天空颇有几分苏州的古典气息。

我的目光定格在墙的一角，在整片草里夹杂着什么白色的小东西——那是一朵有五片叶子的花。但这么近看似乎已经失去了它本身的颜色，弱小的花瓣已被泥水打湿，歪歪地沾在一起，像极了一个委屈的孩子。泥黄的水珠将花压向一边，花儿似乎在艰难地试图将身上的累赘抖落。即使是那么微不足道的水滴，压在小花身上也显得那么硕大。我想，这小花也在奋斗吧，为寻找一个舒适的状态而奋斗呢。

花柄越来越弯，那污浊的水滴也随着花瓣缓慢、缓慢地下滑。终于，伴着一声"滴答"，小花在那一瞬恢复了挺立。它又站了起来！

我似乎看到了自己，从这朵小小的花中。

一次失败又能算什么，难道我就要这么颓废下去了吗？不！如果真是那样，我岂不是连一朵小花都不如呢？这么小的一个生命也是在一次次风吹雨打后才成长的，不是吗？这次也只是它短暂生命中的一次，微不足道。而我呢，不就是一次考试吗？根本没必要自暴自弃。就把这次失败当作通往成功的垫脚石吧。

我似乎得到了释怀。雨，收了。

扑闪的雨珠悄悄滑过悲伤……

跌落——溅起。

溅起，如花附和着跳跃的阳光。

我起身，单肩背起书包，拍拍身上的雨水，欣然一笑，缓缓离去。

（辅导老师：杨耀娟，获第十五届"语文报杯"全国作文大赛省级二等奖）

悬崖边的生命

2012 级初中 1 班　蒋绮玥

什么是奋进，也许有人会说是顽强，但真正是顽强的，又有几个人。当人们面对悬崖边的蒲公英时，才能够体会到什么叫作奋进。

鸟儿把蒲公英的种子带到了悬崖边，当它们得知自己只能永远待在那险恶的环境中时，何尝不哭泣，不抱怨？但最终，它们还是选择了接受，选择了与悬崖对抗，与险恶的环境作斗争。

它们生根、发芽，努力汲取那清晨的一丝雨露，那正午的一片阳光，那石间的一份营养。但当它们寂寞的时候，也会感到孤单,羡慕其他伙伴的好运气:能够不费一丝力气就能够得到充足的阳光与水分。而它们自己却要艰苦奋斗才能获得一丝营养。

终于,它们冲破了石间,冲破了阻碍,冲破了险恶的环境!他们成为悬崖上的生命!它们是大自然的奇迹!它们为自己而骄傲!是的,它们是没有那个能力改变环境,只有改变它们自己,因为,只有适者才能生存。

历代文人墨客不知写了多少赞美花草的诗句,可是又有几人关心过那悬崖边的蒲公英,关心过它们的艰难,关心过它们的感受⋯⋯但是它们不会因为人们对它们的态度而改变自己的意志,心中只有一个信念——奋进。

蒲公英啊!小小的你,是如此顽强。如此的你,让我自愧不如。

"我和你爸爸的希望都在你身上了!"妈妈充满希望地对我说。"读书是为了你自己啊,不是为了我而读的。"爸爸语重心长地对我讲。

学习的压力像大山一样压着我,压得我喘不过气来。我也多想有一个快乐、轻松、难忘的童年啊!可是,漫天的试卷、无数的练习题,铺天盖地地向我扑来。

我的学习难道就是如此吗?不,为了自己的理想,为了父母对我的期望,我一定要坚持下来,努力下去。因为,我相信我会像蒲公英那样创造奇迹。

"出来玩吧!"当小伙伴们邀请我时,我拒绝了。虽然,我多么羡慕他们啊,可以那么无忧无虑地玩耍,没有学习的烦恼。但我在心里告诉自己,我一定要坚持下去。为了理想,为了奋斗的目标,我一定要坚持下去。要走出属于我人生的一条路来。

是的,我要像悬崖边的蒲公英那样,为了生命而奋进。

一想到悬崖边的蒲公英,我那颗心逐渐燃烧了起来。

(辅导老师:薛凌,获第十五届"语文报杯"全国作文大赛省级二等奖)

那一抹阳光

2012 级初中 6 班　陆佳敏

不知什么时候下起了细雨，我走在街上，细细密密的雨丝被风吹得凌乱地在空中飘舞，交织成一片雨雾。不时有雨丝打在我的脸上，留下一片冰凉，我也无暇顾及。

回到家，父亲已经到家了，见我回来，就询问我这次考试的成绩。我把试卷交给父亲，忐忑地站在一旁，恐惧包围了最后一丝希望。实在不忍心看那鲜红的"54"分，但他还是映入了父亲的眼帘。我低着头咬着下唇，视线一片模糊，手指不停地拽着衣角，等待着父亲的责骂声。

不知父亲拿着试卷看了多久，也不知父亲是什么样的神情，过了好久，才听见父亲叹了口气，说："先吃饭吧。"然后就拿出碗筷，叫我坐下吃饭。饭桌上一片寂静，只听得见筷子与碗发出的碰撞声。

饭后，我和父亲两人都没有说话，静静地坐在那儿。又过了好久，窗外黑暗包围了最后一丝光明，一如我此时的心情。雨也不知什么时候停了。父亲看了一眼窗外，又看了看我，沉默了一会后，缓缓地向我开口说："你先上楼写作业，明天早上我带你出去。"之后就上楼了。

第二天凌晨 5 点左右，父亲带着我出门了。一路上，父亲在前面带路，我在后面沉默地跟着。周围一片黑暗，只有路灯闪着微弱的光芒。路两旁的柳树无力地垂下了枝条，灯光透过树叶，支离破碎地洒在地上。突然，眼前的道路变得平整，周围也变得明亮起来。

父亲带我来到了一个石桥上，沉默地望着天际。我也没敢说话，静静地站在一旁，和父亲一样站在那儿望着天空。

过了好久，天渐渐破晓。淡青色的天空镶着几颗残星，大地朦朦胧胧的如同笼罩着银灰色的轻纱。一会儿，东方天际浮起一片鱼肚白，大地也渐渐地亮起来。太阳慢慢冒出了地平线，红红的像个蒙着面纱的含羞少女，悄悄地窥视者人间，最后，终于露出了整个笑脸。此刻，霞光万道，将半边天染得通红，广阔的大地也涂上了一层鲜红的油彩。鸟儿披着一身红霞，欢叫着，飞向云天。寂静的村舍也醒了过来，人们开始了晨炊。太阳离开地平线了，红彤彤的，仿佛是一块光焰夺目的玛瑙石，缓缓地上升。红日周围，霞光尽染无余，给云朵们穿上了火红的花衣。过了一会，周围的红光渐渐退去，太阳闪出了千万道金色光芒。

"其实人生也就像那闪烁着金色光芒的太阳。"父亲摸了摸我的头，慈爱地说道。

"没有人的一生是一帆风顺的，总有那么几次挫折、失败。那些黑暗就如同失落的心情包围着你，那些风风雨雨如同人生路上的绊脚石，阻挡着你。但在黑暗与挫折背后的是胜利的喜悦。你看，那个太阳夜晚虽然被黑暗包围，但它仍不灰心地奋进着，终于，它冲破了黑色的屏障发出万丈光芒。这样的奋进精神是我们要拥有的。在往后的困难中，只要有那奋进精神，就一定会像太阳一样冲破困难，取得胜利。"

我望着那颗硕大的玛瑙石，阳光暖暖地洒在身上，暖暖地抚去我内心中的冰凉。我恍然大悟：原来阳光始终照耀着我们，它会躲在失败的背后，鼓励着我们，一直到打败痛苦，走向理想的境界！

我想成为那颗太阳，像它一样有着一颗积极向上的奋进心，向着我的金色之光奋进！

（辅导老师：石鑫佳，获第十五届"语文报杯"全国作文大赛初中组省级三等奖）

我追求……

2012级高中7班　瞿云逸

　　风吹不散瓶中的沙,雨打不落待开的花。她说,既然留不住繁华,就努力让梦想开花。

　　但是梦想只给了我们一次失败的机会,要我们努力去实现。在追逐梦想的过程中,你或许迷惘过、失落过,或许喜悦过,我们不知的,是不知该如何保持自己的笑容。也许布满荆棘的成功之路才会更加珍惜。路曼曼其修远兮,吾将上下而求索。

　　她说,如果你心中有一朵成功的花,怎忍心让它未曾绽放就枯萎呢?去追求吧,让你的梦想花开。

　　我追求勇敢。因给饥饿的外甥偷了一块面包而被判刑的冉·阿让,他逃狱,继续偷窃。当警察认出他时,冉·阿让经过思想挣扎,决定不能让一个无辜的人替他戴罪,于是他站了起来,当众承认他就是当年的逃犯冉阿让。读到这儿我震撼了,冉·阿让是勇敢的,他面对苦难与安逸的抉择时,毅然选择苦难。他的勇敢在于承担责任,也在于面对法律的自我否定。

　　我追求真实。获诺贝尔文学奖后,莫言成为万众瞩目的焦点。他接受采访时,谈到小说创作,却表现出"保守"的一面。他认为有故事并不是好小说,但好的小说是以故事为核心的,用吸引人的故事来表现人性,塑造难以忘怀的典型人物。当有位文学爱好者问道:"如果你的作品入选语文教材,你希望是哪一篇?"莫言大笑着回答:"我并不希望高考考我的作品,因为那是为难孩子!"在一个作家看来,自己的作品能入选教材是一种荣誉,提高自己知名度,而莫言低调的为人态度,令人赞叹。莫言是真实的。

　　我追求善良。汶川地震后,一位拾荒老人,头发花白,衣衫褴褛。老人端着碗,毅然地走到募捐箱前,放入了5元钱。下午,老人再次出现，他掏出了100元，塞进了募捐箱。谁也不曾想到，老人的100元是用身上的一毛两毛还有些零钱换来的，在他家中，还有位患重病的儿子……没有人知道老人叫什么，来自哪里，但是他把他乞讨得来的钱全部倒入了募捐箱。相比那些愿意拿出十几万来的明星，老人却愿意献出他的全部，这种善良更可贵，更值得人敬佩。

《红楼梦》中王熙凤表面和善，对刘老老周济帮助。但真正让我们崇敬的是刘老老南省寻女，卖掉房子解救巧儿的善良。

我追求所有人都能拥有崇高的目标，找寻人生的方向，并为之奋斗。这样，我们的世界将会是一个高尚的世界，世界上的每个人都在凭借自己的本领打拼，在追求中感悟人生。

梦想，因为追求而美丽；追求，因为奋斗得以慢慢实现。勇敢去追求吧，让你的梦想之路开满鲜花！

（辅导老师：杨耀娟，获第十六届"语文报杯"全国作文大赛省级一等奖）

小猪波波的追梦之路

2013级初中2班　李珍明

在一个美丽的森林里，住着一只无忧无虑、自由自在的小猪。她的名字叫波波。波波从小就有一个梦想，那就是当一名歌唱家，让全世界的人都能听到她的歌声。

这几天，森林里正好迎来了一年一度的"百灵鸟歌唱大赛"。因此，森林里的居民们都踊跃地前去报名地点，准备报名参加。波波听到了这一消息，也立即放下手中的事情，匆匆地赶到了报名地点。大家都争先恐后地要报名，现场变得十分热闹。"我要报名参加！"就在这时，波波喊出了声。居民们听到了声音，立刻安静下来,纷纷向波波看去。突然,人群中传来嘲讽声:"哈哈,就你,也不看看自己长什么样!""就是啊,我们这里是每个人都比她好。"在听到嘲讽声后,居民们都议论起来。

波波听到这些居民的议论,并没有灰心丧气。她决定要向森林里所有的居民证明,她是最棒的。报完名后,波波就回到家里,开始练习唱歌。当每天早上太阳还没升起时,波波就早已起床,开始练习;深夜里,居民们已经躺在温暖的被窝里酣然入梦时,波波仍在坚持不懈地练习着。为了不打扰到居民们的休息,波波就独自一人在僻静的地方练习唱歌。

就这样,日复一日,比赛即将来临。在比赛的这一天,波波很早就起来了。她望着镜子中的自己,面带微笑地说:"加油,波波,你一定行的。"说完,便满怀信心地到了比赛现场。在那里,波波看见了许多参赛选手正在给自己化妆,他们的衣服昂贵华丽,身上也戴满了各式各样美丽的饰品。波波又看了看自己,仅仅穿了一件整洁的普通衣服,波波有点忐忑不安。

就在这时,比赛开始了,选手们个个带着高傲的神情上台演唱。随着时间的流逝,很快就到波波了,波波站了起来,心里不由得紧张不安,心口像是蹦蹦跳跳的兔子一样在快速跳动着,手心里也出了许多的汗。波波在心里再次鼓励着:加油,相信自己。

到了舞台上,波波望着台下的观众,缓缓地闭上眼睛,开始唱了起来。渐渐地,波波仿佛忘记了周围的一切,忘情地唱着。唱完了,波波睁开了眼睛,看着台下目瞪口呆地观众,不禁脸红了,小声地说道:"谢谢大家!"台下顿时响起了雷鸣般的掌声。

比赛结果出来了,波波获得了冠军。现在,森林里的居民们几乎都认识波波这个歌唱家了。

相信自己,坚持自我,追求梦想,让自己的梦想开花,让梦想伴我成长。

(辅导老师:裴丽萍,获第十六届"语文报杯"全国作文大赛省级一等奖)

追梦，梦绚烂

2013级高中2班　石子尧

"每个人至少拥有一个梦想，有一个理由去坚强，我如果能乘风破浪，让那目光比星光更漂亮……"《一人一梦》的歌词虽然简单，那每一个字却都点亮了人心中的那份冲动。

你有过追求吗？我有。还记得那些日子里，舞蹈房里的我挥洒汗水，为了练疼痛难忍的下腰，我被人死命地压着背部往下摁。那些年的疼痛，我熬过了。因为我有追求，我有梦想，我想当个舞者。我也想在星光的聚集下散发我的光芒，让白色的纱裙摆扬出黑夜中最浪漫的颜色……一开始的日子里，信心满满，怀着无比激动的心情在舞蹈房训练，日复一日，每天都是差不多的内容，但这些都让我觉得无比新鲜充实。殊不知，这份热情迎来的有那么多的困难。第一次的秀舞赛被刷下来了，我手足无措。我想要伸手拦住拍打礁石的浪花，却被冲散在彼岸。尝到失败的滋味后，我明白了一些道理。这次，我从弱项出发，一次次努力过后的我在一次重要的比赛中，拿到了那个梦寐以求的水晶奖杯。捧着它，我想到了我的梦想和我当初的那份执着追求。

为梦想付出的少年，你的每次努力都是踮起脚尖触摸星光的过程。

每一秒，我们都在渴望。我们渴望着梦想的成真，我们不愿停下追梦的脚步，想把远在天空中的风筝用线牢牢拴住，线的这一端紧攥在我们的手心。

我们的年龄，我们的梦想，我们的追求。追求与梦想连在一起，追逐的步伐不曾停留。让梦拥有童话般的收益，让你的双肩插上隐形的翅膀，载我们遨游梦的天际。去寻找你的梦想，在你的生命中镌刻下"追求"和"梦想"二字。梦想因有追求而更加璀璨。

让我们的生命中，也开出一朵代表梦想的七色花！

（辅导老师：傅健，获第十六届"语文报杯"全国作文大赛省级二等奖）

追逐梦想

2012级高中4班　沈小斌

　　每个人都有梦想，让梦想开花，需要我们有信念，更需要我们坚持和拼搏。但是最为关键的还是不能因为害怕受伤、害怕遇到挫折、害怕失去而放弃，否则你的梦想就会像那大西北的荒原一般，没有任何生机，所以让我们追逐梦想，让梦想开花！

　　小树能长成参天大树因为它有信念，光明就在头顶。人能走向成功因为他有信念、未来掌握在自己手中。人生的起点由信念建起，人生的闪耀需要信念，因为它可以创造出人生的辉煌。一千多年前的唐玄奘，为普度众生，不辞辛劳风餐露宿、饥寒交迫，他经历十七年，终于成功了！带回来大量佛经，这是信念支撑着他打开了成功之门！我们的战斗英雄，为炸毁敌人的碉堡，不惜生命，为中国人民谋取幸福，这是他心中屹立不倒的信念。还有"人生自古谁无死，留取丹心照汗青"的文天祥，那忍着灼烧之痛的邱少云，为中国体育事业创优的健儿们……他们都因为有了信念才成就了自己的梦想！

　　人生是一场搏斗，敢于拼搏的人才可能拥有梦想成真的钥匙。有句老话说得好："三分天注定，七分靠打拼。"从古至今，经过拼搏出伟绩的人举不胜举。海伦·凯勒，虽双目失明，但她敢于拼搏，最终克服了种种困难，自学成才。爱迪生曾经为了一项发明做了大量实验，因为他有拼搏最终也获得了成功。海尔集团首席执行官——张瑞敏，他怀揣着梦想，靠着打拼的精神打出了来自东方的品牌。他以自己的努力拼搏有了成功，以自己的创新与开拓树立了东方产品的威信，以自己的智慧与魄力打造出与时俱进的企业文化，以自己的胆识和努力缔造着融入世界的品牌传奇！

但更为重要的是，追逐梦想还要坚持。人生需要坚持自己的梦想，因为漫长的人生，会遇到无数困难，怨天尤人等于无济于事，长吁短叹等于于事无补，只有在与困难抗衡的过程中，才会超越自我。范仲淹说过"先天下之忧而忧，后天下之乐而乐"的名句，这种心怀天下的精神一直广为传颂，他少有大志，希望将来能够从仕为官，让百姓安居乐业，为国家出力，或者做一名杏林高手，悬壶济世，治病救人，后来他实现了自己的梦想。他不忘少年时的梦想一心为民，终究让百姓铭记于心！

追逐梦想不仅需要有信念，在这个基础之上更需要拼搏和坚持。梦想是我们成功的道路，也只有这样才能让我们的成功之门打开，成为又一个幸运者！

（辅导教师：周霞桥，获第十六届"语文报杯"全国作文大赛省级二等奖）

梦

2013级高中2班　袁振煜

她常常站在山顶极目远眺，时不时地踮起脚尖，左右张望，希望可以看得更远。这是她从小的梦——走出这偏僻的小山村，到外面的世界去看一看。

说是去外面的世界看看，其实又谈何容易？站在山顶上踮起脚尖向远处看去：是山，只有山。座座青绿，绵延不断，直至天际。每次在这种时候，她总是眼眶湿润。第一次感到梦的遥远。因为她很清楚地知道，通往外界的道路仅有一条——读书。只有大学，才能走出这个被山封闭的小山村。

梦很难！谁都知道。然而命运却与这位贫苦的女孩开了一个天大的玩笑。在这一年，她的父亲却在此时查出了心脏病。不能干重活，又要常年吃药。本来贫困的生活变得更加困苦。自己的梦，还要不要追？女孩陷入了犹豫之中。

叹着气、低着头，手上不停地拨弄这一根纤细的苍白的小花。一个人独自站在山间的小路，一滴水轻轻地落在了她的头上。抬头一望。天空不知道什么时候早已阴云密布。一场大雨如期而至。看了一下天，叹了口气。

回去了！这样想着下山，一不小心脚底滑了一下。把长在地上的野花都压弯了，一个巨大的轮廓。"连你们都要欺负我！"就望旁边的树上踢了几脚。默默地下山了。

第二天，天气转晴，重回山头。依旧是无精打采、面无表情地到达了那个山坡。咦？昨天女孩滑到留下的印记，已经不见了。但是昨天被她泄气的树还在。"怎么回事？大概是自己恢复了吧。"这样想着，仔细一看原来被压弯的地方开满了小花，粉色的，很是招人喜爱。看着这些可爱的小花。不但没有被眼前的困难所打倒，反而迸发出坚韧的性格。"花可以经受住考验，开出了美丽的花朵。而我也一定行。"想到这里，她的眉毛微微向眉心靠近，双手慢慢地握成以一个拳。知道该怎么做了。"嗯，就这样。"

晚上回到家，像往常一样打开了她的书本。直到半夜才熄了灯。而第二天天还没亮，灯却又亮了。

女孩最后顺利地考取了理想的大学，实现了她的梦——走出大山。

在村里一阵喜庆的鞭炮声中，女孩带着村里人为她筹集的路费上路了。渐渐地消逝在我的视线中，她的父母拉着村民去自家坐坐。都回去了，只剩下了我，还在路口呆呆地望着，我的梦呢？在哪里？

（辅导老师：傅健，获第十六届"语文报杯"全国作文大赛省级二等奖）

追风的少年

2012 级高中 7 班　杨悦鑫

谁还记得，那些挥汗如雨的日子里，谁拭去我额上的泥土，又在我心田种下了花。

——题记

一

初夏的傍晚，浓灰的炊烟融入苍茫的暮色，只剩笨重的烟囱站在屋顶，好似魔鬼的斗篷笼罩着这个年迈的村庄。老人缓缓走向墙角，趁着暮色，用一片片青瓦盖在已蔫败的小花上。

"爹，我回了！"

机动车突兀的轰鸣扰乱了静谧和蔼的村，冰冷的车灯把老人的影子狠狠地在打在粗糙的墙壁上，隐约可以看见玻璃碴反射的亮光。

老人抬起枯枝般的手，挡在脸上，大声有力地说："浑小子，给我关了这鬼东西！照得我眼睛疼！"

中年男人从车上下来，搬下两盆称是价值不菲的花，叶子红的可以滴血。说是让老人养着玩玩，显摆显摆。

老人神情恍惚，一双浑浊却又明亮的眸子瞟向墙角："依我看啊，还不如咱家墙角的太阳花呢！"

男人摆摆手，称有些东西就是身份地位的象征。

这是儿子的孝敬，那是儿子的天真⋯⋯

二

老人从集市的早茶馆回来，临近家门发现有人在他的老房子上敲洞，敲下的泥片、砖屑直直地砸向刚开的花，太阳花。顿时脸上焦急浮现，没来得及开口喝止，就被熟悉的呼喊引去。

"爹。"

原来，男人在一早就赶来给老人装空调。早就询问过老人，老人一直不同意，坚持用蒲扇，说比什么都凉快。老人气极："拿回去，鬼东西！"

"爹，你别老古董了，咱们村，乃至镇，几家人家有空调啊，你有就说明你能高人一等！"

老人还是说什么也不愿意。

这是男人的说辞，那是老人的坚持……

三

夏了，村口的老香樟散发出淡淡的香，沁得人睡意蒙眬。树梢上的新蝉肆意叫喊，分明是在呼唤下一轮炎热的狂潮。

"爹，我回了！"透彻响亮的喊声从前门传到后门。少年身着一件淡蓝色背心，有泥点陪衬，斜跨一只帆布小包，包口冒着绿绿的叶。

"你在地里打滚啦，怎么弄得全身泥？"男人从屋里走出来，严肃地看着少年。

少年诡秘一笑，从包中小心的拿出那丛冒绿叶的东西，右手拿着根，左手拿着花和叶。

少年说，小花名叫太阳花，趁着初升的太阳结花，却在日落前死去，但明日又会结新的花，活得短，追求远！

"见隔村小黑家有，我偷偷挖的，我好生喜欢！"少年细细端详。

"啥花不花的，我只要你出人头地，将来赚大钱！"

……

四

天越发热了，村后的稻田里都灌满了清亮的溪水。分不清青蛙还是蟾蜍的卵一列一列地漂在水面，只要是放学的孩子，都免不了蹲下细细地看。

"爹，我放学了，我到田里来给你送水喝！"少年取下斜挎的包，卷起深蓝的裤脚，没等男人回过神来，便早已一脚踏入泥沼。

男人一边严令他不准踩坏庄稼,一边嘱咐小心摔倒。

"我也会种田!"少年一把抢过男人手中翠绿的苗,一棵一棵的往地里插,参差不齐得让人发笑。

少年弯腰、起身,弯腰、起身,弯腰、扎入泥水⋯⋯

男人急忙拉起少年,空出一只手,轻轻擦去少年额上的泥土。"谁要你种田,给我好好读书,将来赚大钱!"

夕阳的斜晖悄悄拉长了男人的影子,少年懒懒地坐在田埂上,慢慢地摇着蒲扇,时而弄弄眼前的嬉闹的小虫。"爹,等我以后赚了大钱给你买大风扇!"

⋯⋯

五

老人走在暮色里,靠近墙角,靠近过去,靠近那个追风的少年。

(辅导老师:杨耀娟,获第十六届"语文报杯"全国作文大赛省级二等级)

怪 人

2012 级高中 8 班 周 懿

学校附近的群租房永远是人满为患的。蜗居在一个小房间中,靠墙的是一张床,临窗的是一张稍大的书桌和一把椅子,小小的柜子,这些已经把房间塞得满满的。厨房和卫生间像是附带的赠品一样,小得可怜。

租住在这个院子中的大多数是学生。没有电影《七十二家房客》中那热闹的场面,但这联谊会还是时常有的。搬张凳子,各家凑些水果,坐在院子中乘凉。大家说说笑笑,倒也像个大家庭。

只有她是个例外!一个人静静地站在那里,看着我们这一群人。听到好玩的事情,她也会附和着笑笑。倘若你回过头去看一下她，她则会朝你微微一笑。真是个"怪人"！而绝大部分时间她总是若有所思，静默无声，如同隐了身一般。真是个"怪人"。

　　然而那一次偶遇，让我对她有了新的认识。体育课于我来说总是百无聊赖的，更何况赶上了六月的太阳。一到自由活动时间飞似的溜到学校的后花园。池中的荷花正开得旺盛，翠绿的荷叶丛中，亭亭玉立的荷花，像一个个披着轻纱在湖上沐浴的仙女，含笑伫立、娇羞欲语、嫩蕊凝珠、盈盈欲滴，清香阵阵，沁人心脾；鲤鱼在荷叶间嬉戏。在园中的一隅，却有一抹身影正在专注地画画。近看，居然是那个"怪人"。出于好奇心理，我蹑手蹑脚地走到她的身边，她正在画一幅荷花。那片片荷叶，像撑开的一张张绿伞，有的轻浮于湖面，有的亭立在碧波之上，似层层绿浪，如片片翠玉。让我这个外行人看来，这画不禁让我想起了杨万里的那句"接天莲叶无穷碧，映日荷花别样红"。"你画得真好看。"我由衷感慨。她显然被我的话吓了一跳。"这，这是真的吗？你是第一个这么说的。"她的脸上洋溢着满满的幸福。但她好像突然想起了什么，急匆匆地收起她的画具。"谢谢你的评价，我会继续努力的。不过现在我得快点去工作了，不然老板娘又该说我偷懒了。再见！"说完便似箭一样跑出了花园。

　　后来才知道，她是学校面包房的工人。对于我这种极少去食堂的人来说，不知道她也是正常的。但让我奇怪的是，她仅比我大两岁，这风华正茂的年纪不应该在读书吗？怎么她在辍学打工呢？或许是穷人的孩子早当家吧！我不禁有些同情。

　　一阵突如其来的敲门声打断了我的思路。漫不经心地开门。"怎么是你？"她显然有些害羞，轻声轻语地说："你好，我觉得你是个活泼开朗的人。我可不可以和你交个朋友？"和她交朋友，这是我从未想过的。只觉得我们像两条平行线，是永远不会有交集的。说着她递给我一张画，"这是我那天画的，画得不好。如果你不喜欢的话，你就把它扔了吧"。临走时，她又塞给我一封信。大概又是好奇心的驱动，我看了那封信，上面有她的自我介绍，她的经历，她的梦想……出于礼貌的缘故，我也学她那样写了一封信。当她拿到信的时候,别提有多高兴了。后来才知道,她在这里几乎没有朋友。

  以后的每一天,她都会给我写信。她说她要努力挣钱,挣好多好多的钱。我笑她看起来似个小财迷。但也只有我知道,她是在为她的梦想筹划。她靠着自己的努力,一点一点地朝着她的梦想前进。我也会给她回信,谈谈班级发生的趣事,偶尔也会向她抱怨一下。她像一个知心姐姐一样听着我的絮絮叨叨。不过,她写给我的大都谈论着她的梦想——当一名画家。有人曾说她的梦想遥不可及。但我却鼓励她说印象派画家凡·高生前他的画不被世人看好,但他死后,他的作品被人赏识。代表作《向日葵》让人感受到灼热阳光下的灿烂。同样,你只是缺少是你的伯乐而已,是金子总会发光的。

  不知怎么的,我和她之间的友谊被面包房的老板娘知道了。或许是老板娘出于好心吧,"你和小孙关系很好对吧?"我没有否认,却也没有回答。老板娘热情地拉着我,"小姑娘,我和你说,那个小孙花花肠子可多着呢!像你这般年纪的人,小心被这种人给骗了。"我的直觉却一直告诉我,她一定不是这样的人,对老板娘的话十分质疑。"是吗?"见我对小孙还抱有希望,那老板娘一个劲地说:"那个小孙一天到晚神经兮兮的,不好好工作,眼里只知道钱。我看,你是不撞南墙心不死,被骗了还在替她数钱。"怒意不知何时在心底升起。"不是,不是,小孙不是这样的人。她挣钱是为了她的梦想。""什么,梦想?你是说她当画家?那简直就是痴人说梦。她那画画的水平,还不如我小学的女儿画得好看些。小姑娘,你醒醒吧!"我不知道,我是如何和老板娘谈完话的,只知道,我哭了,那不争气的泪水一个劲地向外涌。

  再次看见她的时候,依旧是在学校的后花园中。满池的荷花早已凋谢,连池中的鲤鱼也不见了去向。原本只是好友拉着我来晒太阳,没想到会遇见小孙。我们隔着荷花池,她在那头,我在这头。"我要离开了,离开这里,去追寻我的梦想。"此时,好友却拉着我匆匆离开。当我朝她望去时,她是那么的无助,心里酸酸的，怎么也不是滋味。"你说，刚才那人是不是很奇怪，一个人在那里乱喊什么。以后我们还是少来这里为妙，免得再遇上这个怪人。"挣扎开好友的手。我说："不，她不是怪人，她有自己的梦想，只是她的方式与一般人不同而已，不被别人理解罢了。"

每逢体育课，只要有空我就往花园跑，总希望看见那抹画画的身影。却又不得不相信，她真的离开了，她在我的生命中像是过客一样来去匆匆。只有满池枯败的荷花见证了我和她之间的友谊。但我坚信她一定是在追求梦想的道路上，而我，也会在追梦的道路上不断奔跑！

（辅导教师：周霞桥，获第十八届"语文报杯"全国作文大赛省级二等奖）

就这样慢慢长大

2014级初中2班　郑成露

日月如梭，我已走过了十三个春秋，平淡却又充实，充满着喜怒哀乐，请用心聆听这如歌的行板。

——题记

成长，他徐步在茫茫岁月里，带着我，伴着歌，在我人生的道路上或深或浅地留下了一个个美妙、七彩的脚印。不用急，只须用心感悟和欣赏。

秋露之喜

清晨，晶莹的露水沾在飘香的花瓣上，好似颗颗剔透的珠宝。在旭日的照射下，它们显得更加闪耀动人了。待我呱呱落地时，母亲就对早晨绿叶上的露珠很是喜爱，它那清澈透亮的颜色、光泽让人感到心情舒畅。到我蹒跚学步那时，我也对被阳光照得亮闪闪的露水颇感兴趣,每天都起得早早的,去寻露水。一天,依是不懂世事的我,观察得十分认真,好奇心竟让我发现了露水有放大的作用。

在露水下的叶子,叶脉清晰可见。从此,我爱上了探寻大自然的秘密。

冬之怒曲

正午,却没有温暖的阳光,寒冷的大风毫无情意地刮在人们身上。6岁,扎着两个小辫的我牵着父亲的大手一蹦一跳地继而行在大街上,不管北风多么肆意。不知多久后,我们遇上了邻家小妹,只见她双手捧着个漂亮的洋娃娃。突然,我停下了欢快的步子,跟父亲说我也想要,可父亲却没理我。我便跑上前抢去了小妹的洋娃娃,她立刻大哭了起来。"啪——"一记耳光落下。我回头望见了父亲愤怒的目光。

冰冷的风儿吹进了我的掌心。那之后,我懂得了该是别人的东西不能去强抢。

春雨之乐

黄昏,夕阳西下,天空仿佛燃烧成一片橘红色,很迷人。这时,若放下沉重的思绪,心儿定能轻松飞至苍穹。"嗒嗒——"又配上了绵绵细雨,此景真如仙景一般,不觉让我放下了手中的作业,冲进雨中,感受那薄雨爱抚。"嗨!"忽然一个熟悉的声音传进我的耳中。再回头一看,竟是两年没见的好朋友——小唐。我惊得呆若木鸡,缓过神来,愉悦地聊了许久。

有美景又有挚友相伴,什么烦恼都消散了。"知己能填补人生的荒原",真是一点儿不假。

夏之奏章

深夜,还有几点星儿缀着漆黑的夜空,闪烁着自己的光芒,似乎很凄美。但我并没仰望它们,目光只是静静地落在灯光下的一块白布上。奶奶会唱曲儿,我也曾一直缠着让奶奶一展她那美妙的歌喉。可如今,我再也听不到了,院子门前再也看不到奶奶为我织毛衣的身影了。

现耳旁,只有那他人吹奏的伤心乐曲。我知道,心中深深地明白:亲爱的奶奶已永远地离开了我。

一天又一天,一年又一年,时间不动声色地流淌着。突然有一天,我发现自己已不是那个毫不讲理的小丫头,而是一个会用心倾听成长之歌的大姑娘。就这样,我慢慢长大。

(辅导老师:周凤娟,获第十七届"语文报杯"全国作文大赛国家级二等奖)

嘿,你好吗

2013级初中7班 茆冰灵

嘿,你好吗?

我好想跟你说说话,你说成长是什么样子的?你说长大好不好?大人有大人的烦恼,孩子有孩子的烦恼,我不懂,你能告诉我吗?我觉得童年就像小溪中的水,纯净、清澈,一路欢声笑语。溪水无忧无虑,偶尔溅起几朵水花又转瞬即逝,碧水流淌的是纯真,是欢快,少年就像河中的水,或许清澈,或许浑浊,有时几块小石头扔了进去,泛起阵阵涟漪,随后又恢复平静,但那石头却沉入心湖,无法消失,那水流淌是寂寞。少女的心思越来越复杂了,迷茫、彷徨、孤独、受伤,可我却无法逃避。成长到底是什么?你告诉我,好不好?是一种味道、一首歌,抑或是一种颜色?

嘿,你好吗?

跟你说说话,好吗?你还记得吗?那会儿的我才刚上一年级,清澈、单纯,扎着两个小辫子,背着妈妈新买的小书包,站在教室门口,不敢进去。终于在妈妈苦口婆心的劝说下,我执拗的小手松开了妈妈的衣角。带着对小学生活的好奇、憧憬与害怕走进了教室。空气中弥漫着一股新奇的味道。坐在教室里看着新的同学、新的老师、新的课桌、新的椅子，一切都是新的，也是陌生的。每个人都背着新书包，带着新文具。害羞的、胆大的、调皮的、乖巧的都坐在教室里，在叽叽喳喳中闻着书本的味道。我们都在一个新的开始、新的起点上书写童年。哦，成长是一种味道。

嘿，你好吗？

我想跟你好好说说话。记得哪会儿，我的小学生涯过了一半，每天重复着一样的事情，我和大多数的孩子一样不喜欢上学，似乎小小年纪就已经开始厌倦学校枯燥的生活。现在想想当初其实还有很多美好的东西，只是我不曾发现。至今还记得那首代表了我童年的歌。你还记得那句歌词吗？"黑板上老师的粉笔还在叽叽喳喳写个不停，等待着下课，等待着放学，等待着游戏的童年……"这首歌像是为我量身定制的一样，它唱出了我童年欢乐的时光，但所表达的情感却不是这样，它表达的是对童年不好好学习、浪费美好光阴的懊悔，虽然我也时常后悔当初如果自己好好学习，结局还会是现在这样吗？不过想想，这就是童年。没人能总是做出正确的决定，也没人能预知未来。也许，成长是一首歌。

嘿，你好吗？

跟你说会话，行吗？我还记得那是离别的一年。六年级的期末考试结束了，仅仅一个夏天的时间，原来那个和睦的大家庭就离散了，心中总是有很多不舍，对同学的不舍，对老师的不舍，还有对这个相处整整六年校园的不舍。不过命运就是这样，在离别之际，总是有着许多美好的回忆。儿童节的前一天，班主任特意嘱咐我们说：这是小学最后一个六一了，大家好好准备节目，好好玩。在第二天，教室的窗上、门上甚至是黑板上都贴上了节日的彩纸。整个教室里似乎洋溢着一种过年的味道。课上表演，头一次全班踊跃地参加了，平时害羞的同学似乎在一夜之间都变得胆大起来，每个人都争先恐后地上台表演，却又忍不住地笑对方。这是小学最后一个儿童节了，大家相处在一起的时间也不长了。抬头看看，教室里是彩色的，我们也是彩色的，就像彩虹那么绚烂多彩，就像太阳那么活力青春。整节课都回荡着我们的欢声笑语，回荡着六年级的色彩缤纷。原来，成长是一种颜色。

嘿，你好吗？

如果真的可以和你说说话该有多好？你知道吗？初中的课程越来越难了，我越来越跟不上了。是怪老师没教好？还是怪自己没学好？可是，如果有人拉我一把，我还能站起来吗？或者，我已经倒下了。难道又要让我辜负那些人的期望？可是，如果在你觉得孤独无助的时候，想想他们曾给你的安慰、鼓励、希望，你真的可以感受到真善美的东西，感受到来自光明世界的力量，你就知道了，你不能倒下。其实想想，很多时候，我还是很开心的，就算不能甩掉身上的负担。

嘿，你好吗？

你真的好吗？你说，我这样的生活是不是很充实呢？其实，每个人的成长都是这样的吧，虽然苦涩，有点累，但我还是快乐的。它像是一种味道、一首歌、一种颜色……虽然经常磕磕绊绊，但还是五彩缤纷、向着阳光。那么，我们是不是应该感恩着这世界的美好，美化自己的心灵，而不是在这条成长之路上犹豫、彷徨、迷茫、抱怨？你告诉我，好不好？

或者，我已经知道答案了。

（辅导老师：林刚，获第十七届"语文报杯"全国作文大赛国家级二等奖）

人生沙漏

2013 级初中 1 班　朱筱涵

　　人的一生，就像是一个时间沙漏。当你开始成长时，那便是沙漏开始倒置的时候。时间很奇妙，总在人不知不觉中流逝，而人则总伴着它的步伐开始成长，最后又逐渐老去。

当它流走 1/8 时

　　春天的花开，秋天的风，发黄的相片，色彩斑斓的童年……岁月的流逝，映着星辉，美好的时光就这么走了。童年，是纯真的象征。夕阳下，几个小伙伴互相踩着对方的影子；好朋友们手拉手，围成圈，叫着笑着玩切西瓜；你拉着我的衣服，我拉着他的衣服，一个当母鸡，一个当老鹰，一起玩着老鹰捉小鸡……多年前我们嬉笑玩过的游戏，偶然回想，像一卷老旧胶卷在脑海中一一闪现，有的令人发笑，有的令人回味。固然有些不愉快的，但也只是其冰山一角。

当它流走 2/8 时

　　时光匆匆，友情如歌，那些日子在记忆中越擦越耀眼。曾经的年少轻狂，任意地挥洒时光是常有的事。但我们在这时，却学会了坚强、独立，明白了友谊、团结，我们时而笑得没心没肺，但时而却泪流满面。但正是因为喜怒哀乐的交织，成长的脚步才更加绚丽多姿。而在这时，我们也开始畅想，我们将步入的社会是怎样的，迎接我们的未来又是怎样的……

当它流走 6/8 时

　　这时我们的一生已经度过一大半了，沙漏中仅存的沙则越来越珍贵了。

　　我们的半辈子都在奋斗中度过，为了找到谋生的方法，我们努力钻研学习直到学业有成。为了养家糊口，我们努力赚钱，即使漂泊在外，即使再苦再累也会去坚持。困难、挫折也在这时悄悄降临，但正是因为它们的存在，打磨着我们，为我们的成长之路添上几道壮丽的风景线。

当它流走最后的 2/8 时

当我们都已白头，坐在摇椅里乘凉，这时便开始回忆过去，回忆那些不在了的点点滴滴。到那时的我们，早已知道了为人父母的感受，为当初自己对父母的不敬自责，父母也许都已不在，但对他们的爱与思念会日益滋生，看着自己的子孙，诉说往事。在这段时间，我们可以好好休息，不再为了一些家庭琐事操心，只为等待那个时刻的到来，安详地闭上眼睛，进入沉睡。

现在它为 0 了

时间沙漏已经空了，它真的空了吗？它的沙已经流完，都保存在流走的地方。直到我们喝下孟婆汤，走过奈何桥，步入新生，它又开始倒置、流逝，我们还在成长……

（辅导老师：李丹，获第十七届"语文报杯"全国作文大赛省级一等奖）

真情难忘

2014级初中7班　韩　悦

童年是一幅画，画中有我们五彩的生活；童年是一首歌，歌中有我们的幸福和欢乐；童年是一个梦，梦中有我们的想象和憧憬；童年是一条船，船里装满了糖果，也载满了欢乐……

记得那是一个炎热的一天，太阳照在地面上，把地面烤得像一块刚刚烙好的大饼。

我坐在家里，对着电风扇吹风，汗还是一把一把地往下流，我恨不得跳到河里泡上三天。正在这时，外面传来了叫卖声："买雪糕啊，买雪糕啊。"听到这声音，我像在沙漠中，碰到绿洲似的，像一支离弦的箭冲下楼去。

"买两支雪糕。"我大声说。这时买雪糕的人越来越多,卖雪糕的阿姨把雪糕递给了我,我连忙大口大口地吃起来,一边吃,一边掏钱,"糟了,忘带钱了,这下可完了"。我正想溜之大吉,不料,卖雪糕的阿姨叫住我:"哎,小姑娘,你还没给钱呢。"她这一叫,买雪糕的人们都在用一种鄙视的眼光盯着我,我感到全身发抖,手里的雪糕也被太阳晒得融化了,我连忙上前解释:"对不起,我走得急,忘带钱了,我回去……"话还没说完,就被一个年轻人打断了:"别听这个小丫头片子的,她走了,就不会再回来了。""对,她有钱,就是不想给……"人们七嘴八舌地议论开了,我现在恨不得找个地洞钻进去,我仿佛是热锅上的蚂蚁,又急又热,不知道说什么才好,我渴望这位卖雪糕的阿姨能为我说句话,可她就是不说,只是死死地盯着我。就在这时,从人群中走出一位老奶奶,70来岁,她问我:"小姑娘,你真的没带钱?"我边哭边委屈地说:"真的没带。""好了,都散开吧,挤着怪热的。这小姑娘的钱我来付。"这位好心的老奶奶边说边从袋子里取出两元钱,给那位卖雪糕的阿姨,我还没来得及说谢谢,她就走远了,望着她远去的背影,我的眼睛湿润了,我忽然觉得手里黏糊糊的,这才发现,雪糕全都融化了,只剩余一根棒了。

回到家后,我心里一直忐忑不安,恨自己怎么那么粗心。后来,我想找机会好好谢谢那位好心的老奶奶,把钱还给她。可从那以后,我却再也没有遇到那位好心的老奶奶。为了报答那位老奶奶,我只有把她的真情传承并发扬光大。

(辅导老师:严水明,获得第十七届"语文报杯"全国作文大赛省级二等奖)

成长·蜕变

2013级初中1班　秦　宁

秋风萧瑟，枯黄的树叶无力地在空空打着旋儿，似乎在坚持着什么，但仍旧免不了叶落归根。走在枯叶铺就的小道，脚底发出刺耳的"咔嚓"声——哦，那是叶子痛苦的呻吟！

呵！也是在这个季节，我第一次见到阿婆。那时我才五六岁，阿婆一见到我就好像见到自己亲孙女似的一把把我搂进怀里，笑得眼睛眯成了两个小月牙，里面分明在闪出光呢！而那脸上的皱纹也好像跟着高兴，跳起了舞来。她用那布满老茧的双手抚摸我柔软的头发，我用余光一瞟——阿婆的指甲缝里还有一点点污垢哩！

爸爸妈妈说，阿婆觉得我很像她的小孙女，可喜欢我了呢。但我一直念念不忘那"黑指甲"，想离那奇怪的邻居奶奶远一些。可每次一有什么好吃的阿婆都不会忘记我。望着阿婆那满怀期望的眼神，胆小的我只得强迫自己闭着眼睛吞下去。本想潦草地嚼几口就吞下去，但阿婆的厨艺比妈妈更胜一筹，我每次都经不住多吃几口。结果每每吃完阿婆做的食物后我都会皱着我的八字眉一言不发地回家，不敢喝水。不是因为别的，只是因为我一直纠结于那"黑指甲"——我总觉得阿婆做的东西不干净，吃了再喝水会长小虫子。

日子就这样悄无声息地从指缝间滑落，无声无息。我们家离开了那个小院，离开了阿婆。仍不懂事的我那时竟暗暗庆幸终于摆脱了那个"怪奶奶"，而不顾她对我的不舍，对我的唠叨，甚至有些厌恶她紧握我的双手，厌恶她一直在我面前晃悠着的"黑指甲"，但我按捺住了——哈，我终于离开了阿婆。

如今，当我再拾起这些零零碎碎的记忆碎片时，内心总是充满懊悔与愧疚。阿婆对我多好啊，她虽然不是很富裕，但她总是特意给我做好吃的，买好玩的，有时甚至还给我零花钱。就算我对她再冷漠，再不礼貌，她也不生气，总是哄着我……阿婆真是比我亲奶奶对我还好！可是为什么那时候我那么笨不能理解阿婆对我的爱呢？为什么我那么爱干净呢？为什么我不对阿婆好一点呢？……但一切都回不去了——我再也回不到那个小院，再也看不见阿婆，我也不会拥有那么温馨那么美好的日子了……再也不会了！一切都成为过去式。时间最残酷，它从不给人一丝重来的机会。

　　成长就是让人懊悔的吗？成长就会让人失去吗？窗外的树儿在成长。饱经风霜的叶子满布树底，在寒冷的冬天，树将失去最温暖的保护层，但叶子并没有白落啊！它们是为树提供养料过冬，以便在来年春天溪水叮咚的那一刻长出更多耀眼的新绿！我们在失去的同时其实也在收获，若只顾懊悔失去的而不珍惜得到的，就像那树，它会"饿死"、冻死，更可怕的是在死亡的那一刻它仍在懊悔！

　　一群麻雀落在窗外的电线上大展歌喉，落日的余晖为它们镀上了一层金边。此时，笔尖与纸张的摩擦，窗外的叽喳，那不又是一曲成长的旋律吗？

　　（辅导老师：李丹，获第十七届"语文报杯"全国作文大赛省级二等奖）

过了爱做梦的年纪

2013级初中3班　王亦莹

　　一遍又一遍反复回忆，好害怕会忘记我们之间已烟消云散的童话。

　　稚嫩的脸庞在岁月长河的过滤下逐渐明媚。时间这双手，遮住了那对深邃的眼眸，此后看不见他们兵荒马乱的颓败。如果光阴是一棵参天古树,那回忆便是满树繁茂的枝叶;四季轮转,终将至秋,回忆落地成堆,扬洒着最真的笑声和苦叹。拾起他们,看一片片美如朝阳。

  他们伴了我大约九年,最初的相见早已遗忘。记忆堆叠得太多,最底下的一层被遗失,再难翻找出来。

  那个刚知道"白云会飘"的年纪,也想如白云般自由,在空中肆意行走,而当时代表了自由的,就是舞着风的自行车。他们都有车,唯独我没有;每当他们骑车时,自己心里就羡慕不已。她知道我那眼神有多渴望吧,于是总拉我坐在后座,四处溜达。生活的地方被称作"乡下",却没有了当年的田地和泥石路,曾用来灌溉庄稼的那条沟壑,再无水流。我对照儿时的照片,再也找不到那充满乡间格调的风景了,也许是我太幼稚,还惦记着被更替的陈旧事物。

  车停在田边的小路上,她没有学着那两个男孩把车推进被绿草覆盖的泥沟。那时,大人们不种水稻时,那原本引水的一米深浅的宽沟就披上了一件翠绿的外衣,还配有白色的小花,就好像是昨夜的繁星趁着黑夜跳下了星空,降在了这里。也忘记了是谁先躺在了这草地上,几个人和几辆车,慵懒地睡在了一起。睁眼便瞧见白云慢慢悠悠地路过,明净如蓝丝绸般的天空,裹着最耀眼的一张笑脸。偶尔一个惬意的翻身,头会撞上自行车或另外一个人,大家都会没来由地大笑着,说不出有多少含义在笑声里,只知道那时的天真的很蓝,阳光真的很温柔,那时的我们真的很快乐。本以为能握着彼此的手,一直没心没肺地笑着走向远方,可时间这双手,翻云覆雨,给予我们成长和分离。

  我们因为学业而分离各处,很久没有见面以后的相聚,没有了往昔的共同话语,曾经和谐的一切被时间抽离,想着逃离,去躲进回忆里……

  我爱上了文字,默默地记录幼时的我们。还是那群骑单车的小孩子,一切都仿佛只是我们在草地上笑着。时间这双手,抛下了太多的东西,同时也盖住了太多。它牵引我们面临成长的河流,回望一去不复返的童年，我在光阴这棵树上取下一片华美如朝霞的叶子，它代表童年的友谊，传出清澈的车铃声，伴我渡过成长河流。

（辅导老师：林刚，获第十七届"语文报杯"全国作文大赛省级二等奖）

为自己奔跑

2013级初中1班　何　静

夏天的傍晚，微风轻拂，蝉儿们还未歇息，正像那些爱拉家常的老太太们一样你一句我一句地交谈着。我惬意地躺在太妃椅中在树下乘凉，翻阅着报纸。

"看过赛马的人们都知道，比赛中有的马戴着眼罩，这是为什么呢？是为了他们更好地发展。戴上眼罩是为了让他们把精力集中在正前方，这样，他们就看不见观众，也看不到其他的马，为自己奔跑。"这一小则"你知道吗"吸引了我的注意，"为自己奔跑"，我喃喃出声，思绪就这样随着时间的齿轮回到了三年前。

那是我在五年级的时候，学习任务还不是很重，因为英语成绩还不错，便被老师推荐去参加一个校内英语竞赛。我倒也争气，本着一种"我不入地狱谁入地狱"的执着信念一路拼到前二，就到了一决胜负的时候了，我给自己暗暗打气，"我之前那么顺利，这次也可以的。"

"唉，你看这不是那个'冠军候选人'吗？""好像是的哦，听说她对手超强的，参加过很多英语竞赛，这次冠军势在必得呢！""唉，希望她们都加油吧。"

两位同学路过我身旁，小声地交谈着，也不知是为什么，我心里竟少了些自信。

随着决赛的临近，同学们对于那位"对手"传得越来越神，我心里原有的底气也越来越少，甚至萌生出"随便准备下吧，反正当不了第一，第二也挺好"的念头。老师似乎看穿了我的心思，便叫我到办公室。

"赛马比赛时，有的马是要戴上眼罩的。"一进办公室，徐老师便说了这样一句在我当时并不理解的话。"来，坐吧"，说着徐老师拿出水杯呷了口水。"知道为什么要为马戴上眼罩吗？是为了他们更好地奔跑，为了让它们把精力集中在正前方，这样他们既看不到观众也看不到别的马，它是在为自己奔跑。你也要采取这种态度，不要去管别人的看法，不要和你对手比，不要跟任何人比，要为你自己奔跑！"

听了这段话，我突然开悟，为自己奔跑，对！我要为自己奔跑！就算他们都不看好我，但只要我努力，尽自己全力，无愧于心不就好了？

决赛到了，这一次比拼的是演讲，稿子我已经熟记于心。因为是决赛，中高年级的学生几乎都来了，将近一千两百个人坐在台下，黑压压一片，若不是准备充分真会被这阵势吓坏。

我是先上场的，不知为何，我心里并无太多紧张，只是不停告诉自己要加油，为自己奔跑。

明亮的灯一个个暗下，学生们嘈杂地离开文汇堂，老师们指挥着秩序。我捏着那张第二名的奖状，心里空落落的，说不失望是假的，明明已经那么努力了……

那天，徐老师特意落在队伍后面走在我身边，拍了拍我的肩膀说："你已经很好了，毕竟是第一次面对那么多人做演讲，而人家已经参加过多次竞赛，做好自己，你就成功了。"

听了老师的话，我的内心慢慢平静下来。确实，人生匆匆数十载，输赢有何重要？重要的是学会为自己奔跑！

（辅导老师：李丹，获第十七届"语文报杯"全国作文大赛省级三等奖）

童年里的小水塘

2014级初中1班　姚晓君

随着时光的悄悄流逝，童年悄悄地走远了。小水塘的记忆依然在脑海中，仿佛就在昨天。

那是一个夏天的下午，尽管天气炎热，不安分的我还是不甘心被无聊"囚禁"在家里，偷偷地溜出了家。或许应该感谢我天生的不安分，是它让我遇见了它——那个充满欢乐回忆的小水塘。

嘴里唱着歌，我一蹦一跳地跑到了家门后，打算找些新奇的东西玩玩，却出乎意料地发现了一个水塘，水塘里还有更出乎意料的东西——龙虾。我匆忙跑回家，找来了捉龙虾的必备工具，打算大显一下我的钓龙虾的身手，虽然我只是个新手。不过没关系，今天我就来积累一下钓龙虾的经验。

我兴奋地把竿甩进了水塘，开始等待龙虾上钩。过了一会儿，我自认为"龙虾上钩"了，便开始拼命地拽竿，可怎么拉扯都无济于事。一些可怕的情景浮现在我的脑海中：不会扯出一条蛇来吧？会不会是水怪把绳子拉住了，水怪可是会吃人的，不好惹的呦……越想越害怕，我的手不自觉地把竿松开了。可好不容易出来一趟，也不能空手而归吧。于是，我又开始奋力地拽竿。"哎哟！""什么情况？"一根水草在竿上摇摇晃晃地出了水面，可惜了我呦，弄得满身的脏水，回家可得挨骂了。

失败乃成功之母，我可不放弃。为了争一口气，是在龙虾面前争气，我也得钓只龙虾上来。不管三七二十一，我又一次把竿放进了水塘里，不过这一次不是甩，是放，想想刚才激起的那水花儿，龙虾多被吓跑了，等到黄花菜都快凉了，竿终于动了动，我乐得不知如何是好，赶忙把竿拉了上来。哎，等了那么久，就那么小一只龙虾，运气真是太差了。

我抱着再试一试的心态，第三次把竿放进了水塘里，用了几乎我所有的耐心等待着。哈，终于钓着你了，我要的就是你这样的大个头龙虾。看它张牙舞爪的样子，身披一身暗红色的铠甲，两只大钳子像极了两把锋利的大刀。可是那么威风也没什么大用处，还不是败在了"吃的诱惑"。我乐呵呵地把它放进桶里，没想到的是龙虾家族也会自相残杀，这不，小龙虾在"大个头"的攻击下束手无策了，只好乖乖地束手就擒了，被大个头的龙虾给吃了。

再欢乐的地方也有不开心的事，在小水塘边，我也差点失去了一个朋友。

那还是因为龙虾的事儿，我和她因为一只龙虾杠上了，谁也不让谁，最后让一只到手的龙虾白白逃走了，或许它还在偷着乐呢。大家都退了一步，在小水塘边，我们又和好如初了。

漫漫人生路上，有多少个小水塘。童年里的小水塘，你将陪伴我到永远，永远，只因在那个夏天，我遇见了你。

（辅导老师：周小英，获得第十八届"语文报杯"全国作文大赛省级二等奖）

记忆中的拼图

2014级高中5班　陈书周

儿时的记忆犹如一张张拼图，有残缺，有遗漏，没有一张是完整的；儿时有一个人，短暂地出现在我的人生道路上，陪我一同走过那段最单纯最美好最无虑的时间。她存在在每一张拼图上，曾经我认为她会一直无比清晰地留在我的脑海中，可是随着时间流逝，我发现拼图已成碎片，她也逐渐变得模糊，能记得的就只有她叫什么。

初二那年，原本只是和往常一样参加一个普通的喜宴，爸爸告诉我她有可能回来。长久没见的激动,让我对着镜子打扮了半天,不断地想着和她见面的场景。我担心,我害怕她不来;我紧张,我紧张她会不会不认识我;我怕,我怕和她成为点头之交。怀着忐忑的心,早早地来到酒店,找到一个离大门口最近的座位坐着,生怕错过。可能是我到得太早,人很少,正好可以端详着每一个从我眼前走过去的人。也不知道为什么,时间久了手心也竟然出汗了,坐也坐不住了。原本的担忧我觉得都变真的了。从一开始的没几个人,直到宴会厅基本人都齐了,我开始准备放弃了,可能她真的没来吧。就当我去找爸妈时,门口进来了一位和我年龄相仿的女生,看到她第一个想法就是:一定就是她。相貌应该没有多大的变化,还是那个婴儿肥的脸,我印象中也就存留这个了。等她等得那么久的我,在真正看到她确定是她后,两条腿如同僵住了,心扑通扑通跳得很快,手心的汗越出越多,不敢直面看她,却又偷偷瞟她,看她坐哪里,在干什么。我如坐针毡,想去找她,说一句,嗨,你也在这啊;又怕她问我,你是谁啊。妈妈知道我们曾经感情很深,想要把她叫过来,我说不用了,我自己去说。宴会开始后没多久,大家都沉浸在司仪鼓动气氛的活动中,我发现她却一个人走到宴会厅外面,我思考了一会,就跟了出去。我站在一个距离她十米远的位置,看着她摆弄着外面的盆栽,一个人自言自语。呵呵,还是和小时候一样啊,喜欢安静。我捏着手中的玩偶慢慢向她靠近,试图引起她的注意,越靠近越紧张,最后还是一溜烟地跑回去了。

就在宴会即将结束之际,宾客都开始慢慢离场,我看着她跟她爸妈也准备离场,心扑通扑通又开始狂跳,心有不甘,我想像这个相逢场面无数遍,打招呼方式也练了好久,怎么能就这样结束一次我想了很久的重逢?我深呼吸了好几次,打算不再想那些杂念,跑到她的面前,她父母倒是认出我来了,我站在她面前,看着她,想着我是说"嗨,你好",还是来个自我介绍。我们看着看着她就笑了,说是你啊,我好想你啊。

终于,我见到了她。记忆中的拼图更新了,不变的是她的笑容，变得是故事，是情感。

（辅导老师：王志红，获第十八届"语文报杯"全国作文大赛省级三等奖）

妈妈的味道

2014级高中8班　丁新雁

真的，好想念妈妈的味道啊。

他在梦中低喃了一声，又沉沉睡去了。不久，他露出了满足的笑容，紧皱的眉得以舒展。

"L，昨天晚上你说梦话了哦！"L刚睁开那双还略带迷糊的双眼，S便促狭地凑了过来。"嗯？什么？"L被S的话激得瞬间清醒了过来，他一边穿衣服，一边应和着S喋喋不休的问话，"妈妈的味道？对的呀……我不习惯这里的菜……我妈妈的菜可是世界上最好吃的菜了……想妈妈了？我才没有。"

怎么会没有呢？他苦笑着摇了摇头，却怎么也不想去承认。算起来，自己也离开家两年了。到现在，他还记得两年前妈妈送自己离开时那双带泪的眼睛以及那语重心长的话语，"L啊，在外面要好好照顾自己，记得按时吃饭啊，你这孩子从小身体就不是那么好，所以更要注意自己的生活习惯。想妈妈的时候就回来看看。"可是妈妈，我回不去啊，公司说出道以前都不可以回家的，他怕我们回去了就不肯回来了，他说要我们更努力去练习，这样以后才可以为你们争气啊！所以妈妈就算我再想你，我也不能回去呀。也不知道，现在的您还会烧一桌子好菜等着我和爸爸回来吗，还会在冬天为我织毛衣吗，还会习惯性地想来给我盖被子吗？……应该不会了吧，毕竟我都离开这么久了。

见L沉默了下来，而他的眼里渐渐染上了浓浓的忧伤，S也就不再过问了。他叹了口气,静静地看着 L。突然,他像是想到什么好主意一样,一下蹲了起来,拿起 L 放在桌子上的手机拨通了 L 妈妈的电话:"喂,阿姨,我是 L 的朋友 S……L 在练习,别怪他不回来,他这也是为了以后让阿姨您为他骄傲……"

"S 啊,那麻烦你带几句话给 L 好吗?叫他在外面别那么拼,累坏了身子可不好。阿姨知道他很忙,也没空回来,但阿姨还是改不了以前那些习惯啊,唉……"听到妈妈叹了口气,L 的心像被什么揪着似的疼,"还有啊,我帮 L 织了几件衣服,过段时间给他寄过来,天冷了,要多穿衣服啊……"妈妈还在絮絮叨叨地说些什么,L 的眼泪也跟着止也止不住地流了下来,S 趁势把手机递到 L 的面前,说:"阿姨,L 来了,您跟他说。""儿子。"听到妈妈在电话里喊自己,L 急忙克制自己的眼泪,他不想让妈妈听出他在哭:"妈,我来了。"听到儿子的声音,电话那端明显愣了一下,妈妈哽咽了,千言万语汇成一句话:"L,有时间记得回来看看妈妈。""好,我会的。"

在这句承诺中,他仿佛看到了自己冲向妈妈的怀抱,而他妈妈,还和记忆中一模一样,一样的身形,一样温和的笑容,一样等他的归来……而在妈妈的怀抱中,他嗅到了和记忆中一样芳香的味道,原来那便是妈妈的味道呀,他满足地闭上了眼睛。

"L,起床了!太阳都晒屁股了!"妈妈一边喊着睡在床上的儿子,一边拉开了窗帘,暖暖的阳光照射在他的脸上。他猛地一惊,一下子坐了起来。看着在阳光下的妈妈就站在自己的身边,他笑了。原来刚才的一切只是对过去的一场回忆,他梦到的是四年前的自己。而如今的他,有了妈妈在身边,但他依然会记得妈妈的味道是什么样以及四年前他记忆中的自己,究竟是有多想念他的妈妈。

(辅导老师:周莉莉,获第十八届"语文报杯"全国作文大赛省级三等奖)

恰逢暮雪亦白头

2014 级高中 4 班　张苏娟

等待，让人有机会发现美好；等待让人可能平庸一生、碌碌无为。等待发现美好，等待造就平庸。诚然，我们要学会等待。

等待让人生焕彩，等待价值闪现。周文王等待姜尚，态度诚恳、礼贤下士，终于等到了兴周朝八百年的贤相，坐拥天下；越王勾践愿意等待，三年砥砺，卧薪尝胆，终于得偿夙愿，一雪前耻；刘备等待诸葛亮，三顾茅庐、心意拳拳，终于换来一代人杰匡扶天下，奠定了蜀国基业。等待让他们吹到了机遇的春风，等待让他们收获了果实的甜美，这是等待造就了他们的辉煌。

希望在前，等待的态度让我们觉得幸福。一分耕耘一分收获，梦想的实现，不能全靠机遇；成功，不可能一蹴而就，只有经年累月，默默等待，打好基础，我们才能迎来人生的灿烂、明天的光辉。多学会一分等待，为了更清晰的远方和更坚实的路，为了等来春风吹绿江南，等来细流汇成大海，等来我们期待的幸福。多学会一分等待，耐心等一等，也许那下一次、下一秒，奇迹就会发生。

旅途漫漫，有时我们要冷静思考，学会等待，但有时我们要义无反顾，勇往直前。等待不是我们不去争取的理由，我们也需要那破釜沉舟的勇气。等待是我们路途中的驿站，可以让我们休息徘徊，但长久的等待和过度的执着，熬白了双鬓、憔悴了容颜，是否更添了几缕惆怅、几许枉然？长久的等待，却终无所获，抱憾终生，世事蹉跎，可见犹豫不决的等待会成为人生的绊脚石。

如果花落了，才记起等待下一次花开，如果叶枯了，才记起等待下一次叶绿，只会空留叹恨，失去更多。我们应该明白，我们在等待什么，我们应该做什么，这样的等待才是有价值的等待，我们的人生才不会在等待中虚度，最后一无所获。古人言："有花堪折直须折,莫待无花空折枝。"岳飞说:"莫等闲,白了少年头,空悲切。"霍金不等待,一部《时间简史》横空出世;曹植不等待,七步成诗,才学惊天动地。让我们不再等待,就在今天采摘生命的玫瑰吧!

等待是一种优雅的生活态度,不等待是一种机智的果敢选择。让我们挥洒我们智慧的才情学会等待,适时等待吧!

(辅导老师:谈敏红,获第十九届"语文报杯"全国作文大赛国家级三等奖)

最是灶台烟起时

2014级高中5班　常　山

捧起一碗清蒸,袅袅的热气如几缕炊烟,萦绕,徘徊,久久化解不开。我不禁想起了那曾经炊烟袅袅牧人归的日子。

在那天际一方,绿水青山轻揽着一座小村。每每夕阳西下,炊烟便按时到来,那模样,像极了一位身着素衣的翩翩少女,映着红霞欣然起舞,曼妙生姿。仔细看去,她脚下的步伐越来越轻快,身姿飘然旋转,广袖流仙,宛如惊鸿一舞,迷倒万千。领略了炊烟姑娘的风采,可不能忘了那岿然、庄严的灶台老者。别看他面色黝黑,垂然老矣,可他却是一位功夫高手,什么"气沉丹田""吞云吐纳",他可一点都不差。灶台老人虽看似木讷呆滞,殊不知多少年的人间烟火,家中情话,早就让他通了灵性啦。主人的脾气性情、口味喜好、多大火候、几分热,都了如指掌。他还和他的主人一般热情好客,客人要来时,肚里的那团旺火可是会笑。来了客人,主人自然也是会笑了。那时的人们是多喜欢会客呀,不然怎么连这么神奇的本领都叫灶台学了去?我自然也是爱热闹的,因而每每奶奶说"火在笑,火在笑"时,我都会雀跃地跑去看,可我那稚嫩的瞳孔里却看不出丝毫的变化,不过这也不妨碍我期待与好奇的心情，反而是追着奶奶不停地问。现在想来，灶台那比《蒙娜丽莎》还要神秘的笑容，只有与他朝夕相处的奶奶才能神会吧。

你看，这朴实的灶台老者是不是智慧又热情？这自燧人氏以来的灶台与人们千百年相处的情话是不是深沉又悠远？

每日三餐都是灶台大显风采的时候，而在我的印象中，又属傍晚时的灶台最美了。那时，我坐在灶门前帮奶奶打下手，窗外的红霞映着他胸中的火苗熠熠闪光，噼噼啪啪的柴火声似乱弹琵琶，他身前的人儿被火烤得懒洋洋的，闻见了菜香忍不住直吞口水。备好晚饭，我与奶奶坐在堂前看炊烟披着斜晖起舞，听着奶奶讲陈年往事，等着牧人的归来。青峰外，酡红似醉的斜阳散发着氤氲的余光，融在了陈年的酒酿中。

平日里的这些都还不是灶台最忙的时候，最忙时便属除夕了。那时阖家团圆，自然也要更用心地煮好每一道菜了。大鱼大肉、野味山珍也就要"登堂入室"了，一方八仙桌上铺陈的美味令人目不暇接。四条红木长凳在侧，一具红漆供桌靠墙，一幅童子托蟠桃图高挂，三炷清香飘扬，老人上首坐，孩童下首坐，父母两边坐，笑声不断，其乐融融，整个厅堂里洋溢着家的温馨的味道。灶台在旁看着这一幕，轻轻抹去一把汗，流露出欢乐的笑。我想，这些便是古人游子翘首以盼的家的模样吧，而今人却因没了灶台品不出它的味道。

除夕过后的清晨，我一向是晚起的，家人早早儿地就出去拜年了。我径自走向灶台，揭开锅盖，一股浓浓的米香扑鼻而来，看着那一锅热气升腾的清粥，夹杂着窗外飘来的几缕青烟，我的手放不下了。再看一眼窗外高照的晨阳，我却多了一丝迷茫。

灶台用自己的生命积蓄了中华千年的民族情、华夏意。他为多少家庭付出了无尽的汗水，为多少炎黄子孙守候着灵魂的栖息地。他是所有游子心底生命的不老根，家的定海针。

然而灶台的似水年华已经逝去，同样逝去的是这份情，这份文化，这份传统。时代进步的前提竟是美好传统的萎缩，心灵的枯寂，这难道不值得我们警醒？"天意怜幽草，人间重晚晴"，如今已垂暮的灶台老人难道不值得我去敬重，去珍惜？

细细地听，灶台可是有好多的情话要和你说，还有着许多许多讲不完的故事等你来听。

（辅导老师：陈燕，获第十九届"语文报杯"全国作文大赛国家级三等奖）

守护那阵稻花香

2014级高中6班　张吻吻

"还记得你说家里唯一的城堡，随着河流稻香继续奔跑，微微笑。小时候的梦，我知道。"无论何时，这首稻香总能把深陷泥潭的我从泥泞中拉出，除去我身上反复的枷锁，能够使我回归本心。

稻花香联系着我的童年，仔细想来已有十多年了。十多年前爷爷身体还硬朗着，家外的农务和大大小小十几亩田都是爷爷一人全包。大到我们几个儿孙，小到家畜，奶奶无一不照顾得服服帖帖，从没见谁邋遢过。一年四季，爷爷都忙于农活，忙完了小麦忙着收棉花，一筐筐的。放学后，一家人围坐在棉花筐旁边唠家常，手也不停地翻转，我们几个小孩往往还没剥几个就要偷懒，这时，爷爷就会责怪我们做事没有韧性，只图个快！爷爷总将那几亩方田视若珍宝，总不可能浪费一寸一厘。

爷爷的职场在稻田，农家人仿佛一整年都在为种水稻准备着，爷爷早早地就将最好的稻种一一挑选出来，将它们浸入水缸，仿佛是在宽慰它们。时不时地绕到两边，绕着转上几圈。等到了初夏，就将浸得圆润晶莹的稻种通通下放到田里去，盖上白膜。只要半个多月，他们就都退去金黄的壳，换上绿装，像绿色的毛绒玩偶一般散发出生的香气。爷爷兴奋地将他们捆成一小扎一小扎，在门口晾上一夜，第二天一早便要早早地开始插秧了，整个村庄都在忙着这件大事。

我喜欢随着爷爷去田里插秧，那里有青蛙田螺，爷爷总要吓唬我说田里都是蚂蟥，一会钻到你肉里去哦！快到边上花田里玩去吧！我竟相信了，自顾自地跑开了，不多一会儿奶奶来了，提了一大杯清茶，招手呼唤爷爷上来喝口茶，歇歇。爷爷右手叉着腰，左手捧着茶，嘴上咂咂，视线一直没离开那几亩田。水田里的秧苗疏密有间，像一块没有经过剪刀的大方格布，微风吹着田里的水起皱，吹得秧苗都微醉了，仿佛闻到了酒香。

忙到日暮而归的爷爷汗衫早已不知湿了几遍，裤脚都卷到了大腿根，沾满泥土的双脚随意地搁在地上。刚进家门奶奶就端一碗满得要溢出来的冰糖雪梨汤，盯着爷爷咕噜几口喝个精光，才心满意足，转身又望见我眼巴巴的眼神，又去给我盛了一碗，爷孙二人捧碗相笑。

在那样的天，喝上一碗雪梨汤，清热又解渴，爷孙二人捧碗相向。

接下来的日子就清闲多了，这时爷爷总要将他的宝贝拿出来。一把把镰刀长短皆有，爷爷一点一点擦拭上面的积灰，身旁放上一杯茶。桃树下，擦擦停停，时不时地哼上一段不知名的小曲子，哼哼着就眯上了眼，醒了就由我来给爷爷读几句诗，消遣消遣好时光。时光就这样静静地流淌着，等爷爷将插秧的劳累，全部释放后，田里的稻子也就开始生出了花。这稻香缓缓似酒，从清冽到苦涩，再至深沉。因为这稻花啊，掺了时光的熏染，掺了农家人的汗水和希望，还掺了我们的童年，这般美好如稻花香，叫我怎么忘得了？

盼了一年的农家人终于盼来了秋，放眼望去，天地连成一片蓝黄相间，远方蓝色的天空下涌动着一片金色的谷浪。爷爷激动地拍手道："丰年丰年啊！"此情此景，"稻花香里说丰年"的名句就飘然出了口。爷爷回头望向我，眼中闪烁着的满是喜悦的光芒，我仿佛看见了他们的一颗颗的赤诚守望之心，那阵阵稻香化作了纯真勤劳，坚定充溢在空中。

稻田中，沉甸甸的稻谷用丰收守望了秋，爷爷用双手和一生守望了这些稻田。而我也从老一辈的农家人身上学到了，要用勤奋和踏实守望我生命中时常略过的那阵稻花香。

（辅导老师：杨耀娟，获第十九届"语文报杯"全国作文大赛国家级三等奖）

待，银莲花开

2014级高中1班　葛志业

时过境迁，物是人非。一次偶然的相遇，一丝恻隐，他们彼此守望，然而他们守望的又岂止是彼此？是爱，矢志不渝，爱，与世长存。

夕阳撒下最后一抹余晖，仿佛一层薄纱笼罩着大地。风，停止了呼吸，落叶在空中静止，时间在此刻被定格。静静地等待夜幕的降临。

她走了，她们相拥而去，错乱中，欢笑声仍在空气中回荡，迟迟不肯离去。他无力地倚靠在墙角，热辣的泪水刺疼了眼，嘴角颤抖着，久久发不出声音。早已被浸透的衣角，在风中瑟瑟发抖。他用力地捂住自己的嘴，尽量不让自己哭出声来。即使这样，他的内心仍咆哮着，嘶吼着，心脏离体的感觉，令他窒息。他不敢侧过墙角去看那昏暗中渐行渐远的身影，不敢想象在没有她的日子里，失去灵魂的躯体是否会像行尸走肉一般。

他用力地将头撞向墙壁，麻木的他丝毫感觉不到痛，急促的呼吸声，精疲力竭的他已无力哭泣，就连支撑身体的力气也已消耗殆尽。终于不负重荷顺着墙壁滑下，瘫坐在地。

脑海中，记忆的碎片在此刻汇聚。恍惚中，一个身穿粉红衣服的女孩，如春风一般，从窗前经过，阳光照耀在她的脸上，显得那么甜美可人，风撩拨着她的头发，同时也撩拨了他的心，他知道，他已经深深地爱上眼前这个女孩。天知道他已经走上一条不归路，在无尽海里迷失方向，无法自拔。

　　世界上有一种缘，叫相遇。一次偶然，他认识了那个女孩，她有一个很美的名字，叫作宁。她是一个外表温和，内心宁静的女孩，不得不说，这个名字很适合她。在一起时，他们无话不谈，彼此照应。日复一日，他都会像影子一样陪着她，一起走过春夏秋冬。他曾对宁说，他最快乐的事就是，陪她笑，陪她哭。女孩儿红着脸腼腆地笑了，她的心跳得愈发加快。"这是什么，是……心动，还是感动啊？"慌乱中，她呆滞地看着男孩，一言不发，因为只想静静地看着，就好。

　　几个星期后，从邮局寄来一封信，他很疑惑，拆信的一刹那，伤口再次被撕裂，"这字……是她……是她！"他的声音颤抖着。

　　屿：

　　对不起，我要离开了，离开这座城市，离开这个世界了，去往一个没有你的世界，我不知道没有你的天空是否还会那么蓝，不知道阳光是否还有温度，更不知道在没有你的日子里能否再傻傻地笑了。起初，我真的好害怕，但现在我可以勇敢的面对了。还记得吗？是你给我的勇气啊。你说过，你会等我，前世，今生，来世……你都会等我。谢谢你，不要为我难过，不要再孤独，坚强起来吧，为我好好活下去。我会在远方一直守着你，望着你，如果有来世，我一定会找到你。

　　字迹被浸透，变得模糊不清，身体仿佛被掏空的他再也抑制不住了，攥着信纸的手疯狂地颤抖着，吼叫着，撕心裂肺。

　　时光倒流，黄昏之下，路的尽头，女孩放开了男孩的臂弯，"谢谢你，陪我演这场戏"，她的声音很微弱。男孩不解地问："既然彼此相爱，又为什么选择离开？"女孩儿没有回答，只是静静地站在风中回首望着来时的路，望着那孤独的墙角处，泪水再也止不住地从她的眼眶里奔涌而下。

银莲之花即将绽放,命运的转轮已经开始。

(辅导老师:时浩,获第十九届"语文报杯"全国作文大赛省级一等奖)

守一穗稻花香

2014级高中1班　李文军

爷爷是个农民,用了一辈子的时间种田。看着禾苗长大、成熟,是他一辈子的事业。

印象中,爷爷总是那么干练,他衣着单薄,身子也瘦,但似乎总有使不完的劲。大夏天的,他戴着个斗笠就在烈日下插秧了。那时候的我不懂事,以为插秧是件顶好玩的事情。于是也拿着顶帽子,学着他,像模像样地深一脚浅一脚地下地去了。但我年纪小,哪里插得好,禾苗都在水面上躺着睡大觉呢!根本不往土里钻,一点都不老实。害得爷爷亲自重新插一遍。

爷爷守着这一亩三分地,守了大半辈子,他一生的精力几乎都花在这儿上面了。不知洒了多少汗水,才能喂饱我这张小嘴巴。而我吃饭的时候,还东撒一点西撒一点,弄得满地都是米粒,还"掉碗底"(碗里有剩饭)。每当这时,爷爷总要唠叨几遍"锄禾日当午,汗滴禾下土。谁知盘中餐,粒粒皆辛苦"。可是,爷爷,我当时才三四岁,你确定我听得懂?

爷爷守着稻苗,我也在不知不觉中长大了,到了该上学的年龄。五岁那年,我"背井离乡"了,来到了这里,来到了这没有土地,没有稻香的地方,满面扑过来的都是尘土的味道。我回到了父母的怀抱,从柔软的农村到了坚硬的城市。

由起初的激动、好奇,到后来的平静、麻木,时间耗光了激情,我又怀念起家乡的那片田,怀念家乡的稻香,更怀念家乡的那个人——爷爷。怀念他腌的咸菜,怀念他给我讲的故事,怀念我生病时他买给我的糖果,更怀念田野里的那缕稻花香。

一转眼,我长大成人了,青春的年华一去不返,我也渐渐懂得了人情世故。不知怎么的,又突然想起了爷爷。上个月,爷爷摔倒了。因为年岁已高,身子骨也没有了以前硬朗,摔伤后只能老老实实地躺在床上休息了。爸爸得知后,急忙赶回老家去看望爷爷了。不知为什么,我从心底感到一阵害怕。人对于越是珍视的东西,也越是害怕失去。爸爸在回去的第二天给家里打来了电话,说是没什么大碍。我心中的这一块大石头才算落了地,踏实了。经过这一次,我更加关心爷爷了,希望他能多活几十年,长命百岁,能多让我尽尽孝道。

爷爷摔倒的时候正值农忙。因为爷爷摔着了,收庄稼这项工作自然也就落在了爸爸的肩上。虽然,现在收割庄稼早已告别镰刀进入了收割机的时代,但爷爷还是放心不下那片庄稼,要爸爸去看着,回去讲给他听。也许就是爷爷对于稻田的这份关爱,我家的稻田年年丰收。

尽管爷爷不在我身边,但每个月总要打个电话过来,询问我的身体状况、学习情况。爷爷种下的那株稻苗,在他的关心下茁壮成长。

高三了,马上就要高考了,就要到"收割稻子"的时节了。希望我能守得那一穗稻花香,让爷爷看到一份好收成。

那一株稚嫩的禾苗已长出稻花,淡雅的花苞将吐露芬芳。一位老人在一旁微笑不语。

(辅导老师:时浩,获第十九届"语文报杯"全国作文大赛省级一等奖)

守不住的地

2014 级高中 4 班　侯佳璐

　　《桃花源记》，渔人的"迷路"，刘子骥的"未果"，使这片圣洁的土地延续下来。由魏晋南北朝到如今，这城市由原始的草莽蜕变成精致，人们还能守住这片地吗？

　　听见身后三轮车拉手刹，刺耳声长鸣，"噔"，手刹复位了。扫完了两条大街，他坐在石阶下面的地上，拿出两个包子啃了起来。我一个人坐在公交车站的长椅上，心生疑惑。"怎么不坐上去，一会儿有车来了，包子就脏了。"他皱起满脸的笑纹："包子脏了没事儿，这地我得守着！"

　　说话间一辆私家车飞驰而过，带过的风刮走他脸上的笑，只说了句："守不住啊。"收起没吃完的包子，扔进了垃圾桶，走了。

　　疾驰的车让我感觉到人们的肆意与放纵，在城里任性地开车，排放着令人屏息的尾气，想着择日带一家人去乡下，找个农家乐，甩下一笔钱，饱餐一顿，吸足新鲜空气，以为自己肺洗干净了，回来又钻进自己制造的雾霾中。守不住自己的家园，现在又去污染别人的环境，败光了家，明日任你逃向哪里，再不会有一只手，毫不嫌弃地把你从这污浊的泥水里捞出来。

　　曾读过《雨中的鸣鹤》一文，那是人间的一片净土。同样是小镇，鸣鹤从不受俗世的束缚，没有浓厚的商业味道和人为雕琢的痕迹，只有雨水侵蚀了的墙缝和墙缝里生长的小草。是啊，它守住难得的本真，作者抒发了百感交集的叹息：我们这些没脑子的人，静静地享受了美，便想让它像桃花源一样存留世上。可是那些有脑子的渔人，按图索骥，找到了吗？

　　难道真的受不住那片地吗？

　　守得住，守得住……

　　苏轼早已明了。唯江上之清风，与山间之明月，耳得之而为声，目遇之而成色。打开背包，将眼前的美景收入其中。离开一会儿那四个轮子的怪物，不，"宠物"，就是散散步，用脚感受大地的脉搏，看看那些在眼前却被忽略的美景，依然神往。"莫道昆明池水浅，观鱼胜过富春江。"我又迟疑了。是我的念想，是我所等待的，是我所守望的。

当柔情的曙光掀翻了无情的黑暗，我站在黑白交接的地方，守住阳光照亮了的那片地。

（辅导老师：谈敏红，获第十九届"语文报杯"全国作文大赛省级一等奖）

等待，是为了最终的繁华

2014级高中4班　余婷婷

有一种等待，它深藏在岁月里，说是等待，更像是缝补时光的工匠；有一种等待，它深藏在沉默里，说是等待，更像是昨夜耐得住寂寞的微光；有一种等待，它深藏在这里，说是等待，更像是在跳动的心脏……何时今晨醒来，等来繁华绽开。

倚坐在橘林边的田埂上，我守在林子边，还记得那时的我常坐在橘林下，等待橘树丰硕的果香飘来。

故乡依山，远了车马喧闹，近了河流田野。村子里的人家随着山的连绵起伏而错落有致，总让人感到一种恰到好处的舒适之感。

这是初夏时节，天上的太阳还不很毒。可那闷热的暑气却让人心头发堵。我坐在橘林里的秋千上，手里还攥着一把蒲扇，那时候我和爷爷奶奶住在一起。爷爷是庄稼人，即便是炎热当头，也不能放任那满坝子的金豆子不管。起初我正在橘子林里闲坐，望着头顶上那个个黄绿的橘子，在阳光的沐浴下，闪出晶莹的光亮，照得人刺眼。我轻轻放下一条腿，往后面用力一蹬，原本停荡的秋千便又一次摆动。似是风的帮助吧，原本望着那个个又大又圆的橘子，竟随着秋千一荡一荡地睡着了。耳畔爷爷用竹耙刮玉米的声音和经久不息的蝉声相伴，共同奏出夏日里动听的乐曲，伴我入眠。

等到太阳落到屋顶下，云层变得橘红时，我感到阵阵凉风吹拂，便揉了揉惺忪的小眼，起身迈着小短腿，哒哒地跑回家。溜进鲜香氤氲的灶房，两眼直勾勾地盯着锅盖下时不时飘出香气的美味。似是因为我活脱脱的一副馋猫样将爷爷逗笑，爷爷憨厚地望着我，又是变戏法般，不知何时变出块橘肉塞入我嘴中。等了无数个雨落天晴的我，一尝出是橘子后，便连忙停住嘴。不敢用劲，只轻轻伸出舌头，在牙齿上碰了碰，轻含一口橘肉，口中涌出的汁，有些许的酸涩。这时爷爷便拿起手中的酒壶轻抿一口，喃喃细语道："橘子还不到时候呢，等到这雨落之后，便是丰收了。"

夏天的雨后，橘树果然迎来了大丰收。可那之后的日子里，山脚的湖不再，村子里的人家变少，院旁的那片橘树朦胧一片。空荡荡的荒田里，只长满杂草一片。伴着又一年的热风，似是在诉说着什么，却又道不明。

我又一次，坐在田埂上，望着已不见踪影的橘树。一个人，想了好久。

想起了如昨日发生的午后，想起了仰坐在树旁，酣然入睡的自己，想起了辛勤劳作的爷爷古铜色的手臂。顿时一阵苦涩，弥漫在心。

这一次，我再睁开眼。我又看到了那片橘林。成群的橘子在阳光中，高高地昂起头，望着那深情的远方，似是在热情地欢迎呢。

泪，从眼角旁微微渗出。这一次，我站在田埂上，如多个午后一般，痴痴地等着它，等它的出现。

我抬头望了望太阳，似乎是提前看到了橘树成群地发芽，渐渐长大，长成我心中那般模样。

这一次，同爷爷说的一样。再等等吧，也许会有不一样的繁华在绽放……

（辅导老师：谈敏红，获第十九届"语文报杯"全国作文大赛省级一等奖）

老李卖肉

2014级高中6班 杨永杰

"咣咣"我收起了锄头往家里赶，远处集市上，像往常一样热闹。晚风伴着淡淡的泥香印在脸上，吹散了一天的疲劳，我紧了紧衣襟，继续往家里赶去。

刚一到街上，老远就看到一家新开的肉铺，匾上赫然题着"李记肉铺"四个鎏金大字，在夕阳的映衬下，光彩夺目。拿到肉的乡亲们议论这："看啊，老李新开的铺子，多气派！""哎哟，可不，上好的蹄髈肉！啧啧，我这都快半年没开荤了。"……我看了看门口，乡亲们都在，热闹极了。望着匾上的鎏金大字，我继续朝家里赶。还没进院子，就被隔壁的季二嫂子拦下来，她递给我一包肉："喏，老李发的肉。"说完转头走了。我把锄头倒在墙脚，洗了把脸，一日的疲劳顷刻消散。

我擦了擦手，打开荷包，一堆碎骨头！零星沾着几点肉末。唉！人善被人欺啊。我摇了摇头，点火热粥，咸菜也很可口。吃完躺倒，沉沉地睡去了。

想当年乡里闹蝗灾，我和老李一起除虫。那会儿他还不阔，日子过得凑合。"王三，你以后想干啥？""种地。""我以后定要去京城，讨个媳妇，回来当老爷！""哦。"后来，他在镇上开了肉铺，阔起来，也讨了个媳妇，只是没当老爷。

第二日，天蒙蒙亮，我起身去田里。刚过镇上，大老远我看到众人一色黑衣黑裤，往老李铺子里搬东西，一包一包地扛进去。

后来，镇上开了个选举会，凡是选了老李的，都有免费凉茶喝，还送一碗红烧肉！老李就被选上了。我也去了，但我只喝到了凉茶。我不明白，怎么这么轻而易举地，老李就做了老爷了。

偶尔会听季二嫂子说起老李的阔日子，我只听听，仍种我的地。当我再见到老李时，是在镇上的广场。广场上被围得水泄不通，几个乡亲在议论："这个老李啊，我说怎的就阔起来了，原来做了这等勾当！""可不？听说老李卖给咱们的肉啊，都是死猪肉！""哎哟，我还听说，这些肉啊不干净，居然还有死人肉呢！"我听得头皮一麻，挤进人群。只见老李跪在地上，蓬松的头发遮住了脸，眼帘低垂，脸色死灰。囚衣显然不合身，肥肚子袒露在外面。随后，我退出了人群，背后响起乡亲们阵阵喝彩，就像那天收老李肉时一样高兴。我听着心里堵得慌。

秋收那会儿，我路过老李的肉铺，见门上贴着封条，牌匾上"李记肉铺"四个大字不再金光闪亮。大概，他这一生的愿望全都实现了吧，我想。

"我呀，只把这地种好就行了。"我擦了擦汗，抽口烟。见西山上的红日已经掉下去半个身子了，赶紧抡起锄头。天黑前，要把剩下的两畦麦草给锄了。

（辅导老师：杨耀娟，获第十九届"语文报杯"全国作文大赛省级一等奖）

灯下尘

2014级高中4班　邓　竹

微黄的街灯在漆黑的小道上闪着光亮，灯下是空有过去而无当下的尘。

巨大的雨点终于挣脱了云的束缚，向地面倾泻下来，一如我的眼泪。身在异乡的无奈和委屈，别人又怎会明白？

梦里，我又回到了那些年，江口是来往停泊的船只和穿街走巷的小贩。不远处是凋零又繁茂的老槐树，树下群童嬉戏，有远方前来的闲客游人，搭上摊子为他们讲述着古老的故事。男人们趁着天晴外出打鱼，留下妻儿相嬉。石椅上是三五成群的老者，他们的神情慈祥而温暖，却也盖不住岁月在他们脸上刻下的痕迹。苍颜白发，他们是沧桑岁月的守望者，是历经年华几度的长存者，生活在此，告诉孩童那久去不复的过往。彼时的我们，有着一种心照不宣的快乐。

江水深，流又急，灯下人，尘又起。数不清是多少个夜晚，我从异乡而来，风尘仆仆，带上几多辛酸，踏上归途。街的那头永远有着一盏微灯，灯下永远有着一个故人。无论是挥扇饮冰的夏夜，还是围炉拥衾的冬夜，她都一如既往。

"太冷了，多穿点。""饿了吧？锅里热着你爱吃的玉米饼。"这些平淡的话语，总能在回忆中升温，暖彻我的整个生命。回望间，是她佝偻不堪的背和步履蹒跚的影。就好像每一次别后重逢，岁月都要带走她一份年轻。而她带不走的，是灯下那份坚定守望，年年岁岁，岁岁年年，从未变淡。

夜凉如水，檐下轻燕酣然安睡，江口也停止了热闹，重回黎明前的幽寂。于是，灯就在此刻显得格外明亮。

是久未归家的思念，还是别后重逢的喜悦，我说不出来，泪眼蒙眬中，一双隔着衣服也能感受到的粗糙的大手轻抚我的肩膀。

"到家了！"长久的守望磨哑了她的声音。是啊！到家了，在一份坚定的守望中，我到家了，辛酸几许，悲欢几重。只记得路悠灯明，树茂夜深，她带着我一步一个脚印踏上了回乡的路，静而暖……

像岁月来无声，散聚离合，年华在江水里流去，再不复返。故园变了样，不再有飘香的槐花，行走的商贩，抑或是游说的闲客。曾经黄发，如今弱冠；曾经花甲，如今归土。老屋变了样，水泥平铺了路，彩瓦围拥了顶，而街头的那盏灯也难逃宿命。守灯人也在寒来暑往中告别了这个世界。灯下尘埃泛起，飘进游子的眼中，酸又涩。

南有归雁，久盼故园。北有故人，守望子归。

（辅导老师：谈敏红，获得十九届"语文报杯"全国作文大赛省级二等奖）

守树人

2014级高中4班　李春燕

这张脸让我觉得有些眼熟。黝黑，瘦削却不失棱角。深陷的眼窝，目光炯而有神。不知为何，总是在不经意间，在他的身上嗅出一股泥土的芳香来。

偶然，在小学的门口看见了他。记忆中零零散散的碎片开始拼凑起来，整合成一个熟悉的身影。是小学的门卫大叔。只不过小女孩已经不再稚嫩青涩，大叔也即将步入知天命的年纪，脑海中直挺的脊背已经弯了，鬓边也添了白线。我笑着向他点头致意，怕是已经无法将当初那个梳着羊角辫的女孩儿和面前的这个女孩联系到一起了吧，他有些不明所以，但依旧回以一个善意的微笑。

总归时光会捎带着记忆流淌，朝夕与年岁都过得久了，每每看到过去的东西，心中总是泛起一层薄薄的涟漪。

也道不明是什么情感，也许是感性的情节作祟。我只知道我的大脑指挥脚步迈进了校园。他也没有说什么，便和和气气地放我进去了。仍旧是记忆中那个威严，却又亲切的学校。熟悉的景致在我眼前展开一道画卷。一草一木，一栋栋建筑都充斥着回忆的气息。我就像久未归家的游子返回故土一般，真心是前所未有的坦然和舒畅，只怨自己不能化作一缕清风，仔仔细细地拂过每一个角落，向花草问好，向操场道安，向国旗致敬，向重新踏上的石子路低语一句，我回来了。

细密的阳光透过藤蔓长廊，在石板路上绘出斑驳的光影来，我伸出手去捂那只枝丫间的空隙，俏皮的阳光却从指间悄悄满溢出来，透过玻璃板，折射出七八道纵横的彩虹来。石路一直蔓延到教学楼跟前。我顺着阳光的足迹走到了教室跟前，却意外发现教学楼早已变了模样，走廊上的壁画，教室跟前的读书戒律，楼梯上的扶手，都落上了一层厚厚的尘。原本花坛间围的几棵颇具年份的古树也没了痕迹，只有中心松动的泥土和隐隐约约的几个土坑暗示着什么。

"学校要拆了。"他不知何时出现在我的身后。

我被他这一声惊得回过了头，却瞧见他的脸上也是一番失落的神色。

"听说是要建新的住宅区呢。"他双手比画着什么。我跟上了他的脚步，和他攀谈起来。

"这学校要拆，人员走动都少了……"他停下顿了顿，"这里啊……人味淡了……"叹了口气。

"那您怎么还留在这里？"我不免有些好奇。

脚下的步子跨得更大了。我跟他来到一处树林前。

之前看到的颓败不同，这林子里的树就像一支新锐而训练有素的军队，稳稳地站在校园一隅，守护着这一方土地，显然是得了人悉心照顾的。有风拂过，那簌簌的枝叶拍打声也是格外的清脆动听。更有一股泥土的芳香扑鼻而来。我总觉得有些熟悉。

"没什么文化，就爱种点儿东西。这树是我刚进学校种的，虽然学校要拆，但我还是乐意守着它们。"我想他就话语间流露出的坚定与无奈，大抵是源于对这树的守望吧。

走出校园，心中竟是多了一分悲怆。想着若是他日，这城市的自然景观皆被冰冷的建筑所代替。那么，《诗经》中"蒹葭苍苍，白露为霜"、"呦呦鹿鸣，食野之苹"、"河水清且涟漪"的上古风情，是否永远无法走出纸张？人们与自然最相爱的蜜月时光，是否已经挥手远去？诗词风光是否都如《广陵散》般成了遥远的绝唱？

我敬佩那个对自然忠诚的守树人，他的守望，源于天然的性灵。十年树木，百年树人，何不像树一样做个郁郁葱葱，根深叶茂的人？

守树之人，守树更守魂。

（辅导老师：谈敏红，获第十九届"语文报杯"全国作文大赛省级二等奖）

蒲草人生

2014级高中4班　尤文如

丛丛蒲草迎风而立，摇曳着身姿，纤柔的茎顶着烛火般的花絮摆动着，水涛漾起层层波浪，映着亮闪的波纹，蒲草屹立不倒。站在岸边远远望去，如同水面燃起的熊熊烈火，炽热鲜红。

烟雨飘摇的南方，雾气轻扬的胡同，灰墙青瓦的古宅，一对夫妇，铺列的草席。

回顾以往，在我仍稚气未脱的时候，这对夫妇的古宅，便是我时常踏入的地方。宅里散发着蒲草青葱的香气，四周陈列的张张绿油油的草席。夫妇传承着祖辈代代流传下来的制席手艺，那是有年代的智慧传承。夫妇用方正结实的席架编织草席，分配和谐，妇女在旁边递蒲草，丈夫则坐在席架旁，手握席扣用力上下压打，动作娴熟。对格，送草，打压，"唰"的一声，一根细长的蒲草就紧紧地栓进了席面。一系列动作一气呵成，转身又是一个重复动作……夫妇终日坐在宅内，不为外物所动，编织着草席与他们的幸福人生。

日月累积，我褪去了脸上的稚气，夫妇仍十年如一日的制席，不厌其烦的晒草、捣平、漂洗、纺线、穿线、织席、晒席……18道烦琐而细腻的工序下，一张张结实匀称的草席出自于他们手中。

村里的人们喜欢这对勤恳的夫妇，更乐道于他们制的席。夏日枕席清梦的季节，手制的蒲草席散发阵阵芳香，沁人心脾，铺在床上，躺在身下，凉意惬人，一夜好梦。夫妇的日子也十分滋润。

经过的流年，日新月异。万物都受着机械化的冲击。夫妇的手艺也不例外，越来越少的人手制草席，而人们又更接受便捷现代化的产物。机器取代人力，手制席的成本也日日高涨，却获益甚微。但夫妇仍不变初心，毫不动摇地用席架铿锵有力地编织。在夫妇专注的神情里涌动着暗红色的力量，是坚守上一代传承下来的技艺的欢愉和自豪，抑或是内心对古老制席的不灭信念。

后来得知，蒲草，又名水烛，我理解它为水烛。有光便有了希望，夫妇不会放弃，他们会始终传承着手工制席的手艺。即便上了年龄，行动不便，他们的内心也始终燃灼着水烛的光芒和永亮的内心的光，照亮充满黑暗的机器时代。

<u>丛丛蒲草迎风而立</u>，摇曳着身姿，顶着团簇的烛火，伫立水中，炽热苍红。

蒲草韧如<u>丝</u>，磐石无转移。

（辅导老师：谈敏红，获第十九届"语文报杯"全国作文大赛省级二等奖）

记忆中的温暖

2014级高中5班 李珊珊

万物复苏，生机充满角落，那是春记忆中的温暖；烈日当空，阳光穿过树叶，那是夏记忆中的温暖；麦浪涌动，汗水洒落田间，那是秋记忆中的温暖；银装素裹，梅花飘动芬芳，那是冬记忆中的温暖……当爱被泪水包围，那是我记忆中的温暖。

天空阴沉沉的，乌云渐渐聚拢，老天爷即将要发威了。我的思绪早已飞出课堂，右手撑着脑袋，望着那黑压压的天空。不知不觉中，下起了大雨，滴滴答答的声音响个不停，而我依旧在神游，雨滴拍打到窗上，模糊了我的视线，我才反应过来。转头一看，同学们早已收拾好书包，准备回家了。

看着门口拿着伞，带着笑容、欣喜地等着孩子的家长们，我的心情却愈加的低落。一位位同学和我挥手再见，然后奔向来接他们的家长。家长笑得更加灿烂，用手搭在同学的肩膀，和自己的孩子一直不停地说着话，应该是在询问今天上学的情况吧。这时的我才反应过来，不紧不慢地收拾着书包，准备离开教室。

到了教学楼下，看着天空中落下的大颗大颗的雨滴，嘴角一抿，将帽子戴好，准备冲出这风雨的阻挡。这时，手机铃声突然响起，立刻从口袋里掏出手机，亮着的屏幕上显示出了五个大字——亲爱的老妈。我露出了微笑，立刻接通了电话，"喂！"响亮的声音，似乎在教学楼之间回荡着。我妈妈说的话却再一次让我陷入了失望之中。"哦。好。我知道了。我带伞了，我自己回家。"挂了电话，伫立在教学楼下不想动，也不想离开，盯着地下的积水，眼眶渐渐泛红了。天空似乎也在可怜我，渐渐变成了淅淅沥沥的小雨。

我独自一人低着头走在道路旁的路灯下，昏暗的光芒将我的背影照射得愈加孤独，由短短的黑影变长，再变长，又缩小，再缩小,渐渐地缩小……

一路沉默地走到家,掏出钥匙准备开门时,竟发现家门是敞开的,灯也比平时开得更加亮。我突然警惕起来,心里想着:家里没有人啊,门怎么会开着的?难道进了小偷吗?我突然紧张起来。我偷偷溜到门旁,偷瞄里面是否有人。结果竟然发现,是爸爸妈妈在家里,在客厅里转来转去,一脸着急的模样。我从门外走进去,轻声地叫了一声,"老妈"。他们立刻回过头来,看见是我,整个人便松了一口气。妈妈朝我走来,皱着眉头,责怪道:"怎么这么晚才回来?打你电话也不接,以为你走丢了,我和你爸都急疯啦!"我从口袋中摸出手机,竟发现手机已经关机了,我淡淡地说了一句:"手机没电了,关机了,我不知道。""以后记得给手机充好电再出门,你丢了怎么办?我和你爸去哪儿找你啊!"我竟发现妈妈的眼眶红了。我突然感到一股暖意淌进我的心里,泪水瞬间溢满了眼眶,抑制不住地往外涌,伸开双手,抱住了妈妈,将头靠在了妈妈的肩上,心里说道:我知道了,我以后都不会了!

记忆中的那份温暖,一直在我心尖慢慢地发酵,给予我寂寞而又脆弱的心灵最大的关怀,谢谢你那平平淡淡而又强烈的爱。

(辅导老师:陈燕,获第十九届"语文报杯"全国作文大赛省级二等奖)

永远的龙灯

2014级高中6班　颜泽鑫

今年过节,我怀着激动的心情回乡。

让我期待的不是春节的到来,而是春节过后的"闹龙灯",那是家乡的传统,从年初三开始,连续闹上几个晚上,各家各户都不休息,他们比白天更活跃。焰火、鞭炮放得不亦乐乎,炮声、锣声、鼓声此起彼伏，每一阵声音都激发着人们的无限热情。

　　回到家乡，我忽然发现家乡的人少了许多，家乡也变了许多，过年的气氛也不足，多了几分清冷。但这依然没有消减我的期待，我匆匆地奔向家里，发现爷爷守在已成形的"龙头"旁，弯曲的手指紧夹他最爱的烟。爷爷是做"龙头"的关键人物，少了爷爷，"龙头"就不像"龙头"了。我激动地问爷爷："我已经是小伙子了，这回总该让我举一次'龙头'了吧！"爷爷瞥了我一眼，没有说话，猛吸了几口旱烟，"咳咳咳"，又指了指身旁的"龙头"。我从那做工粗糙的"龙头"中似乎发现了些什么……

　　初一过后，乡里人开始筹备今年的闹龙灯，村长把我们这些小伙子聚到一块，给我们指派一些任务，当我听到村长点名让谁举"龙头"时，我惊愕了。我诧异地问："为什么不是爷爷他们举？"以往都是爷爷那一辈的人举，"龙头"在他们的手中好像跟真的一样，整条"龙"仿佛活了过来。村长叹了口气："他们有的年事已高，路都走不动了，有的被子女们接到城里去住了。"大家都不说话，沉默得让人发冷。随后村长要求我举龙尾，我也是欣然接受了。

　　闹"龙灯"当天，我兴奋地跑到龙尾处，我轻轻地抚了一下龙尾，愉悦之感再也无法掩藏在心里，猛地从内心深处表露出来。随着众人大喝一声，"龙"一下子就被抬了起来，先是做了几个高难度动作，我看着他们，不知所措，身体却下意识地跟着他们舞动着。接着我们绕了镇子跑了两圈，"龙"活了过来，整条"龙"活了过来，整个镇子被"龙"绕旋着，小镇仿佛得到了"龙"的庇佑，这预示着接下来的日子会过得风调雨顺。然后我们挨家挨户串门，穿过曲折的小巷，"龙"蜿蜒着慢速前行。当"龙头"经过每户人家时，他们就会放鞭炮庆祝，茶水点心自然是少不了的。我们龙尾也不例外。闹着闹着，就闹到我家来了，父亲前去点鞭炮，我们在鞭炮声中进了屋，母亲为我泡了一杯茶，我抿了一小口，发现爷爷弓着背坐在椅子上。爷爷望着我，露出了欣慰的笑容。走出家门，烟花不断，热情不减，"龙"游不止，随着炮仗阵阵升腾起的烟,"龙"乘着云雾扭动着身子,整个小镇灯火通明,宛如人间仙境一般。我沉醉在"龙"的世界里。

过了几天,我们一家人离开了家乡。临走时,爷爷激动得对我说:"娃!明年早点回来,我和龙灯在家守着你,到时候爷爷教你舞龙头!"也许守望传统也是我们人生中的一个使命吧。

(辅导老师:杨耀娟,获第十九届"语文报杯"全国作文大赛省级二等奖)

成由俭,败由奢

2014级高中7班　许吟菲

千古帝王业,成败在一时。由奢入俭能兴国,从俭变奢能败国。历览前贤国与家,成由勤俭败由奢。

民生在勤,勤则不匮。纵观历史长河,秦穆公信奉"以俭得之,以奢失之"的思想,成为春秋五霸之一;汉文帝崇尚节俭,反对奢侈,故有文景之治;朱元璋廉洁自律,生活简朴,"四菜一汤"为全国百姓津津乐道,一致赞美。还有我们熟悉的首富李嘉诚,他的服装从不注意品牌,鞋子十双中有五双是修补过的,而他更多的精力和资金都投入到慈善事业中,救济了无数苦命穷人,"达则兼济天下",说的不就是他吗?黄金本无种,出自勤俭家,正是他一贯的勤俭作风,成就了现在的辉煌,否则,世间只是多了一个挥金如土的纨绔子弟而已。

"勤"之一字,源于懒惰;"俭"之一字,源于家穷。懒惰所以要变得勤劳,家穷所以要懂得节俭。勤劳之后方能体会收获的喜悦,节俭之后方能发现积蓄的增加。勤劳能创造财富,而节俭能积累财富。勤劳与节俭,二者相辅相成,缺一不可。

骄奢淫逸,必遭祸端。这句话流传千年,道理确实不假。商纣王酒池肉林，迷恋玩乐，断送江山；唐玄宗沉溺酒色，荒淫无度，招来"安史之乱"。秦始皇暴虐无道，大兴土木，劳民伤财，最终自食恶果，国破人亡。试问，若秦始皇勤政爱民，体恤百姓，推行节俭，那么"谁得而族灭也"，秦始皇"则递三世可至万世而为君"的梦想也许可以实现。

中国乃泱泱大国，中华上下五千年，历史悠久，源远流长，在长期的历史发展中，形成了勤俭节约的传统美德，是足以令我们骄傲自豪的。历史用血的教训，留下了亘古的真理。但近年来屡次出现贪污腐败的现象，更有超越现实、盲目攀比的畸形消费；特意美化、过度包装的蓄意消费，炫富摆阔，一掷千金的奢侈消费。这样的消费观是怎样出现的？勤俭节约的传统美德去哪儿了？扪心自问，在社会发展的同时，我们是否丢失了这种美好的品德？

作为炎黄子孙，我们更应该传承这种美德，并将之发扬光大，把勤俭之风带向世界各地，让那些贪图享乐，追求奢侈的权贵无地自容！克勤于邦，克俭于家。唯有勤俭，于国才能富国强兵；唯有勤俭，于家才能发家致富。勤俭是致富的根本，勤俭是人类美好的品德。

少年有志当拿云。传统美德正在消失，世风日下，人心不古。有志者应传承勤俭节约之风，坚守中华民族传统美德，展望美好精彩的未来！

（辅导老师：姚俊丽，获第十九届"语文报杯"全国作文大赛省级二等奖）

守望星空

2014级高中2班　余　炎

千百年来，唐诗宋词如同浩瀚星空，每一首诗词都是星空中璀璨耀眼的星星。在这片星空下，你一定会流连忘返。

每次听到《李白》这首歌，便会感到激情澎湃，随着节奏打拍子。而那句"要是能重来，我要选李白，创作也能到那么高端，被那么多人崇拜"，让人想到李白的豪放不羁，狂傲自信。

第一次读李白的《将进酒》便感到那一股由心而生的豪迈狂傲，"与尔同销万古愁"更是将这种狂展现得淋漓尽致，直冲天际。如同一道浩然剑气冲破云霄。青莲居士怀才不遇，功业未就，但他对这不得意的人生充满自信，"天生我材必有用，千金散尽还复来"，字句中满是令人击节赞叹的豪放自信。

李白就像一个绝世剑客，斗酒诗百篇，三分酿成剑气，一吐就是半个盛唐。他持剑把酒，一身傲骨。若能重来，我愿伴他访遍天下，看他妙笔泼墨，守望他狂傲不羁。

"一蓑烟雨任平生"出于《定风波》，苏轼在野外途中偶遇大雨，同行皆狼狈，其独不觉，有感而发写下此诗。这一小事便表现出苏轼旷达超脱的胸襟，面对人生风雨依旧我行我素，不畏坎坷的超然情怀。全词令人心境豁然，让人对人生的浮沉，情感的悲喜有种全新的体验。

苏轼，一个风雨一生的行者。执铜琶铁板，唱大江东去。携卷登山唱，流韵壮东风。我愿伴其左右，共历风雨，守望他超然旷达。

守望"安能摧眉折腰事权贵，使我不得开心颜"的魄力，守望狂傲不羁。

守望"高情已逐晓云空，不与梨花同梦"的气节，守望超然旷达。

守望浩瀚星空，守望唐诗宋词，守望艺术之花，守望诗词之美。在漫漫历史长河之中，不少诗人留下的美词佳句都成为一叶小舟，载着诗人的守望行驶。在浩瀚星空下，每首诗词都闪烁着耀眼光芒。

守望这片星空，洒下光芒，飞向永恒。

（辅导老师：姚俊丽，获第十九届"语文报杯"全国作文大赛省级三等奖）

春 味

2014级高中3班　顾梦洁

春节俗称"年节"，是中华民族最隆重的传统佳节，是祈求丰年的日子，带有浓厚的民族特色。

在春节里，我们会有很多美食。家家户户都会吃年糕。"义取年胜年,藉以祈岁稔。"北方有白糕饦、黄米糕，江南有水磨年糕，西南有糯粑粑，台湾有红龟糕。年糕做法多样，不管怎么做都甜到你心尖上去了。

北方有吃饺子的传统，饺子就意味着更岁交子，过春节吃饺子被认为是大吉大利。饺子形状像元宝，包饺子意味着包住福运，吃饺子象征生活富裕。饺子馅料丰富，随便怎么弄馅料，包出的饺子都好吃，不管你是肉食主义者还是素食主义者，它都能满足你的需要。

南方的年夜饭通常有火锅和鱼。火锅沸煮，热气腾腾；"鱼"和"余"谐音，象征"吉庆有余"，也喻示着生活幸福，年年有余。吃了火锅来年红红火火，生活幸福，吃了鱼来年年年有余，岁岁平安。

在我们这儿，元宵节有吃汤圆的习惯。吃汤圆取"团团如月"

的吉祥之意。希望我们团团圆圆，丰福美满。

立春吃春饼即春卷。立春吃春饼是中国一种古老风俗。晋代已有春卷，唐宋更是吃春卷之风盛行。如今的春卷，形制随地而异，食用时间也因地而别。有烙制、也有蒸制；或大如团扇，或小如花甲。

在春节里，作为晚辈要向长辈拜年，祝长辈长寿安康，长辈给晚辈压岁钱，据说压岁钱可以压住邪祟，晚辈得到压岁钱就可以平平安安度过一岁。

每逢春节，家家户户都要选一幅大红春联贴于门上，为节日增加喜庆气氛。春联种类繁多，有门心、框对、横批、春条、斗方等。"门心"贴于门板上端中心部位，"框对"贴于左右两个门框上，"横批"贴于门楣的横木上，"春条"根据不同的内容贴于相应的地方，"斗方"也叫"门叶"，为正方形，多贴在家具、影壁上。

春节还有很多活动，但随着祖辈们的离世，慢慢消失。在我们推进科技现代化的同时，是不是也该坚守传统的那一份本真？

（辅导老师：周莉莉，获第十九届"语文报杯"全国作文大赛省级三等奖）

守望和平

2014级高中3班　朱　莹

这是一幅让所有中国人永远过目不忘的油画——《南京大屠杀》。它记录了1937年日军在南京屠城的暴行。这幅油画在海外巡展时曾引起巨大轰动，常常见到西方的观众在画前默默伫立，许多人都泪流满面。值得一提的是也有人对展览的成功感到不舒服。一些日本人也来参观。他们走后不久，就有人打电话来，要求主办者撤下《南京大屠杀》。随后,主办方又接到了日本大使馆打来的电话,再次提出撤画的请求。

一段数十万人的血泪和屈辱诉说了70年前的梦魇。那时候的南京到底是一个怎样的人间地狱,我们谁都无法言语。战争从来都是多数人的毁灭,它给世界人民带来的是毁灭性的灾难。遍野的轰炸,凄厉的哀号,刺眼的鲜血,堆积的尸体,倾颓的房屋……废墟中无助的孩子声嘶力竭地哭喊,这哭喊能撕碎人的灵魂,它似乎在呼唤战场上生死未卜的父母。在每一次的战争之后,人们都合掌虔诚地祈祷和平。可是,偏偏有那么一小部分人寻找各种借口引发战争,给人们带来了深重的灾难。

战争在侵略者胜利的同时也毁灭了文明。1860年10月,英法联军攻占北京,走进圆明园内,披金戴银满载而出。园中无法搬走的物品持木棒以击之,必至粉碎而后快,还声称这是上帝的指引。圆明园惨遭蹂躏之后,又是一把火。三天三夜火海的煎熬,这颗曾经璀璨绝伦的明珠呜呼哀哭,北京城被黑烟笼罩。耗资几亿两白银的圆明园被毁灭了。

今天我们不断地回望历史,并不是要铭记彼此的仇恨,而是要理解彼此的伤痛,并珍惜眼前的和平生活,不让历史重演。世界上的人,谁不想拥有一个幸福安定的家园?谁不希望和平?

虽然现在世界局势依然不太稳定,但人们逐渐认识到战争带来的灾难,越来越多的国家和组织积极倡导和平解决争端,反对战争,反对暴力。"和平与发展"成为当今世界的主题。和平是每个人的向往,每个人都渴望幸福、和平,过着安居乐业的生活,而不是战火纷飞。

历史的每一页都有血腥的场景,我不知道将来的历史长河会不会殷红一片。但是战争是黑暗的、无情的、残酷的,我们应该让战争从我们的身边走开。我们要将反对战争的呼声进行到底,要让世界远离战争的硝烟,为世界的永远和平呐喊!

(辅导老师:周莉莉,获第十九届"语文报杯"全国作文大赛省级三等奖)

孤独的守望者

2014级高中4班　杨佳艳

他,是一个孤独的守望者,它,是一颗寂寞的胡杨树。

北风呼啸,贫瘠的荒原上一棵胡杨树沉默地扎根在沙土中,背后,苍山如海,残阳如血。西北的风总能把记忆揉碎,撒在风中,让人流泪。

在偏僻的西北一隅就有这样一个沉默的老人,似乎一生都只为守护那棵胡杨树。岁月仿佛嵌在他那沧桑的脸上,留下道道年轮。失神的双眼远远地望着胡杨。

第一次听说胡杨是在八岁那年,西北闯荡归来的二哥讲述了许许多多奇妙的故事,他仰着头听得津津有味。那一刻,一棵胡杨也悄悄地在他心里生根发芽。每每缠着二哥带他去瞧瞧那片美丽的胡杨。

西北的风沙总能让胡杨越显顽强,人也一样。那些岁月,战争连连,战火纷纷,城门紧闭,人心惶惶。他一进门,只见父亲愁眉紧锁地坐在炕上,一手拿着烟袋,一手毫无节奏地轻叩着木桌,随着声声叹息叹出缕缕轻烟。母亲也盘坐在另一边,手中拿着的针线活时缓时急。"砰!"一声门开,大汗淋漓的二哥冲进屋,关门。随着母亲焦急的询问声,二哥径直拦腰抱起他,走进后堂,用力砸破了木窗。扔似的将他送出窗外,自己也跳了出去。再次背起他跑了起来。而他却趴在二哥背上不知所措,看着身后渐渐消失的家,眼眶里的泪水竟被颠簸了出来。这时,二哥才缓缓将他放下,蹲下身,坚实而黝黑的双手搭在他瘦削的肩膀上,仿佛在灌注力量。第一次,他见二哥如此认真地看着他说:"别怕,还记得我们说好要一起去看的那片胡杨林吗?你先去,二哥去收拾收拾就来找你。"说着,便指了指太阳落山的方向。天空浸满了可怖的血色,吓得几只野鸭扑棱棱地飞走了。

"那二哥，我要等你吗？"二哥脸上一怔，用粗糙的手指在他脸上摩挲了几下，温柔地仿佛轻拭心爱的收藏。继而站起身，拍了拍他的头，笑着说："都长那么大了，还不敢一个人走啊！放心，二哥追得上你的，记得在胡杨下等我就好了……既然走了，就永远别回头……永远……懂了吗？"

他懂，二哥离去得背影，眼前的残阳，背后的枪响，他什么都懂，但他却希望自己什么都不懂。

一路黄土，一路白骨，人间没有地狱，而他仿佛从地狱中走来。也许，活着是一种奇迹，寻找到的那棵胡杨更是一种奇迹。狂沙中的那团火燃起了生命的希望，剩下的就交给时间守望吧。

当晨曦的微光印上时间的痕迹，跋涉于人生浅滩上的步伐逐渐蹒跚，一颗守望的心，在狂沙弥漫中愈显沧桑。胡杨依旧没变，只是他已暮发苍苍。

他深知有些人永远看不见归期，然而，每当看着远处的胡杨，那个伟岸的身姿仿佛迎面走来……

（辅导老师：谈敏红，获第十九届"语文报杯"全国作文大赛省级三等奖）

月是故乡明

2014级高中5班 张 浩

十点的下课铃声准时响起，匆匆收拾好书本，快步向宿舍走去。刚出教学楼，立刻感觉似有一层轻纱笼罩在我的身上，我回首向天空望去，一轮又大又圆的月亮挂在松树梢上。

心中不禁自问：有多久没见着这么漂亮的月亮了？犹记得上一次看到如此美丽的月亮，还是在儿时。那是姥姥最爱说的就是"瞧！今天的月亮都能看见嫦娥了。"每每这时我都要问一句："姥姥,姥姥,嫦娥在哪啊?为什么我看不到?"姥姥笑道:"小娃娃哪里看得到嫦娥,月亮好远呢!等你长大了、长高了就能看见了。想长大,先吃瓜。"说罢,便起身到菜园子里借着月光摘下一个小黄瓜。清水一冲,干干净净,要多好看有多好看。

家乡地广人稀,姥姥怕我出去乱跑,就沿着房屋和菜园围了一个小院,小小的院子便成了我儿时全部的世界。我爱追小鸭,吓小鸡,受惊的小鸭子跑起来一扭一扭的姿势总会逗得我笑得前俯后仰。等夜幕遮住了天空,姥姥一手拿着蒲扇,一边给我讲各种各样的神话故事。偶尔听腻了,就去菜园里抓萤火虫,吃黄瓜。月光是那么的明亮,一点也不怕看不见。在儿时的眼里,月光下的茄子会"发光";黄瓜会"隐身";小辣椒会"笑"……一切都是那么有趣。

没事摘几个黄瓜吃,找着一个摘一个,也不管熟没熟。姥姥只是笑呵呵地看着我调皮,却从来不会怪我。路过蒜苗地,想着那大蒜的怪味便忍不住要去踩它们。踩烂了,就不会吃大蒜了,我美滋滋地想着。姥姥看我三四脚还踩不着一个蒜苗,乐得哈哈大笑。

一不小心摔了一跤,一屁股坐在了泥巴地上,黄瓜滚落了一地,我不禁哭了出来。姥姥急忙扔掉蒲扇跑了过来,一把抱起我看看我有没有伤着。见我没事,才放下心来笑道:"不哭不哭,摔一摔,长得快。来,吃个瓜屁股就不疼了。"

没有电视,没有电脑,也没有手机或平板。儿时的月光下,就只有轻摇蒲扇的姥姥、神秘的菜园、睡着了的小鸡小鸭们和月光下我那闲不住的身影。

一阵冷风拉回了我的思绪,我忍不住缩了缩脖子。岁月流逝,已是物是人非。离开家乡多年的我,如今却只能看到那水泥路、高楼大厦。我已长大,变成了这世界碌碌人群中的一员。姥姥变得更老了,小鸡小鸭们也都不再是当年的鸡鸭了,菜园也变得荒废了,或许唯一不变的便是那故乡的明月吧。

今年,一定要回老家陪姥姥过个年。

（辅导老师：陈燕，获得十九届"语文报杯"全国作文大赛省级三等奖）

缺　失

2014级高中5班　谢国涛

有一个小男孩，从小就在孩子集体中处于领导者的地位。渐渐地，他习惯了对别人发号施令。他总觉得自己缺失了什么，但就是搞不清缺失的到底是什么。

他长大了，成为一个大人，但他对别人发号施令的习惯没有改变，总是对身边的人呼来唤去，因此他的朋友越来越少。这之后，他结婚了，妻子也时常对他说："我总感觉你缺失了什么？"再之后，妻子怀孕了。

由于家中的汽车坏了，他只好和怀孕的妻子一起乘坐公交车。在车站等了很久，也没见公交车来。渐渐地，他心中的不满开始积聚起来。终于，公交车来了。上了车才发现，车上已经没有多余的座位了，他只能和妻子站着。他心中的不满愈来愈多了。这时，他看到了一个看上去年龄不大，正坐着的男孩。他对妻子说："跟我来。"然后，拉着妻子径直走向男孩。

"小孩，你就没有什么要表示的吗？"他突然开口。男孩看了他一眼，继而又把头转了过去。见此行径，他心中压抑的不满瞬间被引爆了！"没看见我老婆是孕妇吗？"男孩没有搭理他。他却开始破口大骂："你的老师没教过你要给孕妇让座吗？你学的东西都被狗吃了吗？"男孩却依旧对他不理不睬。他骂得也越来越难听，小男孩也因此开始号啕大哭，但还是坚持不让座。他便开始把男孩往座位里面推，好不容易推出了半个椅面。他让妻子坐了上去。妻子虽然不情愿，但见他火气这么大，她也不敢开口。在她坐下之时，她对小男孩轻声地说了句"对不起"。

天空开始滴下眼泪，似乎是为小男孩的遭遇所哭泣，公交车缓慢地行驶在泪雨之中……

车厢中的人见此情景，开始议论纷纷。一个人突然开了口："我看学的东西被狗吃了的是你吧！一个大男人欺负小朋友算什么本事。我看他原本是想让座的，被你如此这般，想让座的都不会让了！"这突然而至的话语打得那男人一个措手不及，他只能反驳一句"要你管！"大伙都被刚才这挺身而出的话语激励，纷纷开始为小男孩打抱不平，帮助他夺回公道。男人见形势不利，赶紧带老婆灰溜溜地逃下了车。

下车后，他和妻子只能找了个地方躲雨，他很费解："为什么别人都在责备我？"妻子却一语点醒了梦中人："那是因为你缺失了……"

（辅导老师：陈燕，获第十九届"语文报杯"作文大赛省级三等奖）

牵动我心的声音

2014级高中5班　刘方松

母亲的半生劳苦，最终积下了严重的咳疾。

母亲只是一味想要给我们提供好的物质条件，却从不注重自己的健康。她的身体仿佛是一台机器，不知昼夜，不知疲倦，可是机器也有出故障的时候，直到有一天，那种撕心裂肺的咳嗽声牵动了我的心。

放学前天晚上，母亲来电话说明天到学校接我。这个星期，也不知怎么的，做什么都不顺，学习也学不进，以至于在一些科目上有点跟不上。最后一节课随着单调的下课铃声结束，同学们陆陆续续地离开教室,想着明天又要来学校,丝毫没有欣喜之情。我也抱着困乏又烦躁的身体往校门口走去。

　　走至校门,大都是来接孩子的家长。环视了一圈,没有母亲的身影,大概是又忘了吧。母亲的记性也越来越差了,经常前一天说过的话做过的事,后一天便不记得了。虽然我知道这样,心里还是有些莫名的不快,闷闷地背了书包向车站跑去。

　　汽车走走停停,颠簸了一路,终于到家。

　　我的心情也因为一路的颠簸而起伏不定。

　　远远地就望见母亲在摊位上忙碌着的身影,母亲一边低头收着钱,又时不时地向过往的顾客喊着蔬菜的价格。

　　母亲忽然捂着嘴,忙乱地翻着抽屉,似乎在找什么东西。过了一会儿,母亲臃肿的身体因为剧烈咳嗽而微微颤抖着,脸也涨得通红。在这嘈杂的菜市场,隔着一条马路,我也仿佛能够清晰地听见那撕心裂肺,令人心疼的咳嗽声。一下一下,一声一声,穿过马路,穿过嘈杂的喧嚣,刺激我的心,让我为之一颤。

　　可是我并没有走过去,心里还是有不快。我绕过摊位,直接回了家。

　　不知过了多久,母亲也收完摊回家。我躲在自己的房间里玩着电脑,也没有像往常一样和母亲聊在学校发生的事。母亲做好了饭来房间喊我出去吃饭,母亲的声音变得有些沙哑,说完一句话就要咳嗽几下,还要不停地扶着墙喘着粗气。

　　顿时,心中所有的不快都被这咳嗽声所代替,母亲是这么的虚弱无助。我的母亲啊,她才四十出头啊,为什么岁月是如此的无情,把她该有的容貌和健康肆无忌惮地掠夺走。

　　母亲撕心裂肺的咳嗽声,一下一下,一声一声,刺击着我的心,牵动着我的心。我只希望时光老人慢些走,可以多留给母亲一些健康。

　　(辅导老师:陈燕,获第十九届"语文报杯"全国作文大赛省级三等奖)

梦开始的地方

2014 级高中 7 班　季英杰

梦的薄纱，妩媚了几许柔情，氤氲着唯美的记忆。

风轻轻地舞动在花田间，吹落了一地流年。残忆破裂的碎片，纷飞如絮就像梦在沉眠，于无垠的天地间，拂过我的心帘。这里是什么地方？这里是通往未来的道路；这里是梦开始的地方。

这里是我的家乡，这里是我梦开始的地方，这里让我魂牵梦萦。梦不尽，烟雨迷蒙；梦不尽，杨柳古巷；梦不尽，流水人家。我即将起航，去追寻梦这里是我梦开始的地方。

忆，那些曾经破茧成蝶的感动，那些曾经岁月的美好。这一切渐渐消逝，独留下了对梦开始时的憧憬。回眸凝望，时光轮转，站在梦的古巷口，不去诉说将要离别的伤感，亦不去探寻尘世的冷暖。

草色青青，翠柳绕宅，听不到冰融化时的声音，但却能听到门前小船荡起水花的欢笑。青石小路，细雨杨花，这里如此绚丽，如此柔美，这里是什么地方？这里是梦开始的地方。

古巷幽幽，两旁是青砖黛瓦的石墙，细雨绵绵，青苔在微笑，头顶上的晴空为我映照。不知从何处飘来的几缕吴侬软语，打破了古巷的宁静，让人心醉。这里的古巷也是梦，亦是宁静的梦。

残阳似血，晚霞给天空涂上了一抹绚丽的笔墨，天空仿佛披上了一件霓裳。我推开书房厚重的木门，端坐于桌前。执一支素笔，泼墨白纸。信手，写下几行诗句，将这水乡的梦记下，将这夕阳西下几时回的绚美描绘。

笔尖掠过纸张，一行行诗句展现着这里的美丽。梦不再沉眠，我却依然不舍。这里是什么地方？值得我如此眷恋。这里是我的家乡，这里是我梦开始的地方。

飘柔的风，缠绵的雨，化作缕缕情丝，让人坠入情网。我就这样爱上了这里，爱上了这个梦开始的地方。这里成了我永恒的梦，令我感动，令我陶醉。

月华如水，仍在流淌。细雨绵绵，不断降到人间。不变的青石小路，是否有着一个撑着油纸伞的丁香般的女子在等着我？

又是一年烟雨时，春风带着微凉的湿意在这里驻足。朦胧的烟雨洒落人间，为这里披上了一层薄薄的轻纱。我爱这个地方，我爱我的家乡。

这里是什么地方？这里是梦开始的地方。这里是江南，是我永恒的梦。

江南水乡，烟雨迷蒙，我即将起航。江南静好，从这里开始奔向希望；江南绵柔，从这里开始漫步未来。

江南，梦开始的地方！

（辅导老师：姚俊丽，获第十九届"语文报杯"全国作文大赛省级三等奖）

回 望

2010级初中7班　王雪华

我到达半山腰的时候，瞧到了一棵树，一棵会开花的树。

首望：独树成林，耐得寂寞。它长在我身后的山崖中，四周光秃秃的。光秃秃的山崖，光秃秃的石头，连那蔚蓝浮动的天，也是那么光秃秃着。它的枝，坚毅地向外伸展着，没有矫揉造作，只有浑然天成；它的叶，每一道经络都透着生命的色彩，没有黯淡，只有绿；它的老根，固执地向那山崖中深深扎根，还有那些树皮，那些树皮上的裂痕又显示出怎样斑驳的岁月？我突然惊讶于自己的视力，什么时候那么远的东西都看得见了？

再望：回眸一笑百媚生。我向上走了几步，为了能在更高处看见那树。然而这一望，却又是另一番滋味。阳光照在了那树上，也照到我脸上。它伸了个懒腰，为那好不容易见上一回的日光。它循着阳光的脚步，竟发现了我这个闲散的游人。它朝着我笑，微微颔首，略带羞涩的那种笑。我回报以微笑，然而它却像是得到珍宝似的"咯咯"地笑个不停。当真是"回眸一笑百媚生"呢！

回望：无风花自落，唯有暗香来。我又迫不及待地向高处走去。我瞧到那些花儿了！那些花儿，泛着白色的光，每一瓣都有每一瓣的情态，每一朵亦是如此，然而集合在一起，却又是那样协调搭配。耳边萦绕着山泉的交响乐，伴随着花儿们的欢歌，此时阳光大好，温暖无风，那花，却是无风花自落。落在那崖下的山泉中？哦，哦！怪不得崖下的山泉中泛着一股清香的滋味，原是如此。原是你们，让这山下的居民们生活得更加甘甜！花儿，你们真好！

最后一望：众里寻他千百度，蓦然回首，那人却在灯火阑珊处。终于到达了山顶，一眼望去，那树的姿态一览无余。不愧是长于天地之间，立于岩石裂缝，那与生俱来的气定神闲的淡然姿态，真是让人心生仰慕。这哪是什么灯火阑珊，明明是人间仙境！从此以后，我便记住了此处，记住了你。

三次回望，让我瞧到了你的美。

回望，是一首漾在心田的歌。

（辅导老师：裘丽萍，获相城区第十二届"中学生与社会"作文大赛一等奖）

冬天的阳光是甜的

2009级高中1班　吴挥民

　　当成熟的秋褪去一身收获的金黄,银装素裹的冬便悄然而至。没有了生机勃勃、欣欣向荣的春绿,也不见了那十里飘香,浸透着强盛生命力的夏,五谷丰登的秋也默默往后避了一避。当冬日的第一缕阳光撒向自然万物时,我听到了踮起脚尖的孩子们对着天空说:冬天来了。

　　是啊,今年的冬天又到来了。在以前的冬天,我都是在空调房里或暖风机前度过的,这样的话,大多数情况下是感受不到寒冷的。现在长大了,我会到乡下和爷爷奶奶一起过冬,虽然很冷,但心里总感到很温暖。那是一座在寒冷的冬风里依旧挺立着的老房子,门前那棵几腰粗的老树好像在诉说着老房子的久远。老房子里虽然没有暖气,但是我很喜欢那里。清晨,那烫得发红的太阳从东边缓缓升起的时候,我会搬一个小木凳紧挨着爷爷奶奶坐着。爷爷奶奶是很早就起床的,我抬头看见奶奶半弯着身子,拿过热水给爷爷倒了一杯热水,嘴里好像叨叨地说着什么。爷爷接过杯子,"呼呼"地吹了一口气,那水汽便像仙气一般,盘旋而上,爷爷满足而又惬意地抿一口,脸上被阳光照得金黄。啊,好温暖的画面,我心里也顿感暖暖的。"喵!"老猫儿蜷了蜷身子往我脚边靠了靠,打破了这暂时的宁静,阳光像湖水般泛起了涟漪。

　　我也学着爷爷的样子,咂了咂嘴,那阳光的味道就"嗖"的一声直扑到我嘴里,暖暖的甜甜的,很好的味道。阳光肆意地照射着每一个角落,亮得我睁不开眼。我闭上眼睛,肆意地享受着这一切。此时,画面被定格在那一刻:温暖的冬日阳光下,宁静美丽的背景,自然惬意的祖孙三人……

　　也许很多人会对这一副画面不以为意,但我却非常喜欢,非常享受这一切。不仅是那里有温暖的阳光,而是那里的阳光不用穿过厚厚的钢筋水泥，不用经过形形色色的玻璃幕墙的反射，而是扑面而来，直接到达心灵，很温暖。

我喜欢在乡村，在田野，在那里冬日的阳光下，喜欢那种暖暖的、甜甜的味道。

（辅导老师：沈秋华，获相城区第十届"中学生与社会"作文大赛二等奖）

冬日的阳光是甜的

2011级高中1班　陈金丽

冬日，我呼着冷冷的空气去买大饼。在大饼摊的另一侧，开着另一家烧饼店。许多人围绕着小摊，像是给小摊围上了一层厚厚的棉被。人群中间，一个胖胖的阿婆一边舀起一勺豆浆，一边喊着："小心点儿，豆浆烫！"白茫茫的热气在人群上空蒸腾，整家店被一团热气所包围。

我心想，要是上学天天能吃上热乎乎的甜大饼，那该多好。于是每个清早，当晨光透过香樟树洒向地面时，我早早到了那家烧饼店。第一次来到饼摊，心中怀着激动。细长的油条在金色小泡的簇拥下来回移动。阿公打开烤箱，从中拿出了排列整齐，散发着金黄色诱人色泽的大饼。我打算用苏州话和阿公打招呼。"要一张甜大饼。"阿公侧耳旁听，努力想分辨，最后做了一个失败的表情。这时我不知所措了起来，手搭在衣袖处，不知该怎么办。"讲普通话吧！"那个胖胖的阿婆慈祥地看了看我，露出了灿烂的笑容，周围的皱纹松松堆叠在一起，我从刚刚的尴尬中回过神来，心中一阵喜悦："哦，我要两张甜大饼。"语音刚落，另一个阿婆就已经取饼、装袋、找钱了。动作娴熟利落，一气呵成。看着刚才阿公阿婆从容不迫、神态自若的一连串动作，我想这应该是他们生命中不可缺少的一部分了吧!

于是每天早晨,我都会去那个饼摊。此时的意境,最主要的并不是那甜甜的大饼,除了冬日里那一份取代寒冷的热气,更多的是一批批客人在一摊前形成的那一团圆滚滚的和气。

过了一段时间,当我再次去那家饼店时,当初的阿公阿婆已不在。换了几张陌生的面孔。这仿佛是影片中几个熟悉的主角被换了,对每个人来说,心里都有点怅然若失。他们的笑容没有那么灿烂,但依旧很和善。我依旧要两个甜大饼。但他们似乎听错了,我摇了摇手:"叔叔,我只要甜大饼,不加油条。"这时他不好意思地把油条从袋中取出,让它们滑稽地倒躺在铁篮中,然后递给我。我端详了眼前的这个年轻人:中等身材,橙色的运动衫,一张稚气未脱的脸。他拿饼的姿势、找钱的姿势都显得那么笨拙,显而易见是个初出茅庐的新手。

回家的路上,我开始疑惑起来:阿公阿婆是不干了吗?他们辛苦了大半辈子,是应该好好享受晚年之福了。而刚刚看到的那几个年轻人,也正在闯荡。这让我想到了阿公阿婆年轻的时候,或许也是这样。但他们通过不断的努力与实践,最终将这项平凡的工作成为生命中不可缺少的一部分。想着想着,不觉加快了回家的脚步……

第二天,我又一次去了那家烧饼店。烧饼店有了新的名字,叫"潘氏烧饼店"。此时又是一片熙熙攘攘的人群以及围绕着人群的那团圆滚滚的和气。旭日高升,冬日的阳光把五个烫金的大字照的熠熠发光,阳光洒满了整棵香樟,照亮了每个人的脸,照亮了前进的路,也照亮了梦想……

嚼着热乎乎的甜大饼,沐浴着晨曦,走在前进的路上,冬日的阳光愈加甜美……

(辅导老师:陈燕,获相城区第十届"中学生与社会"作文大赛三等奖)

冬日的阳光是甜的

2010 级高中 2 班　惠梦姣

时间转瞬即逝，当人们还在抱怨夏日酷热难耐时，冬天已悄无声息地步入了我们的生活。

放眼望向大街，当初清爽的夏装已被厚重的冬装所替代，每个人都像寄居的螃蟹一样，把自己藏在由厚重的衣服搭建起来的壳中，不让一丝凛冽的寒风侵袭自己的身体，每张脸上都带着想急切找到一个避风港的渴望。唯有太阳，无论季节怎么变换，依旧不辞辛劳地站在它的岗位上，向整个世界散发出光和热。

冬日的阳光，不同于夏日的阳光。夏日的阳光仿佛永远都不会累，一整个白天都充满激情，空气中弥漫着浓烈的辣味儿。世间万物都被它的威力所震慑，纷纷都耷拉着脑袋，祈求夜幕的降临。而冬日的阳光则是柔柔的，仿佛是一股暖流，缓缓地流淌过我们的身体，整个人仿佛是浸润在温泉之中，缓解了身心的疲劳，这是何等的惬意啊！闭上双眼，深深地吸进一口气，阳光好像随着空气一同被吸进了胸腔，整个胸腔充斥着空气的味道。其中还夹杂着一丝阳光的气息。细细品尝，嗯……有一股股甜甜的清香弥漫在胸腔之中，或许，这就是冬日的阳光的味道。

闲暇时光，只要有太阳，家家户户就会把被子、衣服拿到阳光下晾晒。让它们沐浴在阳光之下，抖去一身的寒冷。晚上窝在被窝里，仿佛还能在被子上感觉到阳光留下的余温。暖暖的，还能闻到阳光淡淡的清香，甜甜的，一切都是如此舒坦。

冬日的阳光仿佛是具有魔力的魔法师。只要它轻轻地挥动手中的魔法棒，世界就好像沉浸在糖果的包围中，到处都充满着甜味儿。阳光洒在水面上，给湖面披上一层金色的薄纱，仿佛是怕湖水挨冻似的，微风拂过水面，漾出阵阵涟漪。阳光好像被打碎了一般，湖面上漂浮着成千上万个阳光的碎片，它们随着河流向四处飘洒,把自己仅有的光和热传递给世间万物,让万物都能感受到它甜蜜的气息,分享属于它的甜蜜。绿色植物好似感觉到阳光热情的给予,纷纷高昂起绿油油的脑袋,贪婪地吸取阳光所给予的甜蜜,它们认为只要靠近阳光,就能拥有最多的甜蜜。于是它们不停地向上生长着,与其他绿色植物竞争着,不愿与它们分享阳光的甜蜜。因此,田野里就出现了越发挺拔的植物,农民伯伯脸上也挂满了甜甜的笑容,眼睛里洒满了阳光的身影。看,那是阳光在施展魔力呢!

冬天又来临了,你闻到冬日阳光的味道了么?

(辅导老师:傅健,获相城区第十届"中学生与社会"作文大赛三等奖)

年 龄

2012级初中2班 陆晓婷

不经意间,秋翩然而至。悄悄地,将整个大地笼罩在秋的气息下。

清脆的鸟鸣拉开了早晨的帷幕,在大地和天空相接的地平线上,新升的朝阳染红了东方,略带一丝凉意的晨风袭面吹来,让人神清气爽。空气中夹杂着泥土的气味,给人一种湿润润的感觉。

我晃晃悠悠地散着步,不觉之中来到了湖边。我望见一张长椅,上面落着几片落叶,微微抬头,长椅旁边长着一棵年迈的树。

树叶已然变得枯黄,似乎风一吹就要落下来似的。粗壮的树桩已经千疮百孔,仿佛记述着它历经了虫咬和暴风骤雨,记述着它曾经的辉煌。

我轻轻地走上前去,拾起一片落叶放入手心,一片心形的树叶,边缘参差不平,中间有着一个个大小不等的圆孔,那枯黄的颜色象征着它生命的终结。

　　一阵风吹来，它缓缓地从我的手中升起，随风在空中飘荡。风停，叶落。

　　隔着湖的是一亩亩庄稼田地，放眼望去是一片金灿灿，几个中年男子手中拿着镰刀，正兴高采烈收割着庄稼。沉甸甸的庄稼装载着丰收的喜悦，那庄稼似乎也是充满了生命的活力。

　　耳边传来几声欢快的嬉闹声，转身望见一群充满活力的小孩。他们正蹦跳着向前跑去，手中各拿着一根棒棒糖，那稚嫩的欢笑声和背影彰显着他们的无限生机。

　　我目送着他们的背影逐渐远去，返身坐回到长椅上去。

　　就在这时，远处走来了几个老者，我仔细地打量了他们：瘦瘦的，皆是一头花白的头发、朴素的衣着，都有一种仙风道骨。他们正在谈笑着，脸上挂着慈祥的笑容。

　　他们一同停了下来，排成一横排，各自伸展着手臂和腿，像是做着热身运动。果不其然，过了一会儿，他们就打起了太极拳。

　　那熟练的动作，那挥动着身体的身影，让人见了之后似乎忘了他们本来的年龄，因为此刻他们正年轻，他们充满活力。

　　我注视了他们一会儿，站起身来，任清爽的风抚摸着我的全身，任温暖惬意的阳光照耀着我。

　　此刻，我的每一个细胞也都充满了生命的活力。

　　我抬头望了望已经升得很高的太阳，然后又坚定地向前走去……

　　（辅导老师：赵亚萍，获相城区第十三届"中学生与社会"现场作文大赛二等奖）

年 龄

2013级初中2班　马文彪

　　年龄，一个平淡的字眼，却记录了我成长过程中的酸甜苦辣。

　　小时候，我对年龄的印象很朦胧，只好依偎在妈妈怀里问她。妈妈微笑着："你的年龄增加一岁，就意味着你更懂事，更听话了。"我总是似懂非懂。

　　现在，我将年龄当作一种磨炼、一种改掉缺点的机会。

　　记得有一回，妹妹被凶猛野狗吓得快哭时，向来怕狗的我不知从哪来的勇气，一下子拿石块将野狗赶跑了。这让我愣了好一会儿。

　　我也把年龄看作责任，长大的表现。

　　去年的一个夏天，妈妈兴许是太操劳，发烧了。她的额头上渗出细细密密的汗珠，面色红烫。我急得像热锅上的蚂蚁。爸爸出门了，我又送不了妈妈去医院，该怎么办呢？突然，我眼前一亮；家里不是有药吗？我便扶妈妈去卧室休息，自己翻箱倒柜起来。"找到了！"我欣喜道，又不忘看看说明书，"成人每次服用3片……"我把药片、温水端进妈妈卧室，扶她起来吃药，顺便削了个苹果放床头。等妈妈入睡时，我轻轻关掉灯光，走出房门。顿时，心中涌起一股暖流。

　　年龄，也是流逝的岁月。

　　蕾，是我第一个朋友，也是最好的伙伴。儿时，和她嬉戏玩闹的情景仍浮在眼前……可惜岁月如流水。如今，我和蕾已是中学生了。愈来愈繁重的学习压力，使我们再也不能去重温童年美好的回忆了。它们已化为时光的碎片，永远封存在我们内心深处。渐渐地，渐渐地，越积越多，拼凑成一个个完整的音符，奏出我渴望重返幼时的乐章。但我知道，这只是一个失去昔日活泼之力又脆弱的愿望。

年龄还是逐步走向的成熟。

我从一个无知的孩童变成一名中学生,这中间包含了我最大的努力。记起小时候自在无忧的样子,不禁哑然失笑。可一想到现在中学生的自己,又觉得是那么来之不易。它的过程需要付出,需要勤奋,需要希望和耐心。它不是鲜花盛开的大道,也不是枯枝败叶的小径,它只是一条路,一条平平淡淡的路,有泪水,有欢笑……我相信,沿着这条路走下去,就能寻到天使的羽翼。

年龄,一个普通的词语,却记录着我的一点一滴。它是那样抽象,而又显得那么真实。它是我的爱、我的伙伴、我的一部分,一部分的我……

它是支神奇的画笔,为我勾绘出灿烂美妙的人生。

(辅导老师:裘丽萍,获相城区第十三届"中学生与社会"作文大赛三等奖)

年 龄

2013级高中6班 赵凯华

时光夺去了他的乌发,深刻的皱纹便是痕迹,岁月削瘦了他的身躯,嶙峋的脊背便是证明;年龄拓宽了他的见识,曾经的遗憾便是烙印。年龄又影响人与人的距离和爱的方式。

年龄——改变了我与父亲的关系。

依稀记得父亲第一次抱我,一双粗糙而有力的大手将我抱起,紧贴他的胸怀,丰硕的肌肉显得他如此强壮,觉得有一股暖流涌上心头,后来知道那是安全感。

渐渐开始懂事,父亲对我的要求变得严格了,虽然常常挨打,但哭完之后仍然没心没肺地笑着,也许还不知道什么叫讨厌,什么叫恨。有时看见父亲高大的背影,心中无比激动,觉得父亲是世上最强的人，与他相伴，我不怕黑暗，不怕孤单。心中默默许下心愿：将来要成为家中的顶梁柱，要成为和父亲一样的男人！

初中时我个头猛地窜了上去，不久便觉得父亲其实也没有什么，并非那么厉害，并非那么伟岸，叛逆心理随年龄增长逐渐产生，与父亲交流越来越少，对于父亲的命令，要么装作没听到，要么"反其道而行之"。无论我做什么，父亲似乎都不在乎，有时甚至向往父亲能打我，我深深地感受到了年龄把我与父亲之间的距离拉远，无数道透明的墙树立在我与父亲之间，任凭我怎样嚎叫，"对面"的父亲仍毫无反应，这可悲的隔膜加重了我的叛逆之心。

"父亲整天忙着自己的工作！"

一天，父亲带我出去，本以为是出去玩，不料是见同事，我以为父亲仅仅在和我开玩笑，毕竟明天就是我的生日，他怎么会忘？他一定想看我醋坛子打翻，来取笑我，我心想。见父亲与同事谈得开心，我便没有插嘴，就这样到了中午，同事回家了。我终于按捺不住心中的激动，问父亲："明天是什么日子？！"我的双眼瞪得溜圆，心跳在不断加速，父亲也有些喜悦，脸上挂着一丝微笑，支支吾吾："明天，明天……明天，不知道。"我激动的内心瞬间冷却下来，像冰块般摔在了地上，碎得是那样彻底。两行眼泪从眼眶中流出，扭头跑远……

我觉得与父亲的关系越来越差，他仅仅为了他的工作，心里并没有我。

那回我哭了一整夜。

清晨起床，父亲端了块蛋糕进来，我的心就如同奶油般的苍白，五彩的水果似乎被我的眼睛过滤，一切都显得那样惨淡……

不知过了多久，这块心中的伤疤渐渐愈合了，我似乎理解了父亲，懂得了男人的不拘小节，我意识到父亲带我出去见同事是因为他以我为傲。父亲整日操劳在外，事业上并没有想象的一帆风顺，但是他从未抱怨过，再苦再累他也用肩膀撑起了这个家，在他的笑容背后，我知道那是不敢想象的艰辛，但他却从未让我知道，因为他爱我，他爱这个家！

我终于理解了这份伟岸的父爱!

也许父亲并没有变,他依然对生活淡然,依然用肩膀撑起了这个家,改变的是我对父亲的理解。

也许父亲变了,他头发早已花白,粗糙的脸上刻下了皱纹,不变的是我与父亲之间的爱!

我悄悄地推开了父亲房间的门,走到了他旁边,看到他花白的头发,一丝心酸油然而生。

(辅导老师:王先猛,获相城区第十三届"中学生与社会"作文大赛三等奖)

年 龄

2012级高中3班　高佳佳

顾城诗云:你一会看我,一会看云,我觉得你看云时很近,看我时很远。

——题记

我又一次重重地踢上房门,将母亲给隔绝在外。房门隔绝的是这样子的"两代人"吗?"两代人"之间心生的嫌隙无疑就是年龄与阅历的差别。

我坐在窗前,缄默着,拿起手中那只像是会说话的笔在纸上写下"年龄"这个题目。脑海中浮现出那天的情景……

那一天,我穿上了新买的衣服,去见一位从未谋面的朋友。不错那位朋友就是我的网友。会面时,站在我面前的是那样一个阳光的大男孩,总之我是没有看出来他有半点母亲所说的不堪。我只觉得我与那位网友根本就是志同道合的人。于是,那么一个阳光暖人的午后,我们背靠背地坐着,共同畅说我们的理想和所要追求的梦,一个下午,相谈甚欢。

分开的时候,我们互相送了礼物。

可仅仅是这种普通而又平凡的关系,在母亲眼里也是不认可。因为我与母亲相差了近三十岁的年龄,造成了我们沟通的不畅。

快到吃晚饭的时间了,我怀着忐忑不安的心情打开家门,门虚掩着,屋子里是黑暗的,顺手开了灯。映入我眼帘的是母亲坐在桌前,桌子上摆着热腾腾的饭菜。

我想过去讨好母亲,"妈,我回来了,今天出去见网友了。看,我给你带回了巧克力。"

还没等我说完话,母亲像是突然受了什么刺激似的,一下子从椅子上跳起来,朝我大声嚷道:"你说什么,你竟然敢一个人出去见那种不三不四的人!你是个女孩子!那种社会上的不三不四的人是你该见的么!"母亲中了邪火,一把夺过我手中的巧克力,重重扔到地上。

我再也遏制不住火气,从母亲身边大步地走过,一脚重重地踢上房门,像是把我所有的怨气都撒在门上……

现在,我凝视着纸上写下的"年龄""代沟",方知刚才太用力了,竟将纸都戳破了呢!

夜幕已经低垂,天边的上空有几颗星星点缀,几丝凉风从窗户中透过,凉意阵阵。

其实,我想我的母亲还是爱我的。过去的种种像是在放电影一般,在我的脑海中作短暂的停留。

有一次,我对母亲说:"妈,我们家对面开了一家理发店,理一次才二十块钱,你去吧。"那时候,我的母亲对我说:"根本用不着,老街上的那家才五块钱,妈给你钱,你去吧!"

那条街离我家有好几千米的路程,我忘记我当时接过那二十块钱时,心中到底涌上多少酸楚。

因为年龄的问题,我和母亲之间有了一层厚厚屏障,这道屏障的名字叫作"代沟"。

只是爱如禅,毫无声息。

今夜的月亮是残缺的，或许几晚之后，它将放出无限的光芒。

又一个高音弥漫的月夜，月华如练，我掩卷思存着……

这道因年龄的差异而产生的嫌隙终究是被逾越了，这就是了无声息的爱。

我打开房门，看见坐着的母亲起来朝厨房走去。

没有跨不过去的"代沟"，只要有爱，希望不会泯灭的；年龄，其实不是问题，真的。请珍惜身边的爱和爱你的人吧！

（辅导老师：顾妍妍，获相城区第十三届"中学生与社会"作文大赛二等奖）

遇见一本书，流泪
——读杜拉斯《八〇年夏》有感

2013级高中7班　高佳佳

世界上最触动人心的东西，其实是人们的命运。很多时候，人们因为命运交替而相识，又有很多时候，因为命运交错而分开。

1914年4月4日，一个具有传奇艺术魅力的女作家出生于印度支那，父母亲都是普通教师，1921年她父亲去世，也因此，她的童年生活动荡不安。为大家所知的是，这的确是一个传奇的女子，她一生都追求浪漫的爱情，为其醉，为其痴迷。她年轻时，在巴黎法学院读书，漂亮而放荡，浪漫史不断。即便很多年过后，当她年近古稀，昔日风韵荡然无存，酗酒，怪癖，乖戾，人人都是敬而远之。年仅27岁的中国留学生扬·安德烈亚仍然为她疯狂，沉醉。

不可能的爱情和她对爱情的追求，是她作品的重要主题。这样以罗曼蒂克为毕生追求的女人，其名字叫作玛格丽特·杜拉斯，我们心中永远的杜拉斯。

《八〇年夏》这是一本随笔集,内容包括雾、风、孩子,又有波兰格但斯克工人罢工、莫斯科奥运会,主题多样。

书中阐述一个又一个感人的故事,没有结果,只留下自己与自己的无穷尽对话。捧起书读的时候,仿佛能依稀感受到从黑白老照片散发出的感伤。这本身或许是遥远的,海峡和随着地中海的潮起潮落所上演的所有是与非也依旧如此。也许,所有的一切都是自己的一番臆想。

其实,喜欢杜拉斯,不需要那么迂回——走遍千山万水,历尽辛苦,只为寻找一个值得自己喜欢的理由。喜欢杜拉斯的人,几乎都是一见钟情。从遇见到入迷,短暂的,瞬间的,一本书,几行字。她的文字气质——世界末日般的绝望,果断刺向痛处的尖利;她的春天般的欲望,她的残忍,她的无穷无尽的苦痛,随时随地发酵回忆、酿造故事、永动机般的大脑处理装置……她的所有,都成了一种无法抵御的吸引。

合上书本,发现阅读是一个痛苦的过程,或许法国小说家总是有这样一种特质,要么大仲马似的快意恩仇,要么就是贝松、杜拉斯小说这样的没有结果的故事、无穷尽的对话。或许触及心灵的故事往往都是没有那般轻松畅快,总会伴随着焦灼和挣扎。

远离喧嚣,沉湎于回忆、诉说、重复、想象、喝酒、写作,就是杜拉斯。处在失语和唠叨的两端,处在理性和疯狂的两端,处在自我和谦逊的两端,处在迷茫和清醒的两端,就是杜拉斯。除了爱之外就不存在故事。写作,是爱。回忆,是爱。伤害,是爱。编造生活,是爱。投身政治,是爱。飘荡,不安,绝望,焦虑,无不是爱的衍生。

人生是一种无法抗拒的前进,总是在走过一程又一程后又走向一个又一个的未知。我们心中永远存在的杜拉斯,她以她自己最放荡不羁的姿势扎植在我们的心房。

附注:全篇一千多字,超过给出的硬性要求,但是一本好书不应有任何局限性,如果只是千篇一律的常规名著的书评的话,那么比赛会少去很多意义所在,我以为此次书评大赛意为挖掘更多好书,更多不为人知的好书。杜拉斯的人生观也许不为寻常人所认可,但是她有真性情,她的追求值得后人深思。谨以此书评,献给心灵纯真的永远的杜拉斯。

(辅导老师:顾妍妍,获 2014 年苏州市"我最喜爱的一本书"书评大赛高中组优秀奖)

分别后的第三十八年夏至

2012 级高中 1 班　周怡雯

"你说过要带我去台湾……"

一

她从小生活在农村,母亲是名戏子,教会了她唱曲儿。18 岁,她怀揣着美好的梦想只身一人来到了纸醉金迷的大上海。

他是一名军官,迫于无奈跟随蒋介石多年。那年,他从南京领命和师长一同去上海执行秘密任务。

那是 1949 年年初。

二

戏园子里的气氛不似往日轻松。看客们都有意无意地看向上座上坐着的两名身着国民党军装的男子。很少人专注地看戏台上演的"霸王别姬"。

"这天下怕是要定了……"他吹了口茶,幽幽地开口道。

"蒋委员长已经在重庆方面做好了准备,时刻准备动身。"另一个男子说,"项羽还是打不过刘邦啊……"

幕落了,虞姬自刎,项羽四面楚歌。

"好!"刚刚说话的男子大喊着鼓起掌来,底下的看客也像是迎合着叫好。

三

"咿呀——啊——"后台还有戏子在排练下一场戏。大家忙得手忙脚乱。

她呆呆地坐着铜镜前,好似还不打算卸掉一身装束。

国民党统治区接连失守,蒋介石节节败退,连喘气的机会都没有。

"哎……"她叹息道。

"叹什么气啊。今天看客这么多,金子银子白花花得流进来,我是笑得合不拢嘴呢……"旁边的花旦向她摆摆手。

她想,狼烟烽火的日子就要消停了。诚然,大家都是期盼着的。然而对她而言,国民党垮台,他就要随蒋介石退守,到那时,又要叫她何去何从?

她不禁想起昨晚问他的事来:

"照这情形,中国迟早是共产党的。今后,你打算怎么办?"

他沉默不语,隔了好久,像是下定决心才开口道:"蒋委员长打算退守台湾,好多将领都会尾随过去。我跟着师长,也在名单里。"

她像是中了什么咒,顿时缓不过神来。"那……我呢?"

"我向上级申请一下,带你过去。"

她不知如何接话却鬼使神差地点了点头。

"有人找你。"旁边的人推了推她。她望向门口,看见面无表情的他,缓缓地走了过去。

"下个月我要去趟成都,你准备准备和我一同去吧。"

刹那间,她觉得大难临头了。

四

他先去了成都,临行前嘱咐她快点动身。而她却从未想过要离开大陆去往任何地方。

日子一天天逼近,上海大街小巷里都传来"南京国民政府注定垮台"的消息。她害怕着,期待着,妄想着,苦等着。她渴望这只是一场戏,落幕了,就什么都结束了。

最后，她终于决定去成都。可是等她到了成都，却听到"南京国民政府垮台，蒋介石退守台湾"的消息。她知道他离开了，她知道她永远都在戏里出不来了。

五

她在大陆，他在台湾，他们隔海相望；她在戏里，他在戏外，他们再无瓜葛。

那是1949年年末。

尾声

1987年，上海。

从台湾回来的轮船上人潮拥挤，岸边更是人头攒动。人们挥舞着手臂，大声呼喊着"回来了——"甲板上一个年过花甲的老人风尘仆仆地随着人潮下来。

他去过了原来的戏园子，园长惊诧着反问他怎么没有带着她。他向她的熟人打听，几乎走遍了上海才知道她的去向。

烟雨濛濛，淅沥的雨声歌不尽人世的悲欢惆怅，催人心肝，断人魂，泪如雨下。他在上海边界的一个小村庄里见到了她——一方矮矮的坟。

远远地，他看到一个七旬老人在上坟，便上前询问。

老人回答说："这是个苦命的女人。她是个戏子，又是个疯子。我在码头上遇到她时，她穿着一身戏服，嘴里'咿咿呀呀'地唱着曲儿，遥望着南方，像是在等谁。我见她可怜，就把她带了回来。可谁知她一离开上海就郁郁寡欢，更奇怪的是直至死都未曾脱下过那件戏服。一定是个疯子，不然怎么可能分不清戏里戏外呢？"老人像是惋惜似的叹了口气，又道："我总是在想，她应该是在等台湾方面的人吧。唉，可怜人呐……"老人摇摇头，蹒跚着回去了。

他何曾想过她会落得如此下场，他又何曾想过当年一别竟是38年。他日日夜夜关注着大陆的消息，从新中国成立到改革开放，直到台湾允许探亲才回来。怎料想会是这样的天人永隔？

他想说的话，他想诉的情，全都哽咽在喉咙里，只得说出四个字:"我回来了。"

(辅导老师:杨耀娟,获相城区"正气相城,红色记忆"清明祭文大赛高中组二等奖)

又是一年

2012级高中3班 曹 鑫

依旧是灰蒙蒙的天,依旧是灰蒙蒙的雨,依旧是这方矮矮的坟。又是一年清明。

雨密密地斜织着,织成一方厚厚的雨布,遮住了天,遮住了地,沉沉地压在心头,似乎万物都被这雨染成了灰色。远远的那抹星星点点绿色刺入我的泪眼,是柳。

清明时节的雨,飘洒在柳枝那刚长的新芽上,把它们都变成一个个嫩绿的泪眼。

起风了。雨丝凌乱了起来,却扯不住我脑中的万千思绪。那一刻,时光仿佛迅速流转,停留在那一刻——我依偎在你的膝旁。

阳光如棉絮般,软软地、散散地飘下来,轻轻地落在我的背上,我如同一只小猫,正趴在你的膝上睡觉。你的膝盖上有一块补丁,我便把它当作我的花布枕头,我微眯眼,阳光下,你只是淡淡地笑着,于是我在你的轻拍下,又睡去。我梦见你笑得像颗太阳。

微微的风中,阳光似在柳枝上跳舞。

你还记得那次吗?不知是犯了什么错,爸爸"狰狞"地向我扑来,我哇哇地哭着跑着,朦胧间,我望见了你,你张开了双臂,依旧是那样淡淡地笑,我便奔着跳入你的怀中。我似乎太用力了,明显地感觉到你受过伤的腿"咯噔"地往后退了一步,却又依旧抱紧着我,笑问:"我帮你揍他,可中?"说完,又"呵呵"地拉着我向堂屋里晃去,刹那间,我拽紧了你的衣袖,哭得更凶了。

雨噼里啪啦地砸向大地,砸起了地上积攒已久厚厚的尘埃,我躺在你的怀中，望见了，雨中，柳枝儿似在颤抖……

你可知道？我很想你，很想很想。我想念你的膝盖，想念那个花布枕头，想念你烧的微咸的饭菜，想念你与我说起的渡江故事，想念你那安稳的怀抱，还有，那棵你陪我一起栽的柳。

雨渐渐地停了，柳枝儿被洗得透亮，又是一年清明，我依旧坐在你的身边，这矮矮的墓旁。柳叶儿只是静静地低垂着，不时滑下一滴雨水，如同一颗晶莹的泪。

太奶奶，不知你在天国的这十年来过得可好？是不是又见到了当年的战友，是不是又说起了往昔的峥嵘岁月？可是于我而言，远离硝烟战火时的您是我这辈子最美的回忆。我愿意让这雨水伴着我的泪水蒸发，托着我沉沉的思念，夹一丝淡淡的柳丝儿的味道，一并送往天国的你。

又是一年清明，我还在。

（辅导老师：周霞桥，获 2013 年相城区"正气相城，红色记忆"清明祭文大赛高中组三等奖）

二 下水作文

(一) 诗 歌

又闻桂花香

高中语文组　糜慧芝

漫步校园　窸窣有声
飘落花朵几星
上下通明的教学大楼
传出　镇流器的嘶嘶声
这样的夜晚
夜空格外高远，时轮格外悠然

不！有浓郁、有强烈、有冲击力的
桂花香　甜甜蜜蜜黏黏
缠身扑鼻沁心……
桂花香　满满漫漫曼曼
满园满地满空……

如烟如梦
那弥漫的甜香唷
是思绪，纯真而悠远
闻香的人唷
从学生变成了老师
由老师返回到学生

洁白的梦

高中语文组　糜慧芝

洁白的梦里……
出窍的灵魂　在夜雨中飘荡
被淋湿的梦，依旧渴望飞翔
穿过草原、沙漠
飞越高山、云端

在潮湿的空气里漫舞
与尘埃相遇，跌落大地
与落叶相遇，随风飘零

终于，邂逅了你
与梦同行
如此切近，如此遥远
如此熟悉，如此生分……

夜雨初歇
美梦初醒
我仍是一只蚕，无能飞翔的

只为来世能遇着梦中的你
今生才甘愿做一只孤寂的蚕
在洁白的梦里
等待着你……

那就是我

高中语文组　糜慧芝

你从黑夜里走来
闪闪烁烁　那是你的眼神
你款款的步子
轻盈而稳重

如果你我的相遇　不会有
心的离别
如果你我的爱恋　能经受
千锤百炼

我愿把我所有的爱　积淀
为你酿一潭
柔情，徐志摩笔底的
春江秋水的柔波里
定然有我的脸庞　明净如水

你若决意亲近
请掬起水中的明月吧
那就是我
镜般的眼睛　诗般的唇

选择的代价

高中语文组　王　沂

做每一个决定
我都很慎重
努力让自己将来不后悔，没有遗憾
可是不管当时怎么的努力，怎么的坚定
可还是不可避免地犯下了许多错误
让后来的我后悔万分

有时候想
如果当时做出的是另一种选择
会不会比现在好
是不是就不会后悔了
是不是就没有遗憾了
然而
时光无法倒流
历史没有"假如"

有些错误所造成的后果
也许还可以弥补，可以挽救
可是有些错误，一旦铸就了
便注定要成为一辈子的伤痛

生活告诉我们：
选择须三思　慎之慎之再慎之……
选择须心声　聆听聆听再聆听……
做出的选择

前有刀山——上
明知火海——跳
我们都要为自己的选择负责
勇敢地走下去
——这，就是你"选择"的代价

但愿失忆

高中语文组　王　沂

我以为只要自己绝口不提
只要让日子继续过下去
我就可以忘记
那些过去的回忆终会埋入心地
最终成为一个古老的秘密

无眠的夜
心尖的伤
证明自己原来根本不曾忘记
所有过去的点点滴滴
美好的，痛苦的
都浮现在眼前

一遍遍告诉自己
不要去想，不要去想……
可是无法控制
似乎所有那些曾忽略的，以为遗忘的

在这一刻如决堤的潮——漫溢心堤
一发不可收拾一片汪洋恣肆

又如电影那般
一幕幕不断重现，不时还有特写
反反复复昼昼夜夜
直到把自己弄得形销骨立

我不想让心哭泣
可是又怎么面对这伤心的故事
昨日之日不可追
今日之日独伤悲
换得天蓝水碧月朗气清
过去　刷新刷新刷新……
但愿我失忆

秋　暖
——湖边遐思

高中语文组　王丽丽

秋日　步履柔绵
憔悴的眼神
那是湖中粼粼的波

草地　容颜枯黄
蜷缩的身子

那是躲进干草的落叶

簌簌作响　秋风与秋草秋叶在呢喃
轻轻摩挲　秋水与秋阳秋堤在嬉戏

一阵秋雨一阵凉　谁说
秋风扫落叶　何妨
物我同化天人合一
好一个秋啊　依然是
——暖

情寄槐花

天水军分区原副司令员　　陶剑雄

五月的母亲河畔
军营里
乳白色的槐花香溢十里八乡
忆当年
紧绷着一个执着的梦想
带着黄土高原的豪放和粗犷
奋战在积满瓦砾的坟场
随着幢幢拔地而起的营房
满园槐香时刻为长城添彩
啊，飘香的槐花
你镌刻在战士心界
荡漾在百姓心房

五月的母亲河畔
　　军营里
　　乳白色的槐花香溢十里八乡
　　看今朝
　　坚韧中撑起　缕缕槐香
　　辉映在祁连雪峰与现代兵器的徽章上
　　艳不过牡丹　香不过玫瑰　存活却诠释着顽强
　　体验着痛楚　挑战着死亡　扎根在干寒的沟坎路旁
　　茂密的枝蔓孕育着所有的希望
　　啊，飘香的槐花
　　你镌刻在战士心界
　　荡漾在百姓心房

　　五月的母亲河畔
　　军营里
　　乳白色的槐花香溢十里八乡
　　展未来
　　满园槐花见证着铁骨衷肠
　　传承着风霜雕琢的悲壮与辉煌
　　代代军人誓在这里齐聚能量
　　支支队伍因你的气量丰溢八方
　　卧羊圈　睡牛棚　已是铜锈中泛黄的诗行
　　如今仍有忠诚悍将亮出热血满腔
　　啊，飘香的槐花
　　你镌刻在战士心界
　　荡漾在百姓心房

（作者为我校 1972 届高中毕业生，2011 年 7 月 10 日因患肝癌逝世。本诗写于 2011 年 5 月，即其逝世前两个月，由此足见陶剑雄校友和病魔斗争的意志及对部队、百姓的情怀）

电脑重启

化学组　庄德刚

重启　电脑
黑了
显亮了
又黑了
又显亮了……
明亮—黑暗—暗了又明
一如我的思绪
是焦虑？是亢奋？
是惆怅？是沉着？
是迷惘？是坚定？
生活—工作—未来
一如我的步履
是暂停？是前行？
是轻点？是重踩？
是稳步？是腾飞？
不要怕——我不怕
我自有我的坚强
电脑　重启
屏幕——终究亮了！

谒马鞍山抗日烈士墓

历史教研组　华建明

寂寂深林白玉栏，翩翩美鸟共清欢。
一陵风雨连苏鲁，万丈波涛涌马鞍。
报国魂归龙柏冷，思亲泪落石碑寒。
百年心事何时了？认取长戈壮胆肝。

获《纪念抗战胜利七十周年》邮集有感

历史教研组　华建明

老年心绪乐翻哀，泪湿新邮数十枚。
劫里江山漫碧血，炉中世界散黄埃。
百年英烈魂安在？十万雄师恨晚来。
今日重差青鸟使，早将喜报望乡台。

巢湖三首

历史教研组　华建明

其一

谁筑鸟巢崇岭间？瑶池碧玉武陵田。
未能抛得姑苏去，枉负天工十万年。

其二
势若奔雷猛兽惊，人言江水最无情。
此归东海无多路，总到南巢歇一程。
其三
当年曾是旧沙场，怨女征夫泪未央。
一片秋波莫轻泻，翻江倒海没扶桑。

街头琴

历史教研组　华建明

万家灯火上楼台，何处琴声魂欲摧？
瘦削脸庞干瘪指，要将夜幕拉回来。

花果山

历史教研组　华建明

不取真经誓不还，九秋寻迹四灵山。
僧庵籍隶阴阳外，佛塔名闻神鬼间。
碧水连天云缭绕，青峰拔地鸟登攀。
一帘珠玉无人卷，也学猴王此坐关。

题破山寺次常建韵

历史教研组　华建明

微风上松岭,丽日映丛林。虎阁云烟薄,琴川塔影深。
潜鱼谁与乐,栖鸟佛同心。不入清凉界,哪知天籁音?

中秋咏嫦娥

历史教研组　华建明

皎洁中霄月,西风万里情。
那堪长夜黑,难忘大圜明。
金桂亭亭立,秋香袅袅生。
怜君一修道,不复听鸡鸣。

吊钱公柳君因嵌"青云得路且回头"

历史教研组　华建明

漫道红颜多薄命,一从才子竞风流。
樵山渔水鸳鸯墓,岩影滩声鸾凤俦。
红雨化尘休叹息,青云得路且回头。
倘如遗老今犹在,春暖江湖但放舟。

登 高

历史教研组　华建明

西风萧瑟动清襟,两鬓秋霜玉露侵。
树密山高谁壮胆,花黄水碧自倾心。
一身老骨终非铁,几缕残阳却是金。
柜草路旁虫唧唧,霓虹灯下夜沉沉。

咏 梅

历史教研组　华建明

西风萧瑟动清襟,两鬓秋霜玉露侵。
树密山高谁壮胆,花黄水碧自倾心。
一身老骨终非铁,几缕残阳却是金。
柜草路旁虫唧唧,霓虹灯下夜沉沉。

香雪海

历史教研组　华建明

登高试一呼,春色逼双眸。
岭树湖天合,坡光日月纤。
花颜染红壤,香气沁青壶。
暮遇辽阳客,问梅结果无。

春 水

历史教研组　华建明

众人皆北上,惟尔向东流。融汇千山雪,飘摇一叶舟。
泉声时入耳,草色最迎眸。不学无根水,枉为儿女愁。

探 春

历史教研组　华建明

料峭桃园里,花开四五枝。
含苞吐琛玥,放蕊妒胭脂。
一夜熏风起,三春细雨滋。
莫忘梁苑好,早日列瑶池。

海棠花

历史教研组　华建明

三朝不见玉颜颓,一路婆娑为孰开。
叶绿空翻迷蝶影,桃红尽落美人腮。
风风雨雨皆成劫,缕缕丝丝总是灰。
终被红尘收拾去,未能迎入户中来。

送彭兄之湘

历史教研组　华建明

寒山雄峙压苏州,临济香烟数一流。
佛石金身余晋迹,湖光塔影占吴头。
拜来细雨难留客,呵去清风不送舟。
千里潇湘雁飞远,更堪钟磬冷幽幽。

游花山

历史教研组　华建明

久已困围城,野花皆莫名。高崖多鸟迹,古木少蝉声。
山自眉间绿,风从心底清。流连幽涧水,只为一身轻。

游树山

历史教研组　华建明

萋萋香草路,山半独萦回。
蛙鼓稻花动,鸟衔天镜开。
沧浪生石雨,绿被覆村苔。
最解采茶女,冰肌倾玉杯。

望中六十大庆有怀

历史教研组　华建明

笔墨最相亲，园圃六十春。
精裁夏逸枝，巧剪冬孕芽。
举笔权作剪，染墨当桃红。
他生如有约，更作望中人。

采桑子二首

1985年调离教师　蒋瑞琮

其一
三十五年站讲堂
不在故里
而在他乡
成败功过任评量

七十六载人生路
穷也安详
达也安详
无愧无悔赴天堂

其二
是非曲直皆有理
空谈误国

实干兴邦
百年荣辱岂能忘?

天道运行自有常
不谀尧舜
不惧商汤
逆者消亡顺者昌

望中六十抒怀

2003年退休教师　周易铭

开启尘封记忆,穿越时光隧道。
回味峥嵘岁月,无愧无悔今朝。

建校六十感怀

望亭中学创始人　路仲导

建校至今已六十,桃李中华遍足迹。
青春年华已消失,点滴往事刻心骨。
世事变化难探测,民族素质必定夺。
兴办教育成共识,民富国强成规律。
耄耋之年再执笔,心潮澎湃难平抑。
创新办学靠合力,人才培育勤评级。

(二) 叙 议

老家的腌菜烧肉

高中历史组　胡维静

都说现在生活好了，人人无物质匮乏之虞。我没有刁钻的口味，不爱奢靡的美食，可每次去菜市场都十分作难，因为每天不知道要吃什么。

我自嫁为人妇之后，厨艺大为精进，会烧好几个冷先生爱吃的家常菜。我自己喜欢喝汤，有几次尝试将鲜虾仁、精肉、鸡蛋、鲜香菇等一起做汤，出锅前撒上碧绿的小葱，红、绿、黄、白的甚是好看，我叫它"珍珠翡翠白玉汤"，有时也叫它"鸡尾汤"，然而连吃几次便也厌了。对于我，只有一个菜是百吃不厌的，那就是家乡的腌菜烧肉。

家乡的腌菜与苏州的雪菜相似，比雪菜粗大一些。在没腌之前叫"腊菜"，绿沉沉的叶子边缘是锯齿状，上有小小的绒刺，腊菜鲜的不吃，专门来腌。每年初冬之季将它齐根铲回来，洗净晒到六七成干。记得到了腌腊菜的时候，家家都搭在绳上晒的一排排的，散发着菜的"青味"。常是大人小孩齐上阵，大人洗、小孩晒、白天晒、晚上收，如是三四天再切碎，用盐揉好倒在瓮子里，拿杵子紧紧地捣实，封口即可，等瓮口有水冒出来就好了，至少要一个月吧。

在老家，腌菜每家都有一两瓮。没菜的时候，可以度日；着急的时候，掏出一碗来黄亮亮的，带着特有的酸味，不管是蒸、是炒，都吃的有滋有味。老家如果有谁四体不勤、好吃懒做、不安分守己地过日子，大人们常会说"该吃两天腌菜了"——在老家的乡土上吃腌菜的日子才踏实。

我最怀念我家的腌菜烧肉，农闲的时候，父亲赶集买来肥瘦相间的五花肉，母亲将肉放上生姜炒到半熟，倒入腌菜继续炒，

下水作文　177

加上几个红辣椒，出锅前也洒上碧绿的葱花，腌菜自带的酸味与猪肉的香味融为一体，香喷喷油汪汪的，却入口不腻。我自自幼不吃肥肉，只有腌菜里的例外。现在还记得，若某一天放学回家，母亲说一句"今天吃腌菜烧肉"，我们就欢呼雀跃；现在还记得，一家人围坐一桌，在最平常的菜里吃出了过节的滋味；现在还记得，一向吃饭很快的父亲放下碗后默默地看着我们，一向收底包圆的母亲默默地收拾碗筷……

如今，我吃不下饭时也买过本地的雪菜回来烧肉，可这雪菜太酸，不得不洗，洗过了又没味了。吃着吃着就想起了老家的腌菜烧肉：腌菜没有酸味剂，没黄色素；猪肉没有瘦肉精，没有催肥剂，但这样的菜还可得吗？

我好想吃老家的腌菜烧肉。

我好想念小时候吃腌菜烧肉的日子。

过年随感

高中历史组　胡维静

"过年"在每个时代所蕴含的内容，丰富得无法列数。而今年过年我第一是盼望两个妹妹早日到来，我们各在异乡，彼此思念如醴，过年意味着团聚，所以日日询问妹妹的行期。我也是个异乡人，知道每个异乡人踏上回家的车时，心中便升起了归家的帆，盼的是朝发夕至，想的是"想得到家相见后，爷娘犹唤小时名"的那一刻，即使千里轻舟也还觉慢。

年前的采购，我与超市里拥挤的人们一样，忙碌却又一脸快乐。但是面对精制的年货却又丝毫提不起兴趣，再也找不到儿时的欢愉；现在也贴春联，尽管制作华美，但心情远不如儿时父亲把我写的稚嫩的春联也贴到门上那样欢喜；现在也吃年糕、汤圆，但润泽心田的是与父亲、妹妹一起在厨房里忙来忙去的快乐。也许过年也像一切久远的事物一样,在时间里浸泡久了就会变味,就像茶,味道越泡越淡。

我觉得自己有点不合时宜,分明过着现代的年,却总是想寻找过去的年味,到哪里去寻呢?古人们用诗针诗线绣出的年味我只能万分倾倒而又高不可攀;儿时简单热闹、无忧无虑的欢愉永远消散在成长的年轮中了。此时品味过年的心境就像启程的列车,儿时感觉漫漫的道路正在无限地展开,现在却觉得来路的风景飞退得太快,那些没来得及看的风景分外难得。

不管立春还有多久,草青叶绿还多么遥不可及,总觉得过了年,春天就开始了。在祝福的问候中总是把春天寓意为进步,所有的贺词都期望着在新的一年里更进一步,春的万紫千红、地负海涵已经被一个"进步"所遮蔽,这不是一种狭隘吗?这不是我们丧失了"春而生生"的精神之证明吗?这个春天春风依旧、明月如初,与几千年前的春天并无二致,春天归来并不意味着进步,而是宇宙之常;如果春去不归,那就是末日。

放眼窗外的和风煦日,知道春天还是会同千年前一样裹在太湖的波纹里,一浪一浪地荡漾进姑苏城——又是一个开始,不奢望什么进步,只要一切温暖的记忆、亲人的牵念、平实的岁月都如春天一样生生不易!龙人莫负龙年的春天,莫要在文字里感怀不尽了,明天上班去喽!

从《民兵葛二蛋》中的两个女性看抗日战争

高中历史组　胡维静

电视剧《民兵葛二蛋》,是一部抗日剧、男人戏,但是,剧中的几位女性角色:喜子、苗子、秀玲、良子也很有深度,特别是喜子和良子,两人都是年轻美丽的女性,只是一个是中国人,一个是日本人。

先说日本姑娘良子。她是占领小街镇的日军最高头目吉田的妹妹，良子的亮相是一个背着医药箱的护士模样：清纯、雅致、又漂亮，在那个炮火连天、血肉横飞的年代，她就如同天外来客。她与吉田的兄妹之情甚笃，一见面就玩小时候"剪子、石头、布"的游戏，最后输了的哥哥背着她进门——温馨的场面，天真无邪的姑娘。一直以来，我不明白一个问题：从日本耀武扬威走出来的男人那样顽固、冷峻、嗜血、那样没有人性，为什么仍是那扇国门走出来的女人却那样纯真、温柔、那样动人的微笑永远地挂在脸上？

剧情中良子对中国人麦子产生了感情，让我一度猜测这份感情能超越战争，超越民族。到后来她的哥哥吉田被葛二蛋打死，她要为哥哥报仇时，葛二蛋反问她："那你知道你哥哥杀了多少人吗？"良子的回答是："他只是代表日本！"——辩白的简短，却又理直气壮。这个对白如一把有力的短剑，一剑下去真相立现：良子并不是天使，她对麦子的感情不能"止戈为武"，更不能超越战争与民族，在她的认识中只要代表日本，烧杀淫掠都可以。如果理性地想一想，不是每一个日本男人都有一个母亲吗？不是每一个日本丈夫都有一个妻子吗？良子身上那种"国家至上"的国民素质让人惊叹，不正是这样的母亲、这样的妻子把一个又一个男人送到战场，为日本而战吗？

奥地利女王玛丽亚说过："我虽然只是个可怜的女人，但我有颗男人的心！"用此言表达战时的日本女性再合适不过，她们与男人一样，都是那个帝国忠诚的臣民，也都是战争的工具。

再说中国姑娘喜子。她是当地最漂亮的姑娘，十里八村的一枝花，是葛二蛋的结亲对象。村里富户子弟，也是被公认最俊的后生王喜宽喜欢她，为了她可以做一切，但喜子不喜欢王喜宽，喜子也不喜欢二流子的葛二蛋，她的心上人是八路军刘排长。随着剧情的展开，刘排长在危急时刻主动牺牲了自己，葛二蛋在斗争中成长为优秀的民兵，喜子改变了对葛二蛋的看法，慢慢死心踏地爱上葛二蛋，后来与葛二蛋一起抗日。

　　喜子这个角色，既有历史深度，也有现实意义。如果说良子的"国民素质"让我们明白为什么日本投入中国战场不过一百多万人，而中国却损失了三千五百万军民，那么喜子的爱情观，就回答了为什么在那个一寸山河一寸血的年代，中华大地屡现"母亲叫儿打东洋，妻子送郎上战场"的场面；为什么深陷血泊之中的中国人能够取得抗战的最终胜利：她不爱又富又俊的王喜宽，她不爱二流子的葛二蛋，她起先爱英雄的刘排长，后来爱抗日的葛二蛋，她的爱情观不就蕴含了中华文化中对"人间正道"的追求吗！这种沉淀于百姓心中的"正道之光"不正是八年抗战的支撑力量吗！

　　可是今天，有多少漂亮姑娘能对王喜宽那样的高富帅不屑一顾？有多少人正与二流子一样的人昏天黑地地挥霍人生？所以在我看来，喜子的历史深度在于，从一个侧面回答了抗战问题和国民性问题，现实意义就在于拷问所有"宁可坐在宝马车里哭，也不愿意坐在自行车后笑"的女人：你知道你爱一个人爱的是什么吗？

七夕念父母

高中历史组　胡维静

　　好些天忙这忙那没看电视了，中午做饭的时候打开电视，正放一个节目说今天是七夕，我便跑到电视机前看了一会儿，那一对对鹤发鸡皮的老夫妻，走过五六十年的岁月依然相守，顿时心生感动，在他们面前所有的山盟海誓都不值一提。

　　记忆中的七夕一直是在暑假，白天我总会帮母亲做点事情，现在想起来印象最深的是在菜园里种小白菜（七月七种菜是老家的一种习惯），再给瓜浇水搭架子什么的，因为大人说要在瓜架下听牛郎织女讲悄悄话,夜晚还会有淅沥的雨滴,那是他们落下的眼泪。

　　有一年七夕没有下雨,我们一家人洗好澡后,都在院子里的竹凉床上乘凉,对着深深的夜空、满天的星斗,父亲教我认识了金梭星,我知道那就是织女扔给牛郎引路的金梭,我问父亲:"银河有多宽?"父亲说:"到底有多宽我也不知道,将来你读书多了就知道了。"好像父亲当时还说了些其他的,都不记得了,只清晰地记得父亲躺在凉床上漫不经心地说:"等你们长大了,有出息了,我就出去玩玩,到黄山去看看外国人,蓝眼睛黄头发。"

　　后来我们四个女儿一个一个长大飞出家门,上学的工作的都不在父母身边,一年回去一两回,父母在我们来来往往的脚步中慢慢地老了,父亲愈发沉默,母亲更加絮叨。每次回家父母总是操心我们的学习、生活、家庭、婚姻这些事情,不管我们处理得好不好,父亲总是用沉默接纳一切,母亲在絮叨之后依然宽容,而我们并不知道:父母对女儿那些黄金般的向往是不是在眼中一点点地枯萎?我们如今的奔波是否能慰藉他们那平淡的渴盼?

　　等到我结婚成家了,现在开始为生孩子忙碌,在万千的琐事中对父母的辛劳有了昔日不曾有的体会:想起了瘦弱的父亲依旧苦苦支撑,想起了一贯麻利的母亲日渐迟缓,我知道,父母对女儿已经爱到无力!

　　七夕之夜,这样地想念父母!想念在那样偏僻的乡下,在那样一个完全无人注意的角落,有我的父母——守住内心的苍凉,捧给女儿掌心化雪般的爱和那永远也走不出的守望!

公公，安息吧

高中历史组　胡维静

公公名叫冷延林，1939年生于青岛。七岁丧母，主要由兄嫂抚养长大。

公公是个性情刚烈的人。公公婆婆所有的亲人都在山东老家，公公想家的时候就喝点小酒，喝到几分醉意时，他会看着绕膝的儿女说："等我把你们几个养大，就回山东报仇去，把当年欺负毒打过你们爷爷的恶贼都杀了，然后我自去偿命。"

公公极灵巧。他无师自通，会很多行当，会杀猪宰牛，会木匠，能做尺子、秤杆、日用家具、孩子的转椅等；还做得一手好中山装和老式布扣棉衣，每到年底就到周边的村子里给人做衣服。公公还擅农活，他嫁接的一棵果树能结出好几种果子。

后来听说当矿工挣钱多，又做了几年矿工。等攒到可观的一笔钱了，便回青岛老家娶了媳妇——就是我的婆婆。公婆生育两儿两女，后来政府给闯关东的盲流落户，他们就正式成了黑龙江七台河人。

再后来的岁月，就是抚养四个儿女长大、读书，而自己慢慢变老。公公的四个儿女，后来两个读了本科，两个读了硕士。在大儿子和小女儿同年考上研究生的时候，公公阔气地办了一次喜酒，门上贴着一副对联"双硕双学双双奋斗双双中榜，两儿两女两两苦读两两成材"，横批"走向辉煌"。

到了晚年，公公的性格变得非常温和，对儿女子孙的爱愈发深沉。

在大姐的孩子上学以后，公公婆婆到吴江跟我们一起生活了几年。我每周去上班会从家里带些换洗衣服和婆婆做的饭菜之类的，先生有事的时候公公就会送我到站点等车，一直帮我提着包直等到车来，看我坐上车开动了还会朝我挥手笑笑。

公公在我家住时,没事就看地图。知道上海离苏州很近,也知道沙家浜就在常熟。有时候唠叨要到上海看看大都市,还说年轻的时候天天唱《沙家浜》,不知道原来就在这里,有空要去看看,还要到北京去看毛主席。由于我们一直很忙,只在世博会期间带公婆去了一趟上海;在公公有病检查的时候去了北京,但那时他已经不能去看毛主席了;最近的沙家浜一直没去,这成了公公和我们永远的遗憾。

　　在病痛不能下床以后,山东老家的侄子来看他,公公说:"你回去就说到西安玩了一趟,别对你父母说我有病,他们年岁大了。"公公害怕打击比自己大十多岁,对自己有教养之恩的兄嫂。周围的邻居朋友常来看他,他总是无力地笑笑,天气好的时候就说:"这么好的天,我真想起来跟你下棋……"是啊,公公才七十一岁,在这个时代不算高寿,院子里他栽的香椿树已经枝繁叶茂,如果他还能和邻居坐在树下一天一杯茶,喝到日西斜,该有多好!但是公公对婆婆说,他这一辈子挺知足的,没啥遗憾!

　　公公这样平凡的劳动人民,上山采过参,下矿挖过煤,密林中伐树,深山里打过猎,种了一辈子的地,正像路上盏盏的灯,照亮过无数个普通的夜晚;正像地上涓涓的河,滋润着每一寸流经的土地。

　　2010年11月11日,是公公71岁生日,他带着一生的疲惫和知足的幸福永远地走了。他71年的人生,顶得上这个和平年月里几辈子人的经历。怀念他的,有他的兄嫂、老伴、儿女、朋友,还有他远在吴江的、总是坐在车上看他默默地笑着挥手的儿媳。

　　公公虽然长逝,但我总觉得他身上有一种精神,永生的精神!

　　愿所有善良辛劳的平民百姓,在度过默默无闻的一生后,都能得到宁静的安息。

　　公公,安息吧!

时桂荣老师千古

高中历史组　胡维静

惊悉时桂荣老师驾鹤西去了，公元 2011 年 6 月 2 日。

时桂荣老师是河北保定人，某军校教授，师级干部。他退休后闲不住，就到一家民办学校做教学部主任，后来我也进入那个学校工作，因此成为他的同事和下属，五六年的时间我们一直在同一办公室。

时老师中等身材，清瘦，大眼，不难想象出他年青戎装时那种英武的模样。他保定口音很重，性格乐观豁达，记忆中他每天都哼着小调来上班。他的工作作风让我感觉他像一位指挥过千军万马的将军，有一种不怒自威的气质。时老师喊我"小胡"，由于带有保定口音听起来是"小虎"，一开始我觉得好玩偷偷地在心里乐；后来一传十十传百，全校都喊我"小虎"。我刚到学校的时候见办公室有点脏乱，用几天时间打扫整理一遍，顺便把他茶锈很重的茶杯刷得光洁如新。时老师很高兴，对我说："小虎啊，我老伴说的，勤快勤快，人人喜爱。"我受到表扬后更是尽心做事，每天早一点到办公室，烧好开水，再给时老师泡上茶，时老师一进门总是说："我闻到茶香了，小虎啊，谢谢你。"

2004 年，我决定考研，并且要报考我感兴趣的历史专业，一开始买了书悄悄地看，后来感觉看得差不多了，就把想法告诉时老师。他很支持："小虎啊，你这个想法是很对的，在这个地方不是长久之计，你还年轻不比我退休了发挥余热。你考上研究生后上了一个层次总会有更大空间让你选择。"由于历史是冷门专业就业难，很多亲友反对，时老师坚决地支持了我。整个复习到考试的过程学校只有他一个人知道，他不但替我保密而且给予很多指导。

2005 年我到苏州读研，时老师接受原单位返聘也离开了学校，但一直与我保持联系，虽然通话不多，但每次都提醒我要知道自己基础薄弱，好好学习。研三开始做毕业论文的时候，他打电话很郑重地对我说："现在不能打工了，要安心做论文，顺利毕业是第一。"没过几天他竟然通过邮局寄来一千块钱，让我感动万分！因为世上从来不缺锦上添花的人，但却没多少能够雪中送炭的。

毕业后我在苏州工作、结婚，每年元旦我们总是不约而同地互寄贺年片。虽然岁月催人，但时老师的乐观豁达、朗朗笑声一如其旧。后来因转移社保等事去烟台两趟，第一趟去我请时老师吃饭，饭后在海滨广场走了一会儿，聊聊相互的情况。记得当时海风习习，时老师神采奕奕。我还他钱，他无论如何也不肯收，说："我们同事五六年，我是看着你成长的长辈，那点小事你不要在意，就当是我给你的新婚贺礼吧。"第二年暑假我因事又去烟台，但刚到就因家里有急事匆匆待归，只能约时老师见一面，说了一会儿话，临别时他又热情邀我来年暑假再回烟台。孰料今年暑假未至，时老师已溘然长逝！

写到这里，视线变得模糊，泪水已经盈眶，时老师的音容笑貌却愈发清晰。想起了日常工作中让我受益匪浅的教导，想起了人生灰暗时他热情的鼓励，想起了年年元旦不期而至的贺年片，想起了在海滨广场和他来年再见的约定……

心中的时老师永远面容清癯、步伐矫健，十多年来也未曾见老，未料天人之隔的时刻突然降临，我的生命中从此失去了一位可亲可敬的长者，一位催我努力教我做人的师友。我多么希望还能拨通电话就听到那一声亲切的"小虎"！

时老师，请您一路走好，我会永远怀念您！

时桂荣老师千古！

他们的歌声

高中化学组　黄雪静

　　走过许家桥，在桥栏杆边上，听着貌似两夫妻的歌声，破烂得好似快散架的音响前面放着一个募捐箱，两人着实是为了讨生活而唱。

　　一个是腿脚有残疾，一个是眼睛有残疾，相似的命运可能让他们走到了一起。我想，他们肯定有简单却温馨的小窝，也有健康可爱的孩子，或也有一份维持低水平生活状态的工作。可能为了生活质量的尽可能提高，也更可能为了孩子的前程，两人于夜市时间在广场边，你唱罢我登场，风风雨雨，相濡以沫。

　　虽然他们有着生理的缺陷，但老天还是补偿了他们，特别是她，天生一副好嗓子。但我想，能把歌曲唱得如此凄婉动人，和他们历经的痛苦磨难是很难分开的吧。我不由自主地停住脚步，沉醉在她的歌声里，真的好听！

　　轮到他唱，我开始注视起来来往往的人群，大多是漠视。现行社会的冷漠，人们的反应也正常。也有个别人如我一般，驻足倾听。有人是纯粹听听音乐，听腻了便走人；有人是怜悯，掏出钱来扔上个 1 元 5 元 10 元；也有人是听了想翻开皮夹看看，捐上几元，却发现没有零钱也就作罢；也有人想听，却是匆匆而过，只是放不下面子不好意思去捐那几块钱……短短几分钟，却发现了人间众生百态。

　　对于他们，我很是佩服的。首先，他们勇敢地结合在一起，单打独斗总比不过风雨同舟。其次，他们不畏世人的眼光，用自己的一技之长来拼搏努力；在他们身上，我看见了勇敢和坚持。不要说，他们是被逼出来的，那分明是在自力更生，分明是踏踏实实地在奋斗！

　　我靠着桥栏杆，沉浸在优美的歌声里，总共听了四首；我从皮夹里掏出了10元，塞进了箱子。他说谢谢，其实，他们不用谢我，相反得我谢谢他们——他们的歌声洗涤了内心深处的某些污垢。我是真心佩服他们，欣赏他们，谢谢他们——他们的歌声给我腹中孩子上了一堂多好的胎教课！我想这节课的意义和价值，不是那一张10元人民币所能承载的；我投下一张10元钞票，仅仅是一个对他们真诚感谢的符号而已。

孩子，他们那淡淡忧伤悠悠旋律饱含生活百味充满未来希冀的歌声，你听懂什么了吗？

雨 伞

高中化学组　黄雪静

每每有热心的同事问我是否要搭车时，我总是婉拒的。倒也不是要冷了同事或姐妹的好心，只是感觉上下班步行途中，才是我一天之中能独处放松或思考人生大好时间——无论刮风下雨甚至下雪，我又怎能错过呢？

今天，又是一个下雨天，风也很大，雨也不小，可这伞，难挡风雨。也难怪，15元一把的伞，又能好到哪里？纵然伞面巨大，卖相好看，骨子里却是单薄得很——中看不中用。可偏偏，很多人如我一般，喜欢这般的伞，究其原因，便宜，坏了或是扔了也不可惜。这也许是小商品市场红火的真谛。

还好，这也只是一把15元的伞，是小东西一件。可有些人，往往也以这样的心理迁移到大件购买和大事处理上，问题这就大啦！如家用电器，用着用着，就烧了；商品住宅，住着住着，就塌了；有些官员，当着当着，就进去了……

雨，还在下；风，也继续在吹。罢了，撑着我的15元的破伞，继续前行。因为我享受的是并非这把雨伞，而是上下班的路途步行。

视　角

高中化学组　黄雪静

　　我内蒙古的老家，曾经坐在最后一排的同学问我，白老师，你坐在主席台，我在最后一排，我什么时候才能到你那个位置呢？我说老弟，角度不同，在我的位置上，你在第一排，你有无数条路可以走到这儿来，我再也找不到一条可以走到你那儿去了。是我该羡慕你，还是你该羡慕我呢？

——白岩松

　　看见白岩松老师这段话，不免一阵胡思乱想……

　　想起高二小高考前的最后几个晚自习，走下去看看学生是否在认真复习，猛然发现一学生在玩手机。于是一声猛喝："你若化学不给我考及格，把你爸叫来！我要当着你爸面把苹果机砸了，看你爸是怪我还是怪你！"小子一听，老老实实看书了。看他态度不错，我也雷阵雨转阴："什么时候认真做什么事，小高考时弄小高考；回家休息，可以玩玩你的手机。"

　　玩手机也是可以玩出点名堂的。我一连问了他几个问题：你知道为什么苹果商标被咬了一口？你知道为什么天天用的百度叫度娘？苹果手机铃声千篇一律，你会载入不一样的音乐铃声吗？用你的手机可以为你的学习服务吗？可以控制电器吗？……一串追问，问得那小子直发愣。是啊，读书没读好，玩也没玩好；还拎不清什么时候该玩什么时候不该玩。

　　指责罢学生反思自己，觉得我们职场中人，好些时候也有点拎不清啊。恰巧昨天看见一篇文章，题目是《我是来工作的，不是来交朋友的》，感触特深。

　　有时，看看很多有本职工作的女性，周日再去兼职司仪或者是其他行当，我想或许她们真的不全是为钱而来，而是想通过做些自己喜欢的事，锻炼自我，寻找自我，认识自我吧。

很多女性朋友说，我不需要如何如何，我只要安安稳稳；可也有不少，在不断地学习，不断地追求，不断地发现自己重塑自我。怎么个活法，没有对错，没有好坏，只有选择。

选择了不同的生活方式，也就有了不同的生活轨迹。用自己的视角看别人，或许更清晰；观照自己呢，那也许就需要用别人的视角啦！

学　车

高中化学组　黄雪静

每次教练一说到这一车弟子都是女人时，总会叹口气。究其原因，无非三句话：反应慢，动作不协调，爱问为什么。

反应慢，也难怪。脑子里装满老公孩子、父母公婆，加上一大堆家务信息文件，C盘就这么一点容量，加载文件充塞空间了，运转能快速吗？同车姐妹中，有一个老公在床上躺了好几年再去世的苦命人，经过如此人生折磨，还能有几颗脑袋反应说转就转要快就快的？

大多女人，动作协调能力差些，这很正常。或许有天生的原因，或许还是后天女孩好静；运动得少——用进废退，自然之理，协调能力差了点，不正常吗？

至于爱问为什么，做女人的就是爱问为什么。为什么是这样？这样有什么好处？……女人需要更多的耐心去学习和记忆。可是我也发现，爱问为什么的确不好。教练需要的是先灌输，形成应激反应，什么指令一出，就条件反射地去做好什么，不需要有为什么的思考过程，有了"为什么"的思考，势必心理犹豫，势必反应慢半拍，也就是"反应迟钝"了，操作就发生问题啦。不问为什么，直接照给你答案操作，就少了揣摩思考领悟的过程；条件反射形成习惯，控制车辆就自如。接下来，拿到驾照实习，才是认认真真思考的时间。

要说我，脑子反应慢、动作协调能力差、老是先问为什么，既是我们女人的短处又是我们女人的长处，关键是适用于何处。用于"学车"，那也不用否定，是三大弱点。我们做女人的大胆承认，并且勇于扬长避短就是了。反应慢，协调能力差，那就多练练呗，大不了人家练一期，我练两期。

学了车，我清楚地看见了自己的心理状态——外在的表现，是内在的体现。学了车，特别能体会学生听课的状态；反思自己训斥学生时，学生的内心感受。

"学，专心练；目视前方，不低头，不抬头！"师傅的喊话萦绕我耳畔。

参加2016中国太极拳精英邀请赛合肥赛区比赛心路纪实

高中化学组　黄雪静

2016年9月10日，备好一脸盆鸡爪，还有啤酒、月饼、零食，一行四人驱车前往2016年中国太极拳精英邀请赛的总决赛地——合肥。

说实话，从南京比赛回来后，炎热的天气，大儿参加培训班、小儿患肺炎，家务一堆，压得我没有了精气神。抱着纯粹去旅游放松、去赛场学习、去开眼界、去结交新朋友的想法，开始了淡定的合肥之行；加之又有了南京赛区的比赛经验，让我更加平静和没有奢望。

世间事每每是自己努力了，又不求结果，成绩反而砸向你：居然拿了两个一等奖。

太极拳打的就是心态。一旦心不静，就怎么都打不出那个味道了。所以，心态促成了太极，太极也修炼了心态。或许是不急不慢不求奖牌的心态，又或许是看我们收拾得神清气爽，抑或的确是平时打下了扎实基础。总之我成功了，获得女子青年组24和42比赛一等奖。

凭借良好的发挥，师徒四人，拿了8块金牌。成绩相当不错，合肥队友开玩笑说，金牌都被苏州市的拿走了。

此次合肥之行，感受最深的就是合肥人的好客，每顿都是大鱼大肉，伙食美哉！让我到现在一想起来还止不住流口水。

合肥之行给我最大的启示，就是即便身处低谷，也只要尽力而为，顺其自然就好；有时候，不求结果，结果也未必会如你想象的那么差。

链接：为弘扬太极文化和自强不息的精神，以促进交流和共同提高为目的，本着友谊第一、切磋共进的宗旨，于2016年9月10日—11日，在安徽省合肥市举办2016年中国太极拳精英邀请赛。本届邀请赛由合肥市武术运动协会主办，其间，太极拳大师陈小旺亲临及示范授课。活动主要包括开闭幕式、太极拳邀请赛、太极拳精英大奖赛、陈小旺大师太极拳讲堂以及名家表演等活动。

刺 猬

高中化学组　黄雪静

学校环境算得上不错，也有个自己的生态系统，什么狗啊猫呀的，都喜欢在校园里悠闲自得地逛逛，踏踏晨露、浴浴晚霞，晒晒太阳、沐沐月光……它们与师生和平共处，各乐其乐。当然还有蛇，居然还有刺猬。这不，两天前，我还逮了个刺猬。

初见这小家伙，不禁感叹道，原来刺猬长这样。也难怪，几乎是睁眼仅见水泥柏油路的今天，看见个刺猬还真是个新鲜事。我便家养了这小刺猬，每天观察观察，还是件乐事。

扔个苹果在它临时性的家——纸箱子中，并把它安置在车库。无奈，忙于上班、带娃、打太极的我，对刺猬照顾不周。直到今天下班，才带着大娃想去买点苹果，给它享用。打开车库门，一看那纸箱，咱娘俩傻眼了！聪明的刺猬在底下啃了个洞——越狱了！

我佩服它，初见生人时，蜷作一团，保护自己；面对苹果美味的诱惑，愣是没动；没人关注时，哼哧哼哧咬箱子，最终逃离了牢笼，获得了有限的自由。

和儿子商量，在车库门底开了条缝，让刺猬真正获得自由吧。毕竟，它不属于我们家庭。儿子说好，我们人类的自私，破坏了它的幸福，但它自身的努力，和我们的善良，最终获得了幸福自由。我想，回归自然的刺猬，定然会过得更好。

你在什么领域的，你的自由幸福或许就在你的这个领域中。刺猬是这样，我们人类呢？

摆摊记后续

——比钱更重要的事情

高中化学组　　黄雪静

去年夏天，在批发商那里，拿了点小东西，给大儿子摆摊，做实践教育。虽然，没有卖出多少，也没能赚钱，但是我们娘俩收获了比金钱更宝贵的东西。

他的收获是：摆摊赚钱不容易。从一开始的摆摊设点、整理货物到记账结算，我都让他亲力亲为。走过躲避风雨的紧张气氛，有过大气降温瑟瑟发抖的自我安慰。总之,这回经历之后,他重重地说:"钱不好赚!"

这样的教育,让儿子从一开始的畏惧和陌生人打交道,到后来的大大方方吆喝做生意。这次实践教育,实际上给他创设了一种成长历练的环境;为他敢于面对自己摆脱羞怯心理,也敢于面对这个未知社会未知人,跨出勇敢的第一步起到一种推动作用。此番经历,于儿子的性格养成,善莫大焉。

对于金钱的态度,儿子从一开始的轻率不以为是,到后来知道挣钱的不易而有节约的意识。以前每天一个汉堡,以为理当如此;有了那番经历之后,一块钱的大饼也吃得特别开心。

难能可贵的,此番经历儿子学会了帮助他人。现在他竟然会拖着我去买老太太摆摊的东西,说是帮帮老奶奶,摆摊不容易。

如今一千多元的货品还在,但是我想,它们还可以发挥它们的作用。可以分析为什么我们卖不掉:价格?质量?款式?地点?人流?我们还可以作出怎样的应对策略:降价?活动?我们要做的,在打算赔上这一千多块钱的基础上,再去"回本",甚至"盈利"。

我想对孩子说:把这件小事做好了,极有利于你做好以后的每件事。

我想对为人父母的说:在为孩子花钱上,学问可大着!

暑假和孩子们再读《西游记》

高中化学组　黄雪静

每个暑假,都会陪伴娃们看老版《西游记》。娃眼里,最威风的是孙悟空。一次次地挥舞着手中的金箍棒,一次次地利用自己的七十二变绝技,一次次地斩妖除魔,伸张正义。看得娃娃们异常兴奋,我想《西游记》对娃娃的教育意义之一,就是教会孩子们要除恶扬善吧。

每次看着孩子看得手舞足蹈,我很高兴,从心理赞美那些拍摄的工作人员,更加崇拜原著的作者。一晃眼,孩子已经十岁了,我想,今年暑假,我们需要再看《西游记》了。

孩子,三藏不仅仅是一个和尚,他更是一个人的善良的本性和坚忍不拔的品质的象征。但是光有这些,不够,否则三藏老早就会成为妖怪的盘中餐。所以,和尚身边出现了有些侠骨心肠,也有通天本事但同时也桀骜不驯的悟空们。他们的相聚,是种平衡。三打白骨精的桥段,对不分青红皂白的慈悲者三藏来说,是批判的,是不可取的;过分的慈悲只会助长妖魔鬼怪的气焰。天不怕地不怕的悟空,作者是欣赏的,猴子跳出三界之外,超乎寻常,能成大事。但是,再跳,也终究在五指山内。内心,需要有慈悲心;外在,更需要七十二般技艺,也更要有敢闯敢拼的勇气。

沙僧虽然不出彩,没有几句台词。可是孩子,他的作用是根本的,他代表着一个人的健康和负重前行的能力。没有健康,不能负重,也走不远。八戒,代表着一个人的七情六欲,偶尔开开小差,也属正常。白龙马,是取得成功的利器,工欲善其事必先利其器。有了白龙马,三藏轻松不少,关键时刻也能出来打打妖怪,助一臂之力救救师父。

孩子,孙悟空一个跟斗云就能做好的事情,为什么佛祖偏偏要他们跋山涉水、九九八十一难后才能得到?我想佛祖是想告诉人们,取得成功的道路,向来是坎坷的。他希望看见,人们在解决问题时,能摩练出他们的智慧,勇气,看到人们心灵的成长和成熟。也告诉人们,世界没有公平,有仙界,有人间,有魔界,只有在努力奋斗中,不断提升自己,才能获取相对的公平。

孩子,若我们投身佛教,那我们正儿八经地读佛经,抄佛经,可我们不专业,我们身在俗世中,我们不能把这些事情作为我们的日常修行。若身处红尘,只顾这些,妈妈反而觉得是在逃避现实,逃避责任。我们应该在俗世中斩妖除魔,当然,首先得像悟空一般，努力习得七十二般技艺，排除万难取得金箍棒，当然也得有挥得了金箍棒，砸向妖魔鬼怪的勇气和决心。记住，任何一件小事，都是修行，都是取经。

人，在红尘中修行。

孩子们不可能一下子明白这么多道理，一部《西游记》，我们做父母的只能带领他们反复看，让他们慢慢参悟，一遍遍点滴积累。

今年暑假，我必须和孩子们再读《西游记》。

紧握住手中的麦穗（外一篇）

高中语文组　糜慧芝

今晚一口气把路遥的《人生》读完了，颇有感慨。这让我想起了苏格拉底的那个麦穗的故事，当苏的弟子空手而归感到懊恼的时候，苏说："最大的一穗就是你们刚刚摘下的！"很多时候，我们常会在不经意间把金子当作土疙瘩一样丢弃，到最后两手空空。

人生是这样，爱情也是这样。幻想的美好是虚的，信誓旦旦的诺言是空的。人生中，只有抓住自己实实在在拥有的，勤勤恳恳地经营，才会有真真实实的收获。

人生总有高低起伏，喜怒哀乐，任何时候只要清楚地知道我们还有十个手指，一双手，该怎样就怎样，实实在在地干，那生活就再没有过不去的坎了。

执子之手，与子偕老。紧握住手中的麦穗吧，那是属于你的最大的一穗！

静默的古树

拙政园里参天静默的古树，让我惊愕。

古树，在那里站立了上百年。长成合抱之木，中心却被岁月侵蚀，慢慢朽化。古树的主干，只有一个粗大的壳，中空外直，人可以走进古树，享受她的拥抱。但古树的枝干，还是奋力向上生长，在空中枝繁叶茂。

我惊愕于树的力量，一柱空壳竟也能擎起一片翠绿。

是什么成就了这样的奇观？

是根！是那些长在泥土里的盘虬卧龙般的根。曾听阅历丰富的年长者说，一棵树泥土上树身有多少枝丫，泥土下就有多少根须。我想这样的古树的根须网络该会多么发达该有多么壮观啊！但是，我们却无福观赏，只能从石阶缝里露出的几段中，去感受那无穷的力量。

古树静默，根更静默。

朝露里的光明

初中语文组　縻慧芝

朝露，多么美丽的字眼，晶莹剔透，熠熠生辉。多想自己也是那其中的一滴，可以拥有千百年的光明，可是我不是，我只是那凡夫俗子中的一个。只有诗人才配得起这个名字，纳兰便是，在他的圆周里闪耀着无限光明。

"人生若只如初见，何事秋风悲画扇？"纯真，是纳兰的光明，照亮了他那颗赤子之心。浮世的繁华与喧嚣，于他只如尘埃般轻渺。他身处温柔富贵之乡，却能如与世隔绝的隐士般闲适自由。纯真如纳兰，只是以文会友，以诚待人。他捧着一颗澄澈的心，走进命运的磁场，终其短暂的一生，都在抒写完美的诗意。他摒弃了华美的外衣，只循着感觉，循着灵魂的引领，向着诗意的光明，溯游从之。

"被酒莫惊春睡重，赌书消得泼茶香。当时只道是寻常。"情，是纳兰的光明，照亮了他的爱，也照亮了后世多少痴男怨女的情。

纳兰说："情"之一字，能令人九死不悔。他的悲伤，他的喟叹，他的呕心沥血，他的肝肠寸断……皆因他执着于一个"情"字。纳兰和妻子的爱情，是不食人间烟火的那种，很甜蜜，很唯美。郎才女貌，门当户对，难得的是两情相悦，直让人只羡鸳鸯不羡仙。与卢氏倾心相爱三年，足以倾注纳兰一生的温情。"执子之手，与子偕老"，纳兰执着地坚守着这份爱恋，为亡妻谱写了很多首悼亡词，一首首都饱蘸心血，溢满思念、浓情和无奈。"一生一代一双人，争教两处销魂。相思相望不相亲，天为谁春？"诗意的痴情，缠绵的相思，只有执着于"情"的纳兰吟得出。

"我是人间惆怅客，知君何事泪纵横。"纳兰的词之所以如此动人，不仅仅在于词的美与惆怅，更在于词中渗透着他至情至性的品质。这品质是纳兰最亮的光明，不仅照亮了他的人生，也照亮了读他的人。他只要诗词，只要爱的人，只要朋友，不计较，不盲从，不受蛊惑。在渌水亭里，纳兰结识了天下词坛的高人。从顾贞观、徐乾学、严绳孙、姜宸英、朱彝尊，到吴兆骞。无论富贵贫贱，无论官盛位卑，只要性情相投，只要有吟诗作画的才情，就都可以成为挚交。

纳兰的一生，短暂而光明，一如朝露，连在叶间滚动的瞬间也如此曼妙。我隔着历史的尘埃读着他，感受那一股穿越时空的诗意的光明，心总能从中得到抚慰。

茉莉清香

初中语文组　石鑫佳

好一朵美丽的茉莉花，好一串清香的茉莉花环，茉莉没有百合的尊贵，也没有玫瑰的华丽，但淡淡的清香足以让你流连忘返，这是茉莉的魅力，也是它的可爱，更是我的喜爱。

小时候，阳台上有各种各样的茉莉，奶奶经常摘下来穿成一串戴在我头上,儿时的我觉得那时候自己很美,经常把它送给小伙伴,香香的,淡淡的,弥漫着孩时的欢声笑语,似乎是牛背上牧童的笛声,婉转悠扬,难以忘怀,那迷人的清香包围了童年,伴着我长大。

上学了,也懂得害羞了,岁月的痕迹也爬上了奶奶的脸颊,但茉莉依在,清香仍存,奶奶用小竹篾条串好挂在我的纽扣上,奶奶说这样就成香香的小公主了,可以驱走夏日的烦躁,可以驱走学习的压力,我想这会带来夏日的惬意,夏日的美丽心情,奶奶坚持着去摘,给妈妈,我,自己……整个家里沉浸着醉人的清香,五口之家爽朗的笑声如在耳畔,还记得镌刻在心中的清香,雕镂在心上的幸福,温馨的家!

工作了,远离了家乡,奶奶不会为我摘茉莉了,但我知道她希望我延续着茉莉的平凡,延续着茉莉的清香,我很长时间没有拥有了,每当路过人家的院子,我能感觉到它的存在。羞答答的茉莉静悄悄地开,慢慢地绽放着它留给我的情怀,留给我的遐思,夏日的手在翻阅它的花瓣,微风的手在传递它的清香,我闻到了熟悉的味道,似乎看到了奶奶的笑容,真舒心!

就在那一天,茉莉花串又出现了,第一次戴在手上,八朵洁白的茉莉花用一根细细的铁丝串在一起,像舞动的少女迈着轻盈的步伐,更像几个娃娃拉着爸爸妈妈的手,摇啊摇,摇到外婆桥……记得一位朋友说过七夕可以玩花瓣雨,把玫瑰花瓣从桥上洒落,缀在点点银光的小河上,很美!但我更喜欢用茉莉洒下去。太习惯它的存在了,太熟悉它的味道,真的,好香!好想回去看看我的茉莉,感谢那天,记得那天,记得那串茉莉,记得茉莉的清香。即使谢了,香气如故,余味尚存!

是雨淋湿了我的心

初中语文组　石鑫佳

2008年的最后一个周末,好一场及时雨,摸着自己的缕缕湿发,看看镜中期盼的眼眶,觉得时间啊你走得好快,也走得好残忍。你带走了久违的牵挂,也带走了飞舞的精灵,更带走了这些日子的信念。剩下的只有空空的,飘飘的自己!也许这就是生活,现实的生活。

遗憾是一种美,残缺也是一种美,是吗?我想这些都是世人在安慰自己的借口吧!在孤寂的奋斗中的确需要用精神胜利法来慰藉自己。繁杂的世界,多梦的季节,心灵的涟漪,现实的碰撞,编织了选择的一年,似乎在这个围墙里被深深的禁锢了。还记得夏天的兴奋,秋天却等待着天平山的红叶,看着红叶被风带走,心想冬天的落叶也该别有一番韵味,谁知道一场大雨却淋湿了一切。看看照片中的我,的确一年又过了,平日里那淡淡的言语会取走严寒,那悦耳的音乐会带来整天的快乐,翻翻过去的记录也就傻傻地笑着,告诉自己,只要坚持到底就好,努力延续着,习惯了聆听,也习惯了诉说,更习惯了所有的存在。今年的冬天似乎暖暖的,不再寒冷,用心取暖,下半年的我是快乐的,谢谢那一丝丝牵挂,感悟着牵挂的美丽。

期盼的日子总是过得那么匆忙,总是过得那么洒脱,好想飞到天空,飞到云的那一端,让我体会到曾经豪情万丈,归来却是空空的行囊,飞机正在抵抗着地球,我正在抵抗着习惯,飞机远离了地面,习惯就像粘着身体的引力,还拉着泪不停地往下滴,天空的雨越下越大,每一次穿过乱流的突袭,我只有躲在厚厚的云层里,静静地守候着,紧紧地抱住自己,因为还拥有着习惯,拥有着牵挂。

雨该停了吗?梦该醒了吗?属于自己的到底是什么?是我把

上天弄哭了吗？还是咎由自取……我浮在天空里自由得很无力，雨儿无声地把梦偷走了，风儿狠狠地把我从云层里推下来，摔得我好疼，摔得我好伤，是泪模糊了我的视线，让我看不清远方，是雨淋湿了我的心，让我在他乡备受煎熬，选择了就要坚实地走好每一步，下午的雨该停了，为心找个安身之处吧！或许生活才是最重要的！

我想唱首《夜来香》

初中语文组　石鑫佳

突然想唱歌，唱一首《夜来香》，那是妈妈最爱听的，还记得任性的我在家中和妈妈抢话筒，总是笑妈妈唱歌五音不全，而那时候的妈妈却最爱在家大声唱歌，似乎就是为了让我开心地大笑，让我去抢她的话筒，也许，这时候妈妈觉得可以听到孩子银铃般的笑声是幸福的，可以触摸到孩子胖乎乎的小手是快乐的，可那时的我又何曾理解呢？

十四岁那年冬天，我无意间从门缝中看见妈妈弯着背，在点点亮光中织着围巾，可我却不以为然，认为这是妈妈应该为我做的，甚至认为妈妈好自私，连一条围巾都不肯为女儿买。

妈妈最爱织毛衣，还记得去年我怀孕时，妈妈从家乡寄过来了八套宝宝的毛衣，在摩托车上，我紧紧地抱着那一个包裹，生怕丢掉，老公还说不用抱那么紧，因为有他不会掉的，其实我害怕掉的是妈妈的那份爱。

我在妈妈身边依偎了18年，大学后我就离开了家，离开了妈妈来到重庆读书，在学校的时候感觉一切是那么新鲜，一时间把家乡抛在了脑后，每每打电话回家像是例行公务一样轻描淡写问候一下，可不知我在学校不愁生活费的时候，妈妈却是在省吃俭用。只有暑假寒假回家时，妈妈总会抱着我，轻轻地摇啊！那一刻，真不想离开家！

　　工作了，我任性地选择了远离家乡来到苏州，虽然得到了爸爸的支持，但是妈妈说为了你的前途，去吧。那时我分明看到了妈妈的眼泪……但是我却不明白，认为那是感情用事，是暂时的眼泪，以后可以把妈妈接过来，我还是离开了。渐渐地，在外地这几年，我总觉得心里不踏实，每每听到爸爸妈妈身体不好的时候，我总是自责，觉得没有尽到做女儿的责任，因为他们只有我一个孩子，我却照顾不到，真不应该啊。

　　结婚了，他们很满意我找到了一个值得依靠的人，应该可以放心了，当我还沉浸在新婚的甜蜜中时，妈妈那天独自悄悄地流着眼泪，我以为妈妈流的是开心的泪；没想到妈妈说："这些年见你的时间越来越少了，现在结婚了，以后有家了，要照顾丈夫和孩子，就更没时间回去了。我头发都白了……"我的双眼被"自我"蒙住了，我的心被妈妈的眼泪浸湿了！这时我豁然明白，我们一直认为母爱是无私的，并心安理得地享用，却从来不曾想过母爱也是有温度的，你用冷心去触摸它，它是低温的；你用热心去触摸它，它才会燃烧的炽热。

　　我梦想成为一双手套，在妈妈冷时，能够为她的大手取暖；我梦想成为一双手套，在凉凉的寒风吹来时，能够为她加温让她的手即使在冬天也水润光泽；我梦想成为一双手套，每个冬季都陪伴着妈妈，为妈妈抵抗寒冷，使她备受呵护。

　　如果我有一个弟弟妹妹在他们身边，那该多好啊，可以让他们不再感到孤单，不再感到无助。

　　妈妈，不哭，我也不哭，让我再唱《夜来香》给你听……

　　（今天刚知道妈妈住院了，问心有愧，写下了上面的话。愿妈妈早日康复！）

毕 业

高中语文组　时　浩

　　毕业是一张硬纸，上面写着你的出生年月，写着你在这里经过几年的学习，成绩合格，准予毕业。纸上贴着你一寸或两寸的免冠照片，上面盖着钢印。纸的下方照例都会有一个人的或红色或蓝色的私章，尽管这个人你在这里几年都不曾和他说过一句话甚至见过一面，但就是这个人唯一在你众多的老师中在你的这张纸上留下姓名。这张纸要包上硬的塑料壳子，当你拿到这张带硬壳的纸时，你并没有太多的兴奋激动。以后许多年，这张硬纸会被你压在箱子或抽屉的底部，你完全想不到要把它拿出来欣赏。当有一天你需要这张纸时，你开始翻箱倒柜，费了很大力气才找到。那照片上的人和现在的你依稀还有一点相似。大多数情况下，你拿着这张纸去复印，用完之后又重新放回箱子或抽屉的底部。当你有了更高层次的这种硬纸以后，以前所有的那种硬纸，你几乎完全把它们遗忘了，直到有一天，你想找它时却发现再也找不到了。这张硬纸仅仅只是证明你在这个地方有过经历，关于这个地方的记忆，你只能在脑海里找寻。

　　毕业是一张照片，那上面你站在排列整齐的队伍中。在前排显著的位置上，除了教过你的那些老师，你发现还有不少你叫不出名字也从来没教过你的人也在里面。如果下面没有对应的名字，许多年后这些人你也许只有个别几个能叫出他们的名字。照片上的你穿着校服，微笑着，看上去每个人的表情都差不多。这样的照片，照例上面都会有某某届某某班毕业留念的字样。随着你的经历越多层次越高，你拥有这样的照片就越多。若干年后，你或许会和照片上的某个人一起捧着它，指着上面的人说，这是谁谁谁，那是谁谁谁，我在什么位置，你在什么位置，谁谁谁现在在做什么，谁谁谁现在又怎么样，然后发出一连串的感叹。这张照片不知不觉勾起了你们无限的回忆。

　　毕业，意味着你要和这里说再见了。那些曾经和你朝夕相处的人，你不得不和他们分离了。那些你可能在背后和心底里骂过的老师，你以后还可能再见到他们，但他们已经不能再来教你了。你曾经抱怨过的校园、教室、宿舍，在某个角落，在某个桌椅上面可能还有你的"杰作"，但你已经不能像以前一样天天生活在这里了。也许你曾经后悔来到这里，或者度日如年急切地想离开这里，现在你已经对它有点依依不舍了，但没办法，你必须要离开了。这不是放一次长假，你没有必要再回来了。也许你以后再也不会回来，也许你还会再来，但你已经不能恢复到当年的状态和身份。也许曾经某个老师对你很严厉，你见着他或她会不由得害怕，当你毕业后再回来时，尽管他或者她对你已经变得温和，但你依然对他或者她心存敬畏。毕业了，那些你最要好的同学朋友，也许你们还会经常见面，也许他或者她从此会在你的世界里没有了音信，但你们曾经的过往，你永远不会把他或者她从记忆里抹掉。

　　毕业了，一张硬纸，一张照片，剪断了我们和那个叫作"母校"的地方中间的脐带。

火车的记忆

高中语文组　时　浩

　　好几年没坐火车了，这次铁道部要撤并了，心里有一种说不出的一种复杂感受。铁道部的撤并，也勾起了我关于火车的一些记忆。

　　我们平凉，交通很是不便，见过火车坐过火车的人实在有限。父亲年轻时当过兵，走南闯北，坐过许多次火车，他说上海火车站的轨道一列列就有两座山那么宽。那个时候就盼望有朝一日能坐上一趟火车。

1999年8月,我第一次坐火车,从平凉到兰州去,和姐姐一块去。坐的是那种绿皮火车,晚上八点从平凉出发。天已黑了,窗外不是黑魆魆的群山就是一个接一个走不完的隧道,车轮撞击钢轨发出"咣当、咣当"的声响,转弯时可以看出整个火车的弯曲。第一次坐火车,一点都不兴奋,有的只是满肚子的愁怨。

我上大学来苏州,坐了火车,是母亲送我来的。同行的还有与我考上同一所大学的丁梅,她也是由母亲陪着来的。我母亲是第一次坐火车,情绪比我还亢奋。

车厢里很挤,我们四人只能靠着座椅站着,趁着别人泡面上厕所的当儿蹭着坐一会儿。我觉得闷,就一个人跑到车厢连接处,欣赏着外面不曾见过的风景,想象着未知的城市,希冀着即将开始的大学生活。站了十几个小时,丁梅母女实在坚持不住,花了三十元钱从一个快要在郑州下车的人手里买了一个座位。车过徐州,下车的人多了起来,车厢里逐渐空旷,就找了座位或坐或躺。徐州、蚌埠、滁州,快到南京了,就很兴奋,急切地想看南京长江大桥。半夜两点多终于上桥了,我们四人都伸长了脖子向外张望。影影绰绰,看不分明,但都感受到了火车呼啸着穿过大桥时那种摄魂夺魄的气势。

再前行就是镇江、丹阳、常州,过了无锡,我们就骚动着背好行李准备下车。终于经历了一天一夜整整24个小时,晨曦初露的时候我们到了苏州。走出火车站,深吸一口江南温润的空气。

苏州,我来了!

大学期间的第一个寒假,我是去上海坐火车回家的。同去的还有同系的李亮坤、邵晓琪等人,他们回内蒙古包头。

那次回家,在同一个车厢里碰到了在上海上大学的高中同学,在徐州附近又碰到了在蚌埠上车的炳彦兄。路过西安又碰上一拨在西安、长沙、武汉上大学曾经认识或一块踢过球的朋友同学,大家说说笑笑不知不觉间就到了平凉。

不论是上学时还是工作后，我都害怕春节后从平凉来苏州，主要是发愁春运的拥挤，买票的不容易。往往提前几天熬夜排队，买到的还是站票。家总要回，工作也不敢不去，没办法有那么几年都只能逃难似的往春运的火车上硬挤。

十几年里，我回家来苏的直达火车还只有从银川到上海的一趟。车次从395变到1395再变到如今的K360，变了三次，速度依然慢，两地之间依然要24小时，晚点是常态，正点属偶然。这几年为省麻烦，春节我都不敢回家。

这几年中国的铁路飞速发展，一条条高铁相继开通，天堑变通途，时空缩短了。我一直戏称中国的高铁其实应该叫"高价铁路"，但还是许多次地去坐它。目前的高铁依然不能满足我回家的愿望。我要乘高铁只能先乘京沪高铁到徐州，再从徐州高铁到郑州，再从郑州高铁到西安。从西安到平凉就只有普快。听说西平铁路正在建设，也不知何时能开通苏州到平凉的高铁，我一直期盼着。

前年，父母从老家来，我带他们乘沪宁高铁去上海，他们感受到了风驰电掣的中国速度。在四十年多年前曾经来过的上海外滩，我给父母拍照。父亲唏嘘不已，感慨变化之大。

今年，父母来苏州过年，正月初四他们回去。临别看着八个月大的孙女咿咿呀呀挥动着手臂，父母偷偷抹着眼泪，我也眼角湿湿的。送他们上了火车，目送着火车徐徐开动逐渐远去，我在站台伫立了很久。走到新修的很气派的苏州火车站南广场，看到高大的范仲淹的青铜塑像，我默诵起他的词《苏幕遮》：

碧云天，黄叶地，秋色连波，波上寒烟翠。山映斜阳天接水，芳草无情，更在斜阳外。

黯乡魂，追旅思。夜夜除非，好梦留人睡。明月楼高休独倚，酒入愁肠，化作相思泪。

喝　茶

高中语文组　时　浩

　　阿毛家住在苏州城里的养育巷，应该算是一个热闹的去处，离石路和观前街都不算远。离阿毛家很近的地方有个叫"曲园"的所在，里面有茶馆。说来奇怪，曲园离阿毛家也就四五十步，居住在这儿也有十几年了的阿毛，不知多少次从曲园门口走过，竟然从来没进去过，说出来简直让人不敢相信。

　　曲园是俞樾的故居，俞樾号曲园居士，他虽是浙江人，但晚居姑苏，大概是他到苏州后建了园子给它取的名，并以此为自己的号。俞樾是晚清的经学大师，师承曾国藩，其弟子中有大名鼎鼎的章太炎，而章太炎又是鲁迅、黄侃等人的老师。俞樾的孙子也很有名，叫俞平伯，在红学研究领域建树颇丰，他和朱自清的同题散文《桨声灯影里的秦淮河》都是现代散文的名篇佳构。

　　很早就想来曲园喝茶了，一直没有机会。最近重读余秋雨的《文化苦旅》发现其中还专门提到了曲园，说那是一个风雅的去处，有一次余秋雨去碰上随便几个茶客都在谈论陆文夫的小说风格，可见这里的文化气氛还是相当浓厚的，那大概是20个世纪80年代的事了，那是一个文学的黄金年代。

　　本以为曲园要收门票，原来不要，但进去必须喝茶消费。碧螺春一杯十元绿茶五元，我和阿毛要了两杯绿茶，便拿了茶杯提了热水瓶进去找地方坐下。我们没有进茶室，而是在一个亭子里坐了下来。我们来得比较晚，十点多了，老茶客们走得差不多了，这里显得有点儿冷寂。

　　泡好茶，两个人随兴所至地聊着，不紧不慢。初秋的天气不冷不热，阳光透过树叶照下来，四下里还有淡淡的桂花香味，脚边是个水池，鱼儿优哉游哉。谁曾想离苏州最热闹的观前街大概百步，竟然有这么一个幽静的地方，一闹一静两不干涉，老苏州的日子真是舒服。我和阿毛说得很随意，有无奈有感慨，也有相互间的鼓励，当然有些话题本身也不轻松比如房价、就业、工作、婚娶等。又说到老苏州的生活，在我们看来那完全是一个充满诗意的悠闲生活。老苏州有个说法"早上皮包水，晚上水包皮"，意思是早上喝茶晚上泡澡，我俩今天能来这儿喝茶已经感觉很奢侈了。说到这儿就又想，哪一天约好一二个同志一大早先去吃朱鸿兴的头汤面，然后再来曲园喝茶，接着再去找一个书场听听评弹，晚上集体去泡澡堂子……

逍遥的时间总是短暂，说着说着一壶水就喝得差不多了，拍屁股准备走人。临走在曲园里转了一圈，看到了俞樾当年读书的书橱，可惜里面面空空如也，好在上面写有所藏书的名字，也让我知道当年俞樾都读些什么书。曲园的墙上有许多的碑刻，我们发现了一方一圆的两个字，看了半天才发现就是"曲园"二字，圆者为"曲"，方者为"园"。在刚进大门的大厅里又发现了当年李鸿章给俞樾题写的匾额，还有一支竹杖很有个性，杖头像鹿角，据说是当年俞樾手杖。

出得曲园，便和阿毛匆匆分了手，相约有机会再来此喝茶。

有很长时间过去了，阿毛很忙，我也穷忙，什么时候再去曲园喝茶呢？

杀　猪

高中语文组　时　浩

杀猪是个力气活，也是个技术活。

首先是"捆猪"。捆猪得几个精壮小伙，有拉腿按肚的，有捆绳打结的；每个人都得用尽全力，脸都涨得通红，腮帮子都在鼓劲。猪的四条腿必须捆结实；也有没按牢被猪一腿蹬翻的，也有没捆牢一刀刚进去猪跳起来跑掉的。

　　接着就是"杀猪"。猪捆好了，往板子上一放，它似乎知道自己大限已到，一个劲地叫呀嚎啊，好惨！鸟之将尽，其鸣也哀；猪之将宰，其嚎也厉。杀猪的可不管，操起把细长尖刀，瞅准猪脖子上一个部位一捅，出手稳、准、狠，一刀毙命。这时猪仍然要做最后的挣扎，几个小伙子仍要牢牢按住四条腿。杀猪的拔出刀，东家拿脸盆在下面接猪血，一直到流尽最后一滴血为止，猪彻底死掉。这猪血是用来做血馍馍的。血馍馍是一种面食，把猪血和面粉和了，做成面饼稍微烙一下切成条，然后再和萝卜粉条一起烩成菜。一般谁家杀猪都会做一大锅血馍馍，还要请家门户族来吃，完了还要给家门户族捎带些回家后下一顿再食用。

　　放完血之后就是"烫猪"，把猪放在烧烫的水中浸泡，刮尽猪身上的毛。杀猪的人拿铁皮刮子刮猪毛，猪落锅时是黑的，刮完了毛起锅时，就是赤条条白花花的了。杀猪人会随手把猪蹄子上黑色的角质层掰下了，我们称之为"脱皮鞋"。

　　这刮猪毛中间得补充一道程序——吹猪。杀猪人在猪后腿上用刀开一个小口有时用一根一头尖的长铁管，有时就直接用嘴在猪腿上吹。就像吹气球一样，那猪一会儿就膨胀了起来。把猪吹到圆鼓饱满后就用细绳把吹气口扎紧，使不漏气。把猪吹得鼓鼓囊囊硬邦邦，刮起毛来就方便了；否则猪身猪皮软不拉几的是难以刮尽猪毛的。

　　猪毛刮干净后，接下来是"解剖"。先是把猪头卸下来，如果脖子长，有的人家还要把猪脖子单独割下来一圈，我们那儿有个很古雅的词称猪脖子叫"项颈"。然后杀猪人换一把圆肚子尖刀，从颈部到尾部从肚子上把猪剖开。剖的时候要特别小心，不能割破内脏。如果把胆弄破胆汁溅到肉上或者把大肠划破屎尿冒出来，这猪杀的就算失败。一般是地上放一个大盆，杀猪人分割出内脏就顺手放进盆里，大肠小肠又沉又长而且异常的滑，处理起来非常费劲。掏出心、肝、肺，扯下板油、倒尽肚子，理顺大肠小肠。然后再用厚脊背大长砍刀把猪从脊柱一劈两半，我们那儿称"扇"，一半为一扇。然后再割下四蹄，斩下前后腿，将各个部件分门别类搁置好，才算大功告成。

杀猪吃肉是庄户人家对自己的犒劳。也就是这个时候，平常不怎么吃肉的人能大吃几顿。家家户户都会把吃不了的肉切成碎丁，放上调料辣椒面熬成红红的臊子，放在大坛子里一直能吃到开春。

长大读了书，特别是外出读了大学以致在苏州找了工作，很少回家乡了，也再也没有机缘看杀猪了。

又回阳澄湖

高中语文组　时　浩

这是我今年第二次去阳澄湖了。上一次是和小蔡为评职称回原学校盖章，来去匆匆，根本没心思去注意阳澄湖的变化。这次不同了，我慢悠悠酝酿好怀旧的心情去阳澄湖赴约。

经相城大道，过渭塘，上凤阳路不久就快到阳澄湖了。过枪堂不远就看见路边上树了块很大的牌子，阳澄湖科技产业园，这是我离开阳澄湖前所没有的。过了镇政府，看见阳澄花园的大门也修了起来。再往前，当年的华联超市也已变成了易家福超市。再一转弯，就到了湘园，该下车了。说好三点钟先去林老师家，现在还早，就先去街道随便走走吧。

那个叫"长江饭店"的小饭馆还在，当年我没少在这里吃饭。老板是河南人，男的瘦小，女的健硕，有两个孩子。大前年那大的男孩要上初中，老板娘曾向我咨询过初中收费的事情。尽管自己是河南人，两口子也不顾忌，我所知道的有关一些河南人好勇斗狠的不好习性就是这两口子主动搭讪和我聊的。

忽然有点口渴，想去马路对面的如海超市买瓶饮料。一抬头，如海超市没了，变成了一家卖服装的店面。再过去，是中国移动营业厅。我的学生方少华曾经在这里工作过，这小子，上学时不怎么用功，高考也考得不好，我还在湘城时他就在这个营业厅工作了，我每次来这里他都格外热情，尽管当年我曾经教训过他。

城中路上开了不少原先所没有的服装店，档次也在逐渐与时俱进。当年的湘城小学已经搬迁，原址一片荒烟蔓草，不知道要做什么用。

丁字路口，我徘徊了一下，直走是前往陆巷，曾经沿着这条路骑车数次到过常熟沙家浜。汽车站边上的渭塘酒家，我们同事多次在这里聚会，参加同事的婚宴、小孩的满月酒之类。这里，见证了我从健壮到肥胖的发福过程。左转，通往菜场，我也曾无数次骑着自行车来这里买菜、买米、买面。在我原先同事的电器商店的隔壁杂货铺，我买了一瓶饮料。一路走来，这条街还是那样喧嚣而杂乱，变化不大。

在路的尽头，是一处工地。河上已经架起了一座桥，河的对面就是西院村规模不小的高层建筑群。几个闲人拿着香瓜在吃，瓜子甩得满地都是。在这里我停了下来，向着河的对岸张望了好一阵子，有一种感觉，说不出具体是什么，就在心头盘旋。

继续向前走去，邮局、财政所、文化站、银行、卫生院……每一处我都能说出故事来。那一年，我曾在文化站的游戏房内抓放假不回玩游戏的学生，那一年大雪压塌了刚开业有一个月的超市，那一年我曾在中国银行里用所有积蓄买基金而被套牢，那一年学生罗清与人打架受伤我带他去卫生院检查……

走了一圈，又回到了湘园。在下车的地方，发现车站多了几块牌子，又多了几路车，是发往各个村里的，这应该是最近一两年才新添的吧。

还是那种说不出的感觉在心头泛起，是我刻意酝酿的还是自然而然就生发的？我说不清楚。毕竟，我在这里生活过五年。

凡是你留下足迹的地方，总会在你人生的"记忆带"上刻录下来，不管你愿意不愿意接受。每处的足迹如果是笔直的、深深的、金灿灿的,那么当你暮年回首人生历程,呈现于你眼前的便是一条笔直的、深深的、金灿灿的生命之路啦。

一个人的操场

高中语文组　时　浩

那是一块用煤渣铺成跑道的操场,破败、老旧、杂草丛生,还留有当年日本人修筑的炮楼的痕迹。我这辈子跑的最多的路应该就是在阳澄湖中学的操场上。

那个时候,我的课务没有现在这么多,我课余有足够的时间跑步。白天跑,晚上也跑,白天一般十圈左右,完了,还要扛着七八十斤重的杠铃做蹲举,还用哑铃练臂力,单位的同事都说我是锻炼狂人。他们不知道,我跑得更多的是晚上。六点一刻左右,学生们上晚自习了,我换上运动衣裤就开始跑步。晚上的跑步,四百米一圈的操场我都是以十二圈半也就是五千米起步的,然后一千米一千米地往上加,最高跑到二十五圈,一万米。

在那些或阴或晴的日子,天上或有星星月亮,或一片漆黑,在空旷的操场上我一个人一圈又一圈地跑着。操场上除了我不会有别人,那是我一个人的操场。经常是跑了几圈就脱了上衣,只穿了一条短裤,光着上身在操场里匀速地跑着,有时跑的过程中也要咆哮几声,那是在发泄。跑完通常是浑身汗水淋漓,短裤除了个别部位大部分都已经湿透。我只想通过暗夜的奔跑,让自己的身体感受到疲劳,期望能沉沉地睡去。

2008年8月,学校里已经放暑假,校园里空无一人,职工宿舍楼也只有我一个人,我依然在空旷的操场上奔跑。最为闷热的夏天,我穿着短裤光着上身一圈一圈地跑着,操场里的野草已有半人多高。此起彼伏的虫子的嗡嗡声和操场后面苏嘉杭高速公路上汽车疾驰而过的噪音裹缠着我。一个人的操场,一个人的校园,偶尔会传出我怒狮般的咆哮。回到没有空调的宿舍,一遍又一遍地用冷水冲凉,仍然洗不去身上和心里那种无名的燥热。赤裸着身体躺在床上,不一会身体又会粘在凉席上。尽管跑了万米路程,但还是没有疲劳的感觉,胸口堵着一大堆难以名状的东西,睡不着,只能听着电视,在似醒非醒似梦非梦的状态下慢慢入睡,睡得很浅;电视还开着,有时有节目,有时只有一个嗡嗡作响的屏幕。

在阳澄湖中学的最后两年,实在是我人生中的一段幽暗岁月,两校合并,高中不办了,许多人要被分流,自己要到哪里去,很是迷茫。高中教师群体中弥漫着末日的气氛,加之个人生活中的一些困扰,前所未有的焦灼、苦闷激荡在身体里。一个人在空旷的操场里兜圈子,只是一种宣泄。那些在跑步时所发出的咆哮声也包含了太多的抑郁和愤懑。暗夜里那些被我踩在脚下的煤渣小草,或许最能理解我的心境。

一个人的操场,阳澄湖中学时的。你,深深地烙在了我人生的记忆里!

写下这篇文字,不只是缅怀那片一个人的操场、那段我人生的幽暗岁月。我更想借此告诉大家:我跑的不是步,是心情。

但愿我今生不会再经受那种狂跑的日子,不用再独享"一个人的操场"。

山塘记忆

高中语文组　时　浩

　　山塘街我是熟悉的,那里有着我太多的记忆。

　　第一次听说山塘街是在大学里,当时班里练习普通话的演讲,一个皮肤很好的苏州女同学,说她家以前住在山塘街,她很喜欢画仕女画。温婉的话语娓娓道来,让我对山塘街很是神往。那时我正做着文学梦,就想着能在山塘街上走走,邂逅一位戴望舒《雨巷》中撑着油纸伞忧郁的丁香女子。阿毛是苏州土著,他介绍说山塘街就是一条从石路到虎丘的街,有七里长,故称"七里山塘"。以后又读了袁宏道的虎丘游记,知道山塘街是唐时白居易任苏州刺史时主持修筑的,又叫"白公堤"。还联想起中学时背得烂熟的《五人墓碑记》,据说"五人墓"就在山塘街上。文化积淀如此深厚的山塘街,怎么可以不去一游呢?

　　第一次去山塘街却没有成功。那是一个周末,我,阿毛,路人,锐锐,四个人骑了自行车从学校出发。我们在土著阿毛的带领下,绕过上方山,到了越溪,从越溪一直骑到石路。到了石路,阿毛竟然找不到山塘街,我们三个"外乡人"对阿毛的土著身份不免发生了怀疑。阿毛被我们嘲笑了好几天。我暗自发誓一定要找到山塘街,拿了地图研究了好几回。

　　那一年暑假我没有回家,留在了苏州做大学生社会实践。在桃花坞社区里给几个初中生补课,每天骑自行车来回于学校与石路之间。几天下来,我终于知道了山塘街的出入口。那是一个晚上,我做完家教,没有直接回学校,骑车就拐进了山塘街。那时的山塘街还没有改造,生活的气息很浓。夜色正浓,昏黄的灯影下山塘街很冷清,骑行在不太平坦的石板路上,没碰到几个人。我骑得有点急,走马观花,也没怎么体味到山塘的诗意,更没有碰到丁香一般的女子。到了虎丘就匆匆骑车回上方山,这纯粹是一次牛嚼牡丹似的邂逅山塘。

　　大学毕业前夕,我和路人兄同游了山塘街。他是头次来,我充当向导。那是鸟语花香的6月,山塘的风景很美。因为不久就要毕业,路人兄将要离开苏州,他带了照相机,我们一路拍些照片。这次我们走得很慢,走走看看,细嚼慢咽地欣赏。终于,我们找到了"五人墓",只是没有进去。在山塘街的尽头,是苏州幼儿师范学校,那里有李鸿章的祠堂。

　　这次游山塘并不是很欢快,淡淡的感伤一直笼罩在心头,兄弟将要云散,面对再好的景致,也是快乐不起来的。一个月后,风流云散,各自东西。一个宿舍的四个兄弟,我和小马留在了苏州,中鸟去了上海,路人兄工作找到了北京,但被单位发配到了广东梅州去修铁路。

　　这一年的11月,大学毕业后半年,兄弟们第一次聚会。当时路人兄由梅州回北京,停靠苏州,中鸟特意由沪来苏。当晚,住在阿毛家。阿毛家在养育巷,我们向来把它当作毛家旅馆,管吃管住还不收钱。吃过晚饭,不知谁提议去山塘街玩,大家一致同意。一行四人就由景德路出发,步行到了石路,再由石路到山塘街。当时的山塘街已经开始改造,街头已经立起了乾隆御笔"山塘寻梦"的石碑。一行人说说笑笑,人影在昏黄的灯光下不断变化。比起已经改造过的一段街区,中鸟说他更喜欢没有改造的那一段山塘街,以为那里有生活的气息。走完山塘到了虎丘,我们都走不动了,就乘车回到了毛家旅馆。当晚,又是一夕长谈。事后,路人兄把这次游山塘与上次和我游的都写进了《七里山塘,一帘幽梦》,发在校刊上,广受好评。如今,兄弟们是越来越难见面了。

　　工作后,我曾带学生去过山塘街。这些年,只要有朋友来苏州,我都带他们去玩山塘街。

　　山塘的记忆是丰富的,每次路过山塘都会想起那些曾经走过的日子。

　　山塘是适合怀旧的,昏黄的灯影里记录了当年的快乐与感伤。

为"有权不可任性"点赞

高中语文组　时　浩

今年在两会做工作报告时，李克强总理讲了句"大道至简，有权不可任性"引来一片掌声。这句话接地气、得民心，忍不住要为它点赞。在元旦的献词中，习近平总书记说，这一年的基层干部也是蛮拼的，要为他们点赞。一个"蛮拼的"、一个"点赞"一下子拉近了领导人和人民之间的距离。这次总理又是一个"有权不可任性"，这不仅是对网络语言的翻陈出新，更是化腐朽为神奇，实实在在让人民群众感受到一种亲和力、亲切感，这才是让群众喜闻乐见的中国精神和中国做派，不得不为它点赞。既为总理说话的内容点赞，也为总理说话的方式点赞。

若要考据一番，有"权不可任性"应该化自"有钱就任性"。"有钱就任性"本是网络上富二代的炫耀之语。有钱就任性，钱多了更任性，似乎不值得提倡与发扬，但只要这钱来得正当、干净，任性一把也无可厚非，毕竟任不任性那是人家的私事，只要人家的任性不违法乱纪不违反人类道德，别人管不着。但有权就任性则大大不同。

权者，公器也。人民所赋予，必须遵守社会契约。共产党人讲权为民所用。而一旦有权就任性，则可能会变为权为己所用。权为己所用，公权也就沦为了私权，不仅背离了为人民服务的宗旨，更是让公权力成为为一部分人得利的资源与手段。有钱任性，无伤大雅，有权任性，则可能祸国殃民。看看近年来中纪委查办的那些"大老虎、小老虎，大大小小中老虎"，哪个不是大权在握，任意妄为的？"一朝权在手，便把令来行"那是封建时代的权力观，在崇尚法治的今天，这样的观念显然已经落伍。任性的权力的必然如失控的野兽一般让人可怖，所以，我们要把权力关进制度的笼子。

新的一届领导人执政后,一直在提倡走群众路线,改文风,转会风,务求实效。总书记的"蛮拼的""点赞",克强总理的"有权不可任性",虽然只是点滴,但是从这点滴之中我们看到了转变的希望与方向。

改革进入攻坚之年,转变正逢其时,有领导人的决心,有人民的支持,在四个"全面"领导之下,中国梦就不再是梦,为克强总理的"有权不可任性"点赞,更为转变中的中国点赞。

（发表于中国文明网·苏州站）

小处不可随便

高中语文组　时　浩

有一故事,说某人为杜绝某处随便小便的不文明现象,在墙上贴了条标语"不可随处小便",被一书法家看见了撕去重写了一张,一字未变,只是改了顺序,变为"小处不可随便"。如此一改,与前者云泥之别,确乎大手笔,委实教人佩服。

"小处不可随便"说得好!

人为高级动物,最主要的是社会属性。人活于世,必然要受到一定的社会历史环境制约,也必然要遵守一定的伦理道德规范。有公德也必须有私德,不论公德还是私德都必须心存敬畏,大处讲公德,小处讲私德,大处不可随便,小处亦不可随便。若以为小处只是个人空间,一己之私,就可以随便、苟且,罔顾其他,则可能因小失大,小大俱损。

康德讲,使我感到敬畏的是头顶灿烂的星空和心中的道德律令。中国人也说,头顶三尺有神明,人在做,天在看。头顶的三尺神明大概就等同于人们心中的道德律令吧。不管是公共空间,还是私人空间,道德律令都是存在的,不会因为私人空间就降低道德律令的约束系数。中国人是向来鄙视那些公共空间里大话炎炎，私下里蝇营狗苟，言行不一，表里不一的人的。

最近央视名嘴毕福剑一段在私人宴会上的不当言语论的视频曝光，让人大跌眼镜。毕福剑为央视名嘴，主持多档娱乐节目，以幽默风趣为广大电视观众所喜爱，人们亲切称为"老毕"。镜头上也就是公共场合里的老毕给人幽默、亲和、憨厚、稳重的形象，在其主持的"星光大道"节目中，他一直强调要弘扬社会主义核心价值观，传递正能量，然而在私人饭局上的老毕用粗俗的语言调侃揶揄革命领袖，嘴无遮拦、信口雌黄。视频一出，立刻颠覆了人们心中那个厚道、稳重的老毕形象。人们不由恍然大悟一般，原来真实的老毕竟是这么一副嘴脸。

套用一句网络流行语，老毕这次是摊上大事了，他悲剧了。

老毕的悲剧在于他小处随便了。身为公众人物，公德要讲，私德更须讲。既是公众人物，就是榜样、就是标杆，就应该表里如一，言行一致，慎言慎行。若以为只是私人空间，便可以心无敬畏，纵情恣意，那么是非也会不招自来。私德有污，领导要追究，观众也不会待见，从这个角度讲，老毕实全是咎由自取。

由老毕说开去，不仅是公众人物、领导干部，就是普通老百姓也应该常怀敬畏之心，慎思慎行，慎行慎言，小处不随便。社会由一个个个体构成，社会公德也由每一个个人的私德组成，私德高低会提高或拉低整个社会道德的平均值。由此也可以说，私德不私，小处不小。要构建和谐社会，弘扬社会主义核心价值观，就需要我们每一个人讲私德，慎小处。

（发表于中国文明网·苏州站）

秋裤的回忆

高中语文组　时　浩

秋风渐起，天气是一天比一天凉了。

如果我还待在家里，我妈肯定会一遍又一遍的催我把线裤穿上。"天冷了，快把线裤子穿上，小心把腿瘆了。""天都这么冷了，你咋还不把线裤子穿上？""你不穿线裤子，把腿瘆了，以后可咋办？"……

线裤就是秋裤，我们那儿的人都这么叫。

西北荒寒，节气特别分明。立秋一过立马就感觉天变凉了。8月多，体质差的老人就已经陆续穿起秋裤来了。到了9月，男女老少不穿秋裤无论如何是不行了。过了10月国庆节，许多人都开始秋裤上再套毛裤，等到11月开始供暖气，毛裤又要换成棉裤。一冬下来，过立春，人们又依次从棉裤换到毛裤，再褪到秋裤，一直到清明前后，才最后脱下秋裤，只穿单裤。不管是穿毛裤还是棉裤，秋裤始终是里面打底的。算下来一年中不穿秋裤的时间也就从5月到9月4个多月。像我爸那样体质较弱的人穿秋裤的时间就更长，除了七八月的盛夏，剩下的时间几乎是秋裤不离身。

那阵我还是个娃娃，最烦的就是我妈成天在耳边唠叨让我穿秋裤。

当然，我是不喜欢穿秋裤的。穿上秋裤，早上起床，晚上睡觉，穿脱都太麻烦。踢起球来一出汗就黏在腿上，十分不美劲。这些当然都不是主要原因，在我看来完全没有必要穿秋裤。天冷我不怕，不穿秋裤扛一扛也就过去了。

那时年少轻狂，在学校里男生们都喜欢暗暗比试。比谁天越冷穿得越少，比谁秋裤穿得晚。大家约定俗成地认为天越冷穿得越少，秋裤穿得越晚的人越是铮（厉害）。男生们都想当铮人，就这么暗暗较劲着。有时在教室里即使冻得瑟瑟发抖也要硬撑着，不肯先一步把秋裤穿上。佛争一炷香，人争一口气，娃娃们就爱在穿不穿秋裤上争一争。有人说这叫要风度不要温度，我们不这么认为。虽然是娃娃，我们认为男人就要硬气，硬气就是要能抗得住冻，抗得住冻就是不穿秋裤，或者秋裤穿得越晚越好。

我妈显然能看出我的心思，几次三番催促无效之后就会骂"你再不要逞能耍二杆子了，等你娃把腿瘆了，像你爸一样你就知道瞎好了"。我爸也曾经说像我们这样的娃娃"穿单裤子显摆呢，腿和屁股受冻哩"。

少年不识愁滋味，只要现在"硬气"了，哪管他以后瘆不瘆腿。再说"今后、将来"，那是多么遥远的概念哟。对于父母的告诫，虽然没有完全置若罔闻，但也如过耳秋风没有留下多少。在要不要穿秋裤的问题上，我是几乎每年都要和我妈"打游击战"的。敌进我退，实在逼得紧了，也就会做出一些妥协"明天就穿"，到了明天又说"再过一天就穿"。一进9月，我妈就天天逼我穿秋裤。尽管她天天说叨，但我心里有一个明确的底线，一定要坚持到10月再穿。有时天实在太冷了，被她逼得不行，就应付着穿上，等天稍微一暖和就趁她不注意脱下来，偷偷塞到床褥下。但不久就会被发现，又会是一番训骂和唠叨，又逼着穿上。这秋裤也是穿了脱，脱了穿，反复好几次直到国庆过后才能稳定地穿上。穿上秋裤不久，我妈又开始唠叨在秋裤上加毛裤了。在加毛裤的问题上基本上都能按我妈的安排办。毕竟，下雪的天气，"硬气"着实敌不过毛裤带来的温暖。

穿秋裤要几经反复，脱秋裤也要几经反复。过了二月二，过完燎干节，虽然春寒料峭，但天气回暖，我就开始谋划着把秋裤脱下来。这个时候，我妈就又开始每天常规性的唠叨："天还冷着呢，把线裤子穿好，这个时节最容易瘆腿了。""你不要急着脱线裤子，再穿一个月再说。""你娃娃家早早把线裤子脱了，以后把腿瘆了，看以后咋办？"……言犹在耳，我行我素，该脱时还是毫不犹豫地脱下，没多久又会被她老人家发现，又被逼着穿了回去，来来回回，穿穿脱脱，几个回合斗争下来，也就到清明了，这时就可以名正言顺正大光明地不穿秋裤了。

尽管秋裤是不穿了，时不时那唠叨还会在耳边响起："你娃娃不知道深浅，等有一天你自己的娃娃也像你这么大了，你就知道你娘老子给你操的这份心了。"

"我的娃娃像我这么大了？！"多么遥远噢。

一晃，还真就快到了这个年纪了，真快啊。

许多年了，我离家在外，过年也很少回去了。家乡的秋天和冬天已经多年不曾体味了，秋裤也是许多年不穿了。实在冷时会穿比秋裤更暖和的保暖内衣，母亲催我穿秋裤的唠叨声也已经好久没听到了。她知道，儿子已为人父会知道照顾好自己的，穿不穿秋裤也会有儿媳妇操心的。

又是秋风起，唠叨声不再，不免又有一段乡愁涌上心头。

秋裤，秋裤，教我如何不想她！

相见时难

高中语文组　时　浩

十年了，这个城市的变化真大！

当年这个坐落于城市偏僻一隅的被你称为母校的地方如今已变成了大学城。当年你曾经天天走过的地方，如今许多人开着车转悠了半天就是找不到母校的所在。

你来了，他来了，她也来了，许多人来了，也有许多人没有来。你和她，他或她，好像还是十年前的模样，细看之下，又确乎是变了。相见时难，相逢一笑。你们的手机里还保留着彼此的手机号码，但彼此间已经许久没有联系了。也许当年离别时也曾紧紧相拥，潸然落泪；也许几年前还曾经参加过彼此的婚礼，但联系的确是慢慢少了，终于到了相忘于江湖的地步。没了联系，号码还存着，没想着删除，也许是为了有朝一日还会用到，也许仅仅只是保留心中一个位置。

十年，变化挺大。

有的人带着儿女来了，有的人挺着大肚子来了，有的人孑然一身来了。一些人在交流养儿育女的经验，一些人在重温当年校园生活的点滴旧事。有人在谈学区房的价格，有人在抱怨工作中的种种不满。某某某还没结婚，为之叹惋；某某某混得不错，几声揶揄。兄弟发的烟，照例是要抽的。一支支地派，一支支地抽，哪怕许久已经不闻烟味，但这支一定要点上。

班主任来了，依然那么年轻，依然那么亲切。这么多年过去了，还能一一叫出每个人的名字，还记得谁和谁当年有着怎样的故事，时间在她身上好像不曾走动。还记得当年那个当年妈妈让他叫你们叔叔，你们觉得不好意思戴着近视眼镜的小男孩吗？如今他已经在美国留学了，学的是机械工程。

是啊，转眼十年，你的孩子已经和当年那个小男孩差不多大了，大家都在感慨时光的变迁。

还在当年拍毕业照的地方按各人当年站的地方再次拍照，有些人没来，也许再也没有机会补全，那张毕业照也就成了永远的唯一。这个你曾经生活了四年的叫作母校的地方，如今已完全变了模样，一个更新更大设置更好配套更全的校园呈现在你面前。可是这些都和你有多大关系呢？你当年的宿舍楼不见了，操场不见了，食堂不见了，图书馆不见了，那些个你曾经留下足迹和声音的地方几乎消失殆尽，只有这座校门还保留着原来的模样，在周围新的建筑映照下它是那样的不合时宜。你有点心痛，不想再来这儿，这个叫作母校的地方，也许就像他或她的手机号码一样，只能在心里给它留一个位置。

菜上来了，酒倒好了，聚餐要开始了。有的人还没等到喝上一杯就要匆匆离开了，其实不想走，但还有比吃饭更不好推脱的事情要去忙。人在江湖，身不由己，能来已经表明了态度。当年，你们曾经嘲笑过别人喝酒不够豪爽。今天，你喝起酒来已经文雅了许多。因为要开车，你以茶代酒。其实，内心里，你期待着和兄弟们来一场大醉。

许多菜，几乎原封不动摆着。吃饭，不是今天的目的。怀旧的音乐响起，当年生活的照片以幻灯片的形式一张张呈现，十年变化的历程也一幕幕闪过。你在心中感叹，十年，如此之长又如此之快。仿佛还在眼前，刹那已历千山万水，有的人眼角已经湿润。本来素不相识的孩子，这时已经成了小伙伴，在饭桌周围热闹地嬉戏着。当年的小伙伴们，开始频频敬酒。有人已经身处显位，有人还在摸爬滚打，在这里，不称职务，只有兄弟、姐妹。也许你现在比我得意，但在当年你和我一个德行。且尽杯中酒，今天，我们只来怀旧。如果要表达什么主题，也只是向我们已经失去的青春致敬。

离开总有离开的理由，他或她要提前离开了，主动和你道别、握手，彼此间都表达了良好的祝福，只是这祝福多少有点客气了。祝福过后，是永远地相忘于江湖，再也找不到当年离别时的依依之情。望着他或她离去的背影，你突然有点惆怅，有点失落，你很奇怪怎么会这样？每个人心中都有一个小苹果。如今你喜欢哼着《小苹果》的曲调去回味无尽岁月，你更喜欢把它唱给你的孩子听，看着你的孩子快乐地笑着、跳着……

几个月前，大家就在张罗着这场聚会，动用一切能动用的手段，联系一切能联系到的人，但就是这样还有几位怎么也联系不上，永远失联了，像盐撒入水中，消失在茫茫人海里。曲终人未散，日子还在继续。有人说，下个十年再聚，不知会是啥样？有人说，十年一聚太长，五年吧。这次有三分之二的人来了，下个五年再聚，不知又有几人失联？

人生到处知何似，恰似飞鸿踏雪泥。泥上偶然留指爪，鸿飞那复计东西？当青春已成往事，当沧桑写满额头，你还能深深怀念那只小苹果吗？

哐糊饽

高中语文组　时　浩

糊饽是一种面食。糊饽这两个字是我根据当地的口音生造出来的。

做糊饽先要和面。面要和得硬一点，软了烙起来容易粘锅。和好了面，揉成一团，用一个盆子扣住先饧着，然后再开始忙配菜。洋芋、萝卜要切成条状，葱、辣椒切成丝，豆腐切成火柴盒大小的块，粉条先在温水里泡好。忙完了这些，面也饧得差不多了，接下来就擀面。把面擀成一个大饼，不能擀得太厚，也不能太薄，有半个小手指厚就行了。擀好面，就可以放在锅里烙了。因为是死面，容易焦，就要在锅底搽一层薄薄的油。烙的时候面饼上下翻转，等到七分熟了，也就是面饼上出现一个个黑色焦点的时候就可以出锅了。不能全熟，全熟了等一会再烩就不容易入味了。

把烙好的饼先切成若干一寸多宽的面带，再叠加起来，切成条状。切成的面条有一寸多长，切得要尽量细，粗了就不好吃，一则太粗面不容易入味，再则煮后面吸水膨胀不好看。切好的面先放着，准备炒菜。

在锅里倒适量的油，加热至冒烟，放入先前切好的葱段、辣椒丝、洋芋、萝卜条煸炒。煸炒到七分熟往锅里加水。水要根据面的量加，水可以加多，多了可以多煮一会儿，如果水少了口味就会受影响，所以做糊饽一般要用大锅。等水烧滚了，就可以下面，面煮得差不多了，就可以把泡好的粉条和豆腐块放进去一起煮，所有原料都入锅后就可以放盐和调味料了。一般来说糊饽的味道偏咸，但不能放醋。因为面条是烙过的，耐煮，不怕泡，所以糊饽可以较长时间熬煮。等到熬煮到洋芋、萝卜绵软了，只有汤汁不见清水的时候糊饽就可以出锅了。

糊饽是硬食，吃了很耐饥。上中学的时候，直径七寸的大老碗，我一次可以咥两碗。

　　糊饽也有荤素之分。前面说的糊饽的做法是素的做法，肉的糊饽的做法在煸菜的时候要加入炒肉的环节。肉糊饽以羊肉糊饽著名。老马家的羊肉糊饽如今都卖到了三十块钱一碗，比羊肉泡馍还贵。

　　那些年家里日子紧，从小我们就一直吃的是素糊饽。主菜以洋芋、萝卜居多。洋芋多时就叫洋芋糊饽，萝卜多时就叫萝卜糊饽，反正不是洋芋就是萝卜，这两样菜大众、便宜、耐储藏。快到冬天时家里经常买几袋子洋芋、萝卜放着。我不爱吃萝卜，嫌味道不好闻，每次吃萝卜糊饽都把萝卜条一一挑出来后再吃，因此家里吃洋芋糊饽的机会就较多。

　　有的地方也把糊饽叫烩饼。我以为这个叫法更能体现糊饽的特点。但我还是喜欢叫它糊饽，对我而言，糊饽承载了一段人生记忆，那是家乡和家的味道。

　　糊饽实在是极其普通的家常饭食。据我所知，北方许多地方，陕西、甘肃、河南、宁夏都有糊饽。它谈不上精致，难登大雅之堂，甚至还有那么几分粗鄙、粗犷。它就像北方的汉子一样低调、厚朴、有耐性、有韧劲。

　　我来到苏州十几年了，也成了"新苏州人"。苏州城里各种北方的吃食也很多。这些年陕西的肉夹馍、凉皮，河南的羊肉烩面在苏城也火了起来，吃的人很多。但我就是没见过卖糊饽的。如果有，不管多远，我愿意去美美地咥上两碗。

　　吃糊饽，最好用黑瓷老碗。不能说"吃"，要说"咥"。

洋 芋

高中语文组　时　浩

　　土豆你要是觉得它土气就叫它洋芋，你要是觉得它洋气就叫它土豆，不土不洋就叫它马铃薯。洋芋最大的特点就是实在。

　　我就是吃着洋芋长大的。

　　洋芋的吃法有许多种。可以蒸着吃、煮着吃、烤着吃、炒着吃、炖着吃、炸着吃等等，几乎所有的烹饪方法在它身上都适用。

　　那些年家里几乎天天要蒸馍馍。蒸馍馍时我妈喜欢在馍馍的空隙处随手放几个洋芋。馍馍一出笼，我总喜欢先去吃洋芋。洋芋的种类也有多种。有的皮光个小，有的皮粗个大，有的黄瓤，有的白瓤。相对而言，皮光的水多面少，适合炒菜；皮粗的水少面多，适合蒸煮。蒸好的洋芋一般都裂开了口子，皮粗的好剥，只几下就剥个精光，三下五除二就吃下去几个。有时没有皮粗的，就蒸皮光的，皮光的难剥，我是没有耐心的，剥几下剥不掉就干脆连皮吃下去。刚蒸好的洋芋有浓郁的香气，要趁热吃，冷了就没味道了。基本上我家里蒸的洋芋出笼不久就会被抢光了。

　　烤洋芋应该比蒸洋芋更好吃。洋芋被烤得外焦里嫩，掰开来，一股白气直窜鼻孔，忍不住你要狼吞虎咽，大快朵颐。

　　我上学那会儿，冬天教室里要生火炉，一前一后。经常就有同学从家里带来洋芋埋在教室后面的火炉里。上课前埋好，一节课下来，洋芋就烤得差不多了。刚一下课，男生们就一拥而上到炉子里掏洋芋吃，甚至为了抢洋芋大打出手的都有。有时火烧得太旺，或洋芋没埋好，课上到一半洋芋就熟了。香气在教室里弥漫开来间或伴随着洋芋爆裂的噼啪声，肚子里的馋虫就都出来活动了，哪里还有心思听课，就想着下课怎么去抢洋芋，恨不得马上就下课。

　　当然，我长这么大，吃得最多的还是炒洋芋丝。我至今还能炒得一手好洋芋丝。我自信我切的洋芋丝不比饭店的大厨差，这完全得益于早些年那些生活对我的训练。在我上小学、初中、高中的日子，洋芋就是我家的主菜，洋芋都能抵得上粮食的地位。有时候一顿饭就是一锅炒洋芋丝。一大锅，一个人端一碗，就着馍馍吃。洋芋丝很平易，可以就着馒头饼子吃，也可以拌着面条吃，还可以下着米饭吃。配洋芋丝的菜可有可无，可以完全洋芋丝，也可以西红柿炒洋芋丝、粉条炒洋芋丝、青椒炒洋芋丝、鸡蛋炒洋芋丝；有时用醋熘，有时用酱油煮；有时热炒，有时凉拌，我妈是想尽办法把洋芋丝整出各种花样来，洋芋丝就是这样隔三岔五地出现在我家的饭桌上，充实着我的肠胃。

　　就是在那些日子里，我爸手把手教我切洋芋丝，教我怎样切得细切得快又不切到手。在我父母因农忙不在家的日子里，我也能炒得出一锅能使自己不至于饿肚子的洋芋丝。

　　十多年前，我第一次带我妈到上海。在肯德基里，她第一次吃薯条，问我是什么，多少钱？我告诉她叫薯条，一份十几块钱。她吃后大呼上当，说，什么薯条，不就是个油炸洋芋棒吗？回去我给你炸一锅。回去后她果然尝试着炸洋芋条，但怎么炸也炸不出肯德基的效果，我只能告诉她，人家的洋芋和咱们的洋芋不是一个品种。

　　冬天买的洋芋如果吃不完开春时容易发芽，发了芽的洋芋有毒，只能扔掉。一到开春，眼看着洋芋要发芽，为了避免浪费，家里就会加快吃洋芋的节奏。有时一天三顿顿顿有洋芋。洋芋吃多了容易胃酸，我爸胃不好，不能多吃，但还是和我们一样照吃不误。

　　这就是我们老家那个时候的生活。

背离还是回归?

高中语文组　王丽丽

江南。飞雪。蓑衣。

浸入平和如静水的文字,在美妙的诗意中也变得忧伤,感喟着《江南蓑衣》纯美的意境,心在流淌中愈加苦涩。

背离还是回归?等着内心的救赎。

谁能救赎?尤其是内心的救赎,即使是蓑衣从古典中解脱出来,内心的救赎还是无能为力的,蓑衣的主人噙着泪水,躲在角落里远望,究竟看到了什么?想到了什么?期待中肯定有蓑衣的倩影,倒映在江南的身后。

婉转的情思不着痕迹地洞察了现代人内心的纠结。纠结比矛盾和挣扎更为深沉,物质还是精神?平和还是狂放?背离还是回归?

无视物质,徒有精神的生活终究是清贫的,这样的清贫人生有几人能耐?披着蓑衣的牧童和耕种的汉子,也卸下轻飘的蓑衣奔向城市,即使生活是辛酸和疲惫,也决然不肯回头。

徒有物质,只存精神的世界是虚无的,但却是现代都市人的极致追求。无力的空洞的人生被金钱束缚,现实被庸俗捆绑,想挣脱却陷得更深。志趣有无终不是我们应该思考的问题,活在当下,内心的享受是次要的,没有人有闲情去找寻高远的禅境。

寄情蓑衣,蓑衣是愉悦的农耕生活的缩影。仰望蓑衣,蓑衣是舒畅性情的自由写照。凝视蓑衣,蓑衣是现代人遗失的内心颤音。

蓑衣是属于江南的,属于不期而遇的某个雪天,更多是属于每个丧失内心的现代人。背离还是回归?无从诠释。愿变成牧童,骑在牛背上,吟唱江南蓑衣的歌谣。愿成为插秧的山地汉子,于微雨中挥一把劳作的汗水。当然,更想化作那座屋舍,披着蓑衣,静默地等待前来探寻自由、平淡的人们。

再一次忆着我们的江南,携着蓑衣踏梦而归。

粥的滋味

高中语文组　王丽丽

苏州是鱼米之乡,一天三顿离不开大米,但早上吃粥的人渐渐少了,不知何时人们更多地去面馆打发早饭。

苏州大街小巷到处都是知名的面馆,单位附近就陆续地开过朱鸿兴、义昌福、近水台、东吴面馆等有苏州特色的面馆,从六点半起或是更早就有陆续吃面的面客,从买面筹,到看面下锅、捞面落碗,再到簌簌落落地吸完一碗汤面,不消十分钟,刚进门和正欲出门的面客都是熟面孔,点个头,或是轻声招呼"来啦""走啦""再会"。

除了面点,也有人选择小笼包或是义昌福大包子,或是在绿杨馄饨店吃上一碗鲜馄饨。我偏爱喝粥,纯粹的白米粥,一早吃面、馄饨等,特感油腻,吃不大下,胃也不舒服。

可巧,办公室的两位好友每天都带一碗粥到单位吃,但也不是正宗的米粥,早上时间紧张,没空起来熬粥,将就煮个泡饭,对清晨的胃也算是交代了。相对好友,我偶尔会去永和豆浆打包一份粥,买的粥太薄,米肯定也不是好的,碎渣较多,颜色不够澄清的白,吃起来也没有香味,与家里的粥有天壤之别。

家里纯正的白米粥,好久没喝到了。想起小时候阿婆用土灶大锅烧的粥,煮好以后上面有一层透明的薄膜,阿婆把它叫成"衣",还说这层"衣"是最有营养的,总是最先盛到我碗里,稠稠的,粘到嘴巴上,舔出浓浓的味道。

自己烧粥的实践机会不多,成功的机会更少。水多,米少,是自己总结的烧粥的基本要领，但水和米的比例掌握不够，总是太薄或是太厚。这倒是其次，关键是可能性子太急，烧粥时老是会开会儿小差，高兴起来，一直掀开锅盖看看，但米粒压根就没有在短时间散开的迹象，扫兴地走开。等到记起来还在烧粥时，锅里的水蒸气早已把锅盖顶开，厨房间全是香香的热气，粥也偷偷地溢了出来。这时，有些恨粥了，台面上，锅的外壁全是黏黏的，我常恼火地清洗。但粥才不管你的这些苦恼，米和水还在热烈地翻腾着，誓要完美交融才好。慢慢地，学会了煮粥，文火炖煮，还要有足够的耐心，不时地搅拌，反反复复，米粒慢慢膨胀、软化，直至和水融合在一起，溢出温柔的味道。

粥要趁热吃，吃粥的兴致高时得配点小菜，譬如苏州津津牌的玫瑰腐乳，红艳的腐乳在香气腾腾的白粥上，红白相间，宛似一支娇羞的玫瑰，含苞待放，诱人动情。或是杭州的萧山萝卜干，脆脆的甘甜，煞是美妙。当然，更多时候，时间紧张，尖着嘴沿着碗沿，囫囵地嘬两口，一不小心，烫到心里去。

"莫言淡薄少滋味，淡薄之中滋味长。"白粥，足够淡薄，味道纯粹清香，让人亲近。

简记老杨

高中语文组　王丽丽

今天中午饭后碰到老杨，急急地打个招呼，准备去开会，老杨喊住我，"上次的照片打印好了，拍得不错，谢谢你。"我有些忘了是什么照片，甚为诧异，"呵呵，举手之劳，不用客气。"老杨说："其实，留个纪念，也不错的。开会还有几分钟，我给你看看照片？"到了老杨的办公室，看到老杨把照片压在玻璃垫的下面，塑封好了，我仔细一看，原来是3月份去乌镇拍的一张照片——和茅盾先生遗像的合影。想起当时的情景,和同事沿着幽静的小径寻觅到茅盾的墓前,适逢老杨,他请我给他拍张照片,简单地聊了几句,他说没有带相机的习惯,外出旅游,来过就算了,来乌镇,定要拜访茅盾先生的,虽然没有看过茅盾的任何文章,不过还是留下个纪念,算是对文化人的景仰吧。照片上的老杨和现实中一样,眉眼间有几分刚毅,腰板挺得笔直,严肃不苟言笑。

老杨身材高大,用威猛来形容一点也不为过。喜欢看兵器和军事之类的杂志,对国际形势等有独特的见解。老杨是单位的专职司机,开车有些年头了,以前单位出行全靠他一人,一天要跑几个来回。开车,作为一份工作,毫无怨言。老杨的时间观念很强,说是几点几分,就铁定就是几点几分,容不得半点的差池。

老杨的性格到底怎样,看不大出。比如他的开车水平很高,从来没有出过事情,性格算是稳重内敛型的,但是他在起步、停车和换挡时,显得非常急躁,车子的动静很大,往往会往前冲,或是车子颠得厉害,转弯时速度过快,坐在车里会随着方向东倒西歪。如果是远路,胃里会翻江倒海般难受,很容易晕车,尤其是现在私家车多了,很多人都不爱坐老杨的车了。

而老杨还是一刻没有停歇。每天早晨来了之后,就擦拭车窗玻璃等,打开车门,各方面检查一番,然后等待着出发,再出发——

对于老杨,了解肤浅,但是直觉他个性鲜明,故作此简记,期望对老杨了解比较深入的同行们能够具体地说说这位有点特立独行的资深司机。

哲学老马

高中语文组　王丽丽

老马，活得有些哲学，长得也很哲学的。

老马是单位不可或缺的人物，不知何时，单位所有的钥匙都归他管。只要是有关钥匙的事务他都及时解决，而且非得他才能操办。毫无疑问，钥匙掌握着单位和同事的命脉。

但是同办公室的，或是一大半的同事，都以别样的眼光看他，源于他成天乐呵呵的，甜得发腻了；尤其是看到领导，点头哈腰得有些过分，不少人认为他天生就是缺钙的，没有自我，活得可能有点累，在单位尤其是自认为是文化人的眼里，老马的存在的确有些不合众口。另外，老马像永远都是灰头土脸的，没有个干净的时候，胡子像是从没剃干净过，衣服也就是那几件，关键是老马越发心宽体胖了，衣服有些紧，肚子腆着，好像就连鞋子也嫌小，走起路来，踮着脚颤颤悠悠的，忙碌依旧乐得合不拢嘴。

据说，老马写论文很厉害，可那是很久以前的事情了；现如今是偶尔为之，还是很了得。现在老马的副业也很强大，基本可以盖过主业的势头。老马曾喜欢拍街头新闻，《姑苏晚报》《城市商报》上"312国道某段今晨发生两电瓶车相撞事件一起""李家与张家为宅基地起纠纷""李家的狗狗生一张猫脸"之类的小新闻，结尾往往在括号里写有"报料人：马先生"的字样；苏州新闻台聘他为特约记者，据说还奖了他一部摄像机。现在新闻少拍了，转行搞起了婚纱摄像。老马很热情，虽然热情得过头，但是婚嫁的人家总是很喜欢他周到的服务。

不过在单位里，他的副业就是拿着几串钥匙到处转悠。修锁、修桌子凳子的本领也日益精到了，很多同事不去上级部门审批，省得许多麻烦，而是直接联系老马，所以，时而还能看到他抡着工具四处忙活着。

最近，老马开始偷懒了，总喜欢开着他那辆破旧的电动车四处溜达。偌大的单位，他的车子到处都能停放，并且只要有插座方便充电的地方，都能看到他在争分夺秒地充电。

老马就是这样，迷糊的时候较多，所以总是受到领导的呵斥。老马对呵斥习以为常，习惯性的"呵呵"几声就可以蒙混过关了。碰到老马，你发再大的火也没有用，他就是这样的一个人，有些故意地犯迷糊。

听其他同事讲，老马现在也摆起臭架子了，喊他几次都不搭理你，推说忙，非得拿上级领导压他，他才会积极从事。其实不然，老马有些老了，犯糊涂的时候更多了，脾气、小性子渐长了些罢了。

面对如此热心肠的老马，你还能再作何高要求？想想吧：单位里还能有第二个老马？老话说"一山难容二虎"，照我说是"一校不见二马"。

寻找一盏灯

高中语文组　王丽丽

好多人能吟诵顾城的"黑夜给了我黑色的眼睛，我却用它寻找光明"。

黑色到底是怎样的？光明又指何物？这句震撼人心的话语，富有激情，又有些神秘，给我们无尽的思考，但只有朦胧的理解。

适逢最近写到了一个题目"寻找一盏灯"。灯是什么？是生命？回忆？真爱？还是希望？好像灯能指代的物象很多，无法尽悉。我们寻找这样的一盏灯，是为了我们的追求，它应该是能激起生命的火花，促成情感的温暖。无论如何，我们在寻找灯的过程中，定不能沉陷黑暗。正像顾城一样，即使处在黑暗中，我们依旧能摸索出光明，因为我们有黑色的眼睛。

想到顾城为人遗忘的一首诗《我们去寻找一盏灯》。

"窗帘""小站""大海"是诗歌中的三个主要的意象。也就是诗人所要寻找的灯的寄托。

"窗帘"和墙壁形成了真实意义上家的概念。在家中，世俗、仇恨、抱怨，一切可以放下。家就是温馨、幸福的港湾，除了家，还有哪里存在？因此"黄昏迁来的野花"，也会在家中以妖娆的颜色绽放，它不再受冻经霜、风吹雨淋，家给足了它温暖，为它点亮了一盏灯。野花放下故作的坚强，驱除造作的勇气，在家中，它不需要再强颜欢笑，不必再忍气吞声，即使孤零凋枯，也是在温暖的灯的怀抱中作柔和地告别。

"小站"有了人生的概念，但只适合那些热闹的人。"小站"有些祈求的味道，在四周满是荒草的站台，我们还有着"温和的记忆"。人生就是一个站台，或者是无数个站台，我们生动地活着，仅是活着，回首时，看到的只有长满蔓菁的若干个小站，自然而又荒芜。我们停驻不了匆忙的脚步，即使心不甘，也会被前行的人群裹挟着涌向前方。我们生命中有很多小站，但全是荒草满地，我们需要做的是，停下来，哪怕是一会，把自己的心安顿下来，在小站中清理杂草，俯拾间，我们的心灵不再疲惫。等小站驶过列车时，能载走一切不快，甚至是没有意义的自我。

"大海"永远是蔚蓝色一样的纯净。清澈如同美好的愿望，会让所有的人爱上它，就像是美丽的"金橘"，又像是孩子拥有的"早晨"。爱做梦的人们，向往大海，追求梦的归宿，纯真地渴望着生命中有一盏单纯的灯，浅浅的、淡淡的，心灵在大海中航行，犹如孩子般无忧无虑，无拘无束。

"走了那么远，我们去寻找一盏灯。"

很遗憾，世俗中有这三件事物，但只是世俗的，走多远？能走多远？

外婆，今晚念着你

高中语文组　王丽丽

好想念外婆啊！

小时候，逢年过节都要去外婆家聚会，我和表姐表哥们一进门总喜欢扑在外婆怀里，然后趁势和外婆比比个头，外婆个头只有一米四左右。每逢这时，外婆总是稍弯着身体，笑着说："快啦，明年就要超过我了。"

今年春节去外婆家拜年，我家的小不点航航绕着外婆和外婆的土灶头转悠，怎么都不肯开口，后来总算开讲："哈哈，外祖奶奶是个小矮人。"原来，重孙辈的小航航也想着和外婆比高矮了。航航的无忌童言惹得亲戚们哄堂大笑，谈及了多年前的趣事，大舅更是拉着航航去和外婆比比，这次外婆踮起了脚尖："你个小不点，还早呢，快点长大吧。"

外婆最大的爱好就是听戏。外婆爱听的戏，也就是乡下人家遭逢丧喜事唱的夜间大戏，没有优秀的演员、化妆、灯光，全然都是野路子，连唱腔都不够地道，但追捧的人很多，外婆算是其中最痴迷的。每听一场，总要打听好下一场的去向，无论多远，总会到场，每逢唱戏的那段日子，外婆能把附近的村子都跑个遍。去看戏，全靠外婆的一双小脚，常常要走很远的路，中午饭吃得饱饱的就出发，偶尔带点干粮去，还要在深夜摸着黑回家。舅舅姨娘们劝外婆不要去了，特地给她买了影碟机，可她就是不爱看。爱看戏的外婆熟人很多，时常还捎回戏友们送的好吃点心。有时碰到热心的主人家，会安排顺路的客人把外婆送回来。外婆爱听戏，更爱讲戏里的故事，《珍珠塔》的故事我老早倒背如流了，外婆没上过学，却极其聪明，记忆力特好，那么多的戏名、人物、情节，连唱词都全记得牢固。

可能是得益于听戏的爱好，外婆成天乐呵呵的，身体很硬朗，八十五岁的高龄了,精神矍铄,几乎没有生过病。就是人老了,视力和听力退化得很快,还有就是手抖得厉害,连一顿饭也要吃上老半天。勤快的外婆老是埋怨,人老了,做不了事情。外婆年轻时是做布鞋的能手,纳鞋底、做鞋样,是村里的好把式,以前我们小辈们的鞋子全凭外婆的手艺,外婆一针一线缝成的单鞋、棉鞋,结实、暖和,现在家里还存留着几双。按照风俗,老人家去世了,要穿布单鞋,外面的街市上早已少见了,外婆在她70岁那年就为自己纳了两双新布鞋,这么多年来,总是在夏天时拿出来晒晒,总还是关照舅舅们一定给她穿上。

岁月能流逝很多,但也能雕琢美好的回忆,镌刻深厚的情意。新年匆匆,聚会的时间总是很短,走的时候,对外婆说,让她好好的,明年再回来看她。外婆眯着眼笑了,很幸福地,像小孩子般。

今晚,想着外婆。

儿行千里话归家

高中语文组　王丽丽

年夜饭聚会上,老刁同志,不合场合地吟唱了很合时宜的《儿行千里》。

老刁是个内敛的人,连开场白都很含蓄:"如果我把你唱哭了,说明我就进入决赛了。"

离主席台很远,没有听清具体的歌词,旋律深沉隽永,老刁的唱腔高亢深邃,有鲜花,伴掌声,喧闹的氛围依旧,没有谁真的会在这样喜庆的氛围中热泪盈眶,尽管可能会有流向内心的泪水。

今日,又听《儿行千里》,心里再次被打动,眼泪因跳动的音符洒落,暖流汇向心田。

妈妈。母亲。娘啊。

平凡、无私、博大、细微、真挚、温馨——

这份无法用词语来诠释的爱似乎是与生俱来的，来得容易，不经意间就能收获，一个眼神，一句"走好"，一次哽咽。所以要呵护好就更难，"离乡"和"理想"本是相近的两个词，注定是一场无休止的追逐。人一直在奔向前方，有人成功了，有人满足了，有人失败了，有人堕落了。人在最无助的时候，惦记母亲的机会很多，母亲成了心灵的港湾、精神的居所。希望人在最得意的时候，心系母亲的几率更高，母亲不应该成为多余的负担。

近日，排队买票的场景时常在新闻中上演，有庆幸的得意："可以回家了，几年没回家了。"有排队等待的迷茫："再等等吧，总归是想回去的。"有酸楚的无奈："不回去了，没赚到钱啊！"不忍多看，儿行千里，归家急切，为在严寒中等待六七个小时的虔诚痛心，甚至有些痛恨这样的等候，痛恨造成这等待的所有因素，也包括了眷恋之情。

儿行千里，母忧万里。背井离乡、闯荡江湖的游子揪着了多少母亲的心，饱含了母亲多少的担忧和牵挂。如果可以，母亲希望儿紧挨自己的身旁。如果可以，母亲宁愿再苦苦自己。

儿等多时，母念多日。彻日整夜的排队，冰冷的艰辛，等待的无奈，等同的是母亲盼望儿的煎熬，守候村口的焦虑。

一样的眷恋，一样的期盼。一样的归家，一样的等候。

祝愿所有的：眷恋。归家。期盼。等候。

安好，外婆

高中语文组　王丽丽

　　五一放假回家，得知外婆生病了，和小阿姨通了电话，商量了具体的治病事宜，5月2日早晨我去乡下接外婆，第一眼看到外婆都不敢靠近，本身就矮小的外婆窝躺在半旧的藤椅上，缩成一团，脸色蜡黄，看到我后想站起，脚都没力气着地，用劲挣扎的手揪住了我的心。

　　忙扶着外婆上车，她拄着旧式大洋伞的伞柄，伞骨已经散架，只剩孤零零的伞柄，我说，外婆，下次给你买一根，这伞柄多难看啊，外婆说，我哪知自己有一天会用到拐杖？是啊，虽然年事已高，一直靠双脚赶戏场看戏的外婆，身体一向硬朗，怎么会用得着拐杖？

　　临出发前，外婆一再关照把她床上的几个包裹都带上。我说带那么多干吗，下次可以让舅舅们送过来的。外婆说，带好吧，都带好。我拗不过她，全部放到后备厢里，有些不解：包裹不轻，都装了什么？外婆说你难得回来，过年时剩余的熟花生你带上，袋口扎得紧，肯定没有受潮，还有上次人家给的三个苹果，你给航航吃。

　　在医院等到小阿姨，她看到外婆的状态，忍不住痛哭，我抱着她说忍着吧，不要给外婆看见，外婆心里也在哭呢，只不过不想让我们看到，一辈子都没进过医院，到老了做不了身体的主了，心里是何等害怕。

　　经专家会诊，确认是化脓性胆管炎，时间拖延太长了，情况不是很好，和小阿姨商量着具体的解决方案，先办住院手续，然后按照医生罗列的很多常规项目一一检查。主要是抽血，外婆的手太瘦，戳了几次都没有成功，外婆没有一句喊疼的话，像个安静的孩子，乖乖地等着。我重新找了老护士前来，所幸一下子就成功了，抽了足足一大罐、六小罐血，目不忍睹。原本就没有血色的外婆，怎么吃得消这样的折腾，真希望针戳在我的手上。

趁外婆住进病房准备挂水的空档，买好米粥，然后打发小阿姨回家。都10点半了，外婆滴水未进，想喂外婆喝粥，外婆坚持要自己吃，手抖得厉害，喝粥时嘴巴嗫嚅着张不开，喝完几口薄薄的米汤费了很大的力气，我捧着碗凑近外婆的嘴边，让她用吸管喝，外婆勉强又喝了几口，直叹气："说前一个月还胖胖的呢，什么都能吃，人老了就什么都老啦，连嘴都不听使唤了。"

安顿好外婆，让她好好休息，她怎么都不肯，关照我很多事情，包里的吃的不要忘了，看病能少花钱就少花钱，如果看不好就不要看了。

等到母亲来换我陪护，我把后备箱里的包裹拿出来，和母亲一起整理外婆的衣物。看到了装着花生的口袋，套了一层又一层，沉甸甸的样子，我不想带走，母亲关照我一定得带走，要不外婆不安心的。整理到一半，母亲突然抽泣，我看到母亲手上拿着外婆为她自己做的绣花鞋，是等到她去世时穿的，外婆怕自己过不了这一关，都给自己准备好了一切，包裹里装了外婆所有最坏的打算，难以想象外婆是怀着怎么样的心去整理这些的，泪早已满面。

按计划今天给出治疗的最终方案，刚刚和家里通过电话，下午进病房做的手术，刚出手术室，手术很成功，外婆的情况一切都好。

一切都好就好，遥祝外婆安好，等过一段时间再回家看望。

旅行的意义

高中语文组　王丽丽

  人生就是一场未知目的地的旅行，更多的时候，我们并不知道自己接下来会遇见怎样的未来。只不过有时候，我们只是一味狂奔，却忘记了旅行的意义。

——沃尔特·肯《在云端》

  暑期出行的同事们基本上都已完成出行的任务。从群里的签名心情可以看出，大家的兴致不高，从放假前聒噪的出行口号已销声匿迹，悸动之余怨声四起，去时带着欣喜，路途带着企盼，然而回来后只有抱怨，"再也不出去了。""无聊透顶。""什么鬼地方，还不如在家待着。"听到这样的肺腑之言，呵呵，心里直窃笑，因为我感同身受。

  平日上班压力聚积，有合适的机会出行，总会以欢呼雀跃的姿态热烈欢迎，也就有了庐山之行的冲动。为期三天的庐山遭遇，让我不再想着出行，在庐山之上，一直也在思考这个问题，千方百计要出行，可是旅行在外，的确有些失望。每天在车上颠簸，路上辗转，状态欠佳：呆坐、昏睡、惊醒、发懵，再昏睡。没有吃零食的习惯，因而没有带什么吃的，无聊时只能喝口水，打发让人抓狂郁闷的时光，尤其是煎熬了多久的期待，等待的美景却一无是处，心里就多了懊悔和怨恨，旅行就失去了原本的意义。

  旅行的意义可能在于对正常生活的反叛，出行给枯燥乏味的生活、工作打开一丝罅隙，我们尽情地纵飞而去，释放失衡的心情。嗅吸缝隙里的空气，让自己缓一缓，以致不会缺氧窒息，舒坦地沐浴一米阳光下，使剩余的时光不再荒芜苍白。

  旅行的意义又在于不停地幻想。虽然旅行累人累心，还是有很多人马不停蹄地愿意去奔走。正因为如此，面对未知的风景，我们总是抱有幻想，幻想前方就是自己想追求的风景。出发前，收拾行李，为旅行作详尽的准备，清点物件，行李箱里充填着有用无用的杂物，一路上，风尘迷了双眼，心神困顿难忍，结果毋庸置疑，拖着更加厚重的行囊，加倍疲惫地回到原点。结局如此不堪，为何路途行人乐此不疲，景点旅客摩肩接踵，纷至沓来？

旅行的意义最终可能在于可以拥有遥想的顾念。用镜头记录美好的瞬间，霎时的定格让景致静止，可遇而不可求的美好回忆比无尽的抱怨要现实，至少在多年以后，曾经不是很愉快的旅行故事，可以在泛黄的老照片中打捞，曾经一心想在旅行中找到自己，殊不知，心灵在无情的尘埃深处搁浅，再次打开，跳跃的或许是温暖的幻象。

生活中，茫然若失时，如果无法判定风往哪个方向吹，那就去旅行，无须理由，行囊随时等待召唤。

生活不会永远在别处，鼓足勇气，旅行而不是漂泊，重要的是去过了，何尝需要半点意义？

弥补清晨的错失

高中语文组　王丽丽

西边枕河人家，花费财力和物力，运了很多砖泥，驳实了河岸，还专门辟出一块地来，种点时令蔬菜，图个新鲜和方便。屋主打理得很好，种的植物品种很多，果实也颇丰硕，风景也别有情味：白色的芝麻花节节高，紫色的茄子花耷着脑袋，躲在叶子下，貌似还没睡醒，黄色的丝瓜花被虫子咬得像镂空的剪纸，还有难得一见橙色的花生花，点缀在杂乱矮小的花生丛里。

清晨，天高云淡，清风和畅，河岸一片盎然生机，煞是迷人。鲜有人去的河岸，也形成独特的风景，我拿着相机想拍点什么好的景致。一个小女孩，面目清秀，安静地跟着我转悠。我忙着采景,没有理会她。她过了很久问我:"阿姨,你在拍什么啊?""花啊!""为什么要拍花啊?""花儿可爱又漂亮,阿姨喜欢这些小花!""阿姨,那你拍我吧。"我怔了一下,没有立刻回应,拍了照片怎么给她,电脑传送,还是去影楼打印?想来有些麻烦,再说也素不相识,也没这个必要。小女孩看我没有下文,有些着急,用手捋捋头发,盯着我看,眼神里充满期待:"阿姨,你看,我也可爱和漂亮啊。"我失声笑了:"是的,你很漂亮啊,也很可爱,这么想拍照啊,那就喊你家妈妈来帮你拍,阿姨拍了又不能给你照片,那就是白拍了,好不好?"小女孩什么都没说,就悻悻地转身走了。

　　当时浸入美景中,真的没有在意,回家后把事情和母亲讲了,询问是谁家的孩子?何时搬来的?从母亲口中得知,小女孩叫欣欣,一家搬来半年不到,身世不幸,她妈染上毒瘾把家财全都败光,还欠了很多债,并且事发后再也没有出现,爸爸为了躲避讨债人,也借口外出打工难得回家,小女孩和爷爷奶奶租房东躲西藏,生活清苦,飘零不安定。

　　听到这些,想想刚刚发生的场景,深感惭愧。拍照对我是件很简易的事情,对小女孩却是个奢望,而我却考虑得过于现实,不近人情地拒绝了孩子的渴求,想来残忍,伤害了稚嫩的心灵,后悔无言,陷入反思。暗自下定决心:明天吧,如果可以,一定实现她小小的美丽梦想,也为自己的错失赎罪。

　　夜深了,期待明天,花儿定会更加娇艳。

寒山可语

高中语文组　王丽丽

"寒山可语"是庐山之旅的美丽邂逅。

在锦绣谷和仙人洞的山路左侧,"寒山可语"四个大字镌刻在比山路高出 20 多米的峭壁之上,颜色黯淡,没有落款,都是急忙赶路的游客,留意者不多。庆幸的是字体较大,字迹可辨,相机能够拍摄成像,装入心中。

寒山,不是一座山的名称,应该是指秋冬季节的深山。秋日,红叶漫山,硕果遍野,秋虫唧唧,冷月无声。冬日,白雪皑皑,冰天雪地,寒气袭人,沧月可鉴。

寒山,景色虽没有春日风光,夏日绚烈,除了独特的风景之外,重要的是可语。可语?意即可以交谈,彼此间心灵上的共鸣,精神上的遨游,敞开心扉,没有顾忌地畅谈,过去和未来,幸福和苦痛,感恩和嫉恨,只要是内心中迸发的话题都可以相互倾诉。

寒山可语,寒山一座山,可以和寒山执掌交心,促膝而谈,值得玩味。

面对寒山,可以把心托付,抚摩山崖石壁,倾诉自己的心迹,就必须留下自己的温度。寒山冰冷,不可触及,时间久了,却温润心田。

换言之,要真的走进寒山的心扉,听懂它的智言慧语,吾等庸常之辈,造化不及。超脱不了尘世的羁绊,即使挣脱了千万重樊笼,但是天地间还有不可预估的变数,下一刻,下一站,我们又能如何坦荡卸下,轻松走过?

寒山之上,我们走过陡峭的山崖峭壁,匆匆而过,惊鸿一瞥,也留存很多的未知,等着我们去体味。寒山可语,表达不仅是旖旎风光,也有高山幽壑憧憬无限意愿,一直以为它们寂静无言,这是我们和寒山之间的距离,读不懂他人,也难解自己。

寒山，不仅是逶迤绝伦的风景，常把可语的寒山放在心底，没有谁能像它一样作为高朋佳友，为自己指点迷津。

寒山伫立，静水深流，景默不语，一直温暖。

梨花一枝春带雨

高中语文组　王丽丽

星期四，趁着下班，有点自己的时间，果断去树山看梨花。

第一次去树山，沿路全是梨花的世界。正像雨中游乌镇的缘分一样，能够遇见经雨的梨花也是最妙的。前夜下了绵绵如酥的春雨，雨洗染过的梨花，冰肌玉骨，素洁清丽。花瓣枝叶上挂着晶莹剔透的雨珠，观赏或是拍照时若是稍有不慎，动静太大，雨珠会滚下花瓣枝叶，散落满地的清香。

素面朝天的梨花紧密地挨着，花开的没有间隙，美丽的身姿都舒展不开来。梨花，静谧地裹挟着淡淡香气，造就满树芳华，热烈地繁盛了整个天空。驻足在梨花深处，浸入童话般的梨花世界，仿佛聆听了花开的声音，默看花开的幸福，心底也漫溢出恬谧。注视冰清玉洁的梨花，纤尘不染，没有一丝妩媚之态，洁白的外表下还有纯净的心灵。是否是圣洁花仙子的化身，来到人间仙境？昭示着人们需要远离尘俗，给心灵做一次彻底的洗礼。

可巧，今天来得正是时候，梨花还没有完全开放，柔美的春雨只是给梨花温柔的爱抚，洗涤去它昔日等待的疲惫，树下还没有凋残的花瓣。信步在梨花丛中，想着今年无须再来了，最美的花，终是有花期的，能在自然中灿烂过，瞬间也会是永恒。

花一树、香一缕，春又一季。梨花的花期也是极为短暂，从花开到花落，总共只有十来天左右。看不得梨花的香消玉殒，尤其是树下堆砌的白色花瓣，总让心也跟着凋零。

明年吧，如果有机会，这时，还会来。

春在马兰头

高中语文组　王丽丽

下午终于有了片刻休闲的时间，怎奈天气阴沉，时不时飘点雨滴，想着去植物园看看又开什么花，还是被淘气的天气给羁绊了脚步。无聊地在院子里转圈溜达，装着忙活院子里的盆景，清除杂草时，惊现一株马兰头，有不期而遇的欣喜。

马兰头，可能是江南特有的野菜，清明前是吃马兰头的最佳日期，比荠菜稍晚一段时间。二三月时，天气一暖，马兰头就会从田埂间、菜地旁钻出，簇拥地隐藏枯草中，人们轻易看不大见。掐一片叶子嗅嗅，有股近似菊花但又比菊花更加浓郁的幽香，但马兰头的口感不是很好，初食者可能不是很喜欢，有股中药味道，麻麻凉凉的感觉。

按捺不住外出的心思，挖马兰头去。我和航航拿着工具和篮子快乐出发。很凑巧，刚出院门，邻居大婶就告知小区围墙边有马兰头，还热心地领着我去。马兰头一簇一簇的，热闹地挤在一起，虽然只有巴掌大的地方，但放在篮子中也有不少，嫩的老的全在一块儿，不大好下手。挖浅了，都是碎叶；挖深了，又全是老根。隔壁的大婶示范了挑的要领，我也好不容易挖到一把多的马兰头，航航拎着篮子在草地上飞跑，等他再回来时，篮子里的马兰头已是所剩无几了。想再找回，但落在草坪中找也找不到了。忙骗着小家伙去找其他的乐趣。篮子里的马兰头渐渐地涨满，压了又压，嫩嫩的叶子，稍不注意就会捻断，还好是个阴天，估计时间长了就蔫掉。

挖着挖着，发现驻足看的人多了起来。有个大婶更是急不可耐，借来一把大铁锹，直接连着土和马兰头一起搬回家，种在院子里的花盆里，等着想吃时就方便多了。

和航航满载而归，很久没有劳作了，有些腰酸背疼。趁着新鲜，拣去杂屑，再去掉些许黄叶和老去的根茎，又费去了不少时间，不过特有成就感。

让世界停止三秒

高中语文组　王丽丽

　　昨晚一场大雨，陪伴着狂风大作！
　　一早宋美女约我午休时间去拍水滴，心有灵犀。为不谋而合的想法发了握手的表情。今天天气阴沉沉的，有细雨飘落，如果运气好的话，还能拍到飞斜雨中的落花。
　　拍照是个爱好，电脑里的照片有上万张之多，大多是风景，人像很少，怕煞了风景，搅了自然原始的安谧。精彩的很少，堪称经典的几乎没有。
　　这个春天为自己争取了外出的机会，匆匆地胡乱走一番所有人头攒动的路径，快速地按下拍摄键，走马观花地拍了一些照片，个别照片还是能和宋美女的大作一比高下的，有些窃喜。我的水平，只能是拍照，还谈不上摄影，摄影是门艺术，我与之相距甚远。
　　以前一直认为好的照片都是要靠器材装点的，蠢蠢欲动地想着要换好点的装备，自己的卡片机铁定不会有什么大作为。现在想想，相机只是工具，照片才是归宿。不一定非得过硬的摄影器材，卡片机同样有镜头，只须你有让它拥有想象的翅膀。
　　真正的摄影需要耐心和敏锐的眼光，想要拍出好的作品，要懂得拍摄的角度，构图、位置、光线、主题等，更多的是要有一颗静美的心，这样的作品才会有无尽的意境。
　　身边的事物都可以作为拍摄的对象，花朵美丽，杂草也有魅力；山川壮阔，颓墙也有韵味。很多时候，周围的世界我们只是匆匆一瞥，而没有停驻观察过，忽视了很多美的细节，要学会把惊鸿一瞥的瞬间，定格在镜头里，化成了感动。

留住慧心的世界，哪怕三秒过后，有被删除的可能。

美驻足，让世界停止三秒。

一切安好，父亲

高中语文组　王丽丽

父亲明天开鼻息肉，小手术，没放在心上，中午母亲发信息让我打电话回家。电话是父亲接的，接起的时间很长，父亲没由来的问了一句：

"星期一请假了没？我明天要开刀。"

"没有啊，星期一中午还要开会呢，领导训话，不得缺席，怎么了？"我轻描淡写地说道，"小手术，就几分钟，不回来了！"

"真的不能请假了？也好，我让你弟弟请假了。"

"让他请假干吗，公司里的事情够他烦的了，有妈在不就行了。"我不禁提高声音。

电话那头没了声音，依稀又听到哽咽声，电话搁断了，这下我倒不安了起来。怎么了？连拨打家里几个电话，都无人接听。赶紧拨打了弟弟的手机，通了，弟弟叫我继续拨打宅电。

原来电话那头早已哭泣很久，这次电话是母亲接的，声音沙哑，说没事，你爸耍小孩脾气呢，没指望你回来，小手术，你爸年轻时大手术都没怕过，你别担心，回头明天再联系。

父亲从来都是内敛而坚强的人，怎么连割鼻息肉这样的小刀都要陪一大家子陪同？

"姐，咱爸老了，什么都怕了！"弟弟的短信提醒我。

父亲怕过什么？全然想不出，但现在年老的父亲躺在病榻上，却害怕几分钟的小手术，害怕失去我们的陪伴。

痛彻心扉，深深自责，为了我的无知和不屑。

所幸的是父亲不再内敛，所有的要求都让儿女知道，即使我们不理解他的"取闹"。

一定抽空回去。一切安好，父亲！

闲话刀刀

高中语文组　王丽丽

最近成功地把刀刀介绍给同事，一个内心澄净的，傻得可爱的"家伙"，意料中，她立刻为刀刀折服，嚷着想要去购买印有刀刀图案的文化衫，后因觉得太过招摇而放弃，这个周特地买了刀刀的第一季作品，爱不释手地咀嚼其中的深意。

几笔略加着色的线条，一到两句轻描淡写的话语。刀刀漫画中的每一句话每一幅图都能引起心底的共鸣，在心中留下些许或深或浅的印痕。

如何形容刀刀？

刀刀是只简单的狗，拥有简单的生活态度。

刀刀是只善思的狗，拥有无比的人生智慧。

刀刀是只幽默的狗，拥有深沉的人文精神。

而作者慕容引用"温暖"这个词来概括刀刀："我觉得我生活中还是有孤单的一面，有一个朋友，哪怕是你自己创作的形象，它可以一直陪着你，会让你觉得人生是不孤单的，这是一种温暖的感受。"

温暖，这就是刀刀的魅力，拥有永不消逝的温度，给心灵以温热的拥抱。

大多时候，有些累了，就想看看刀刀的漫画，发发呆。

刀刀比较优雅，淡淡地立在生活的边缘看待云舒云卷，一副置身世外的洒脱。

刀刀还有些胆怯,习惯性地放弃,既然得不到,就换种方式华丽地转身,懦弱地退缩又何妨?

刀刀也还有些寂寞,孤单地面对不堪承受的生活重负,小心地隐藏内心的脆弱。

纯净忧郁的眼神中有嘲讽,不苟言笑的神情中有禅趣,义愤填膺的愤怒中有平静,寂寞无助的淡愁中有欣喜。

刀刀是谁?也许就是另一个你。如果你能读懂它。

一杯安慰

高中语文组　王丽丽

夏日酷暑,办公室饮水机多日没水,水壶前日不堪重负地罢了工,其实平常也忙得没空喝水,杂事缠身,安定地坐下喝水的时刻很少。没水就没水,我和同事们也没想到去改变现状,熬着就熬着,偶尔也就发发牢骚罢了。

适逢小周美女来访,借用我的电脑查阅资料,发送邮件,并确定下班回家能否搭车事宜。无意中听我抱怨,渴死了,断水几天了,她笑道你们真是与"三个和尚没水喝"有异曲同工之妙啊,我嗔怒:"你个小和尚,今天自个儿就挑着行李乘公交回去吧。"说完就笑着出去了。

等我回来,发现瓷杯里盛满水,会心一笑,对着资料,猛喝一口,久久没有咽下,奇怪的味道,有些酸苦。皱着眉头,定睛杯中一看,一片柠檬在水中沉淀着。柠檬茶第一次喝,味道不甚喜欢,酸、苦,还有些涩。对于口干舌燥的我来说,这杯水、这片柠檬有些奢侈。索性放下手中的资料,立身走到窗前,暂作片刻的憩息。

柠檬片原本是干瘪的，颜色枯黄，薄薄的一小片，浸入水中，在杯底驻扎，因水的滋润，而渐渐饱满，把水染成了淡黄，散发出苦涩，啜一小口，清香的酸，温馨的甜，淡淡的苦，三种味道瞬间转换，却足够回味。

柠檬虽为水果，直接吃的人几乎没有，主要是取用它的汁液，调味或是泡茶。新鲜的柠檬汁，酸味更是刺激，难忍，比盐津食品更能挑动涎水的渗出，这就也促成了酸是柠檬茶的主旋律，能品出别样的味道，这也可能就是小资们喜欢它的理由，酸而清新，转而认为柠檬也是有些许甘甜的，沁人心脾。然而最终苦涩占据了味道的全部，喝完杯中的柠檬水，荡漾在唇间的只剩下苦涩。

回家途中，感怀同事的细心，一杯水，一片柠檬，深表谢意，小周美女说明天再送几片过来，我忙连声婉拒。

一次品尝足矣，多了也会变味。

即使柠檬茶只是味蕾片刻的过客，也已经汇成了一杯安慰。

因关怀，而体悟，极其细微的事物都可以促成心灵悸动的因子。

一杯安慰，得到了，还应传递。

女儿终于睡着了

高中语文组　王　萍

晚上哄女儿睡觉，可她毫无睡意，一个劲地捣乱；我明天还要起早的，咋办？

你看，这个小家伙，只管在被窝里兴奋地上蹿下跳……哎！

机会终于来了。她一个不小心，头碰到我的下巴了，我就顺势"晕"倒。她见我双眼紧闭，不说话了，紧张地喊道："妈妈！

妈妈……你起来呢！起来呢！"

"妈妈死掉了。"

"不要死掉，妈妈不要死掉呢！"

"妈妈被你撞死了！"

小家伙边哭边摇着我说："不要死掉，不要死掉，我再也不撞妈妈，呜呜……"

看我还是没反应，她就边哭边向爸爸求救："爸爸，妈妈被我撞死了，我不要妈妈死掉！"

我实在忍不住了，睁开眼，见女儿泪流满面，一副伤心的样子。

我笑着道："妈妈被你哭活了。"

她哭得更伤心了，小手还凑上来勾住我的脖子道："妈妈，我不是故意的，我不要你死掉，我见不到你了，会很想你的。"

我给她边擦眼泪边安慰道："你这么可爱，妈妈怎么舍得死掉呢。别哭了，乖，睡吧，妈妈不死了。"

"妈妈，刚才你死掉了怎么还会说话的呀？"女儿终于回过神来了。

我笑着回道："妈妈吓唬你呢！妈妈要你赶快睡，不要再调皮了。妈妈明天还要早起做早饭，上班，挣钱，给你买好吃的。"

这一下，女儿乖乖地躺着不动，不一会儿发出了微微的鼾声……

外　貌

高中语文组　王　萍

每次抱宝宝出去玩，别人都用审视的眼神看看我和宝宝，然后试探着问：你家宝贝一定像爸爸？确实如此，和她爸太像了，有时我趁着宝贝熟睡的时候，仔细地寻找着哪怕一丁点儿和我相似的地方，每次都是以失望而告终！不过小家伙现在的性格表现很像我：开朗，嘴甜，很会讨人喜欢！哈哈！

  我觉得老公整张脸最好看的地方就是眼睛了，所以我们宝贝的招牌就是那双黑黑的、圆圆的、咕噜噜的、炯炯有神的大眼睛了。每个人第一次见到她都会感慨一声：这个小朋友的眼睛好大好圆啊！然后我就对人笑笑，心里别提那个美啊！不过也有一次例外，宝宝15个月以来的第一次：一次我抱着她去超市购物，在收银台那里，一阿姨逗我家宝玩，突然说："这个小朋友长得好好玩，鼻梁塌得太好玩了。"

  晕了，无语，只能报以尴尬的微笑；原本我可是准备她夸宝贝眼睛圆圆的好看呢。

  不可否认，宝宝确实塌鼻梁，似乎在肚子里就像忘记长鼻梁了。他爸每次抱她的时候都会帮她用力地捏几把，我在一边劝道：别捏了，遗传因素，非后天可以改变的。然后老公就很不服气地说：大不了长大了去垫个鼻梁。

  同事潘说我家宝宝长得很精致：圆圆的脸型，大大的眼睛，小小的嘴巴，鼻梁塌得也很有型。明知道人家是在往好处里说，自己心里还是美滋滋的。

  臭美归臭美，还是得客观评价下宝宝外貌的。小时候的她戴一荷叶边的小帽子，白白嫩嫩的皮肤，肉乎乎的小脸儿，不谦虚地说真的像个洋娃娃。可大了就变了，越来越像她爸了。

  我相信不管自己的子女漂亮与否，在父母亲看来，自己的孩子永远都是最好的。我和老公都很普通，并不奢望自己的女儿是个美女，我只希望在她成长的道路上充满欢声笑语。

  最棒的，我家的宝宝。

外 人

高中语文组　王　萍

"飘飘何所似，天地一沙鸥"，杜甫一直喜欢用寥廓而苍茫的天地作为人生的背景和底色，在这样的底色下，人显得如此的渺小，人生显得如此的短暂。"无边落木萧萧下，不尽长江滚滚来"，"星垂平野阔，月涌大江流"，把自己放在这样一个壮阔的背景中，漂泊的孤独，和由此而带来的悲凉的感慨，都在这对比中传达出来。

漂泊，总是让人伤感的，因为它总让人没有归属感。虽然我现在已在苏州安家，可莫名的还会有一种漂泊之感。下了晚自习，走在昏黄的路灯下，空荡荡的大街上，自己的脚步声听得那么真切，抬头仰望天空，黑洞洞的，并没有满天的繁星，不知我为谁，为何会在此。耳边的吴侬软语，时时在提醒自己：我是个外地人。

因为语言，我永远无法真正融入这座美丽的江南水城。餐桌上那一直又甜又酥的苏帮菜，虽然很美味，可却缺少了一种味道：故乡的辣味。因为不时怀念故乡那辣辣的味道，我永远无法真正融入这座美丽酥甜的江南水城。身边的南方人，性格一如语言般柔软温婉和平和精致，而因为自己骨子里无法改变的北方个性，我永远无法真正融入这座美丽的江南水城。

也许女人注定就是漂泊的命运，离开生养自己的父母的家，来到另一个全新的家庭，作为儿媳，自己永远都是外人。

平平淡淡才是真

高中语文组　王　萍

"爱至少是一种相当长久的迷恋。迷恋而又长久，就有了互相的玩味和欣赏，爱便是这样一种乐此不疲的玩味和欣赏。如果有一天觉得索然无味，毫无玩兴了，爱就荡然无存了。"

上述这段话是学者周国平说的，我也曾经对老公说过：因为我爱你所以我愿意为你做任何事情，也许哪天这种感觉不存在了，生活就会彻底颠覆了。恋爱的时候我们相约：现实生活中琐碎和烦心的事情太多了，所以恋爱应该是为了摆脱现实的痛苦，去寻找幸福和快乐，所以我们不要互相猜忌，而更多的应该是彼此的宽容和理解，彼此的坦白和真诚，彼此的鼓励和安慰，彼此的关心和牵挂，彼此的快乐共享，彼此的心灵沟通……

曾经的我们确实是这样的，可自从女儿的出生，一切原有的秩序全都被打乱了。

我整个人的时间和精力几乎被宝宝消耗殆尽，繁忙的生活让自己的内心失去了以往的平静和浪漫。生活中有太多的琐碎和平淡，把我对生活的期待和热情消磨殆尽，根本没有一丁点的时间来回味和梳理下自己的心绪。

这样的生活让我变得烦躁不安，不知不觉中自己情绪就激动起来了，动辄抱怨周围的人和事，老公很无辜地对我说，我对他越来越不好了，我对他越来越不满意了，他现在改变了那么多，而我却永远都不满足地数落他的种种不是。

我到底是怎么了？我不停地问自己，不停地在寻找答案。难道真的是我对他的爱荡然无存了吗？答案是否定的，我知道自己越来越依恋他，那到底是什么让我变成这样呢？我终于明白了为什么说现实生活很恐怖，每个女人都会经历这样的洗礼（我觉得"洗礼"是比较合适的词），因为女人在生活中经历的磨难最多，由充满期待、幻想和浪漫的女生，成长为务实、坚强而柔韧的女人，这是一个必经过程，谁也无法逃避。

岁月会在我们的脸上留下明显的痕迹，虽然那是衰老的标志，可同样也是女人味的表现。我现在觉得，固然每个人对青春都是依依不舍，回味无穷，可毕竟我们都终将老去，青春的味道和成熟的魅力应该是各有千秋吧！我们无法抗拒岁月的流逝，青春的远去，我们只能接受生活的磨炼，在生活的实践中去体会那句平淡的话：平平淡淡的生活才是真！

唐婉殇

高中语文组　王　萍

钗头凤

红酥手，黄滕酒，满城春色宫墙柳。东风恶，欢情薄，一杯愁绪，几年离索。错！错！错！

春如旧，人空瘦，泪痕红浥鲛绡透。桃花落，闲池阁，山盟虽在，锦书难托。莫，莫，莫！

——陆游

世情薄，人情恶，雨送黄昏花易落。晓风干，泪痕残，欲笺心事，独语斜阑。难，难，难！

人成各，今非昨，病魂常似秋千索。角声寒，夜阑珊，怕人寻问，咽泪装欢。瞒，瞒，瞒！

——唐婉

今夜无眠，翻开宋词，我被你远远地牵引着，我看到那个活在宋词里温婉的女子款款而来；我看到那个"美人终作土"的哀怨佳人从八百年不堪的幽梦中翩然而至；我看到了用八百年凝结成的眼泪淹没了江南烟雨里那缠绵幽怨的爱情。

于是，是夜满是千年前的宋词意韵。

纤弱的唐婉，让我隔着时空为你轻拭眼角的泪水吧！千年过去了，世人读着《钗头凤》，陆游浸透在词里的缱绻情怀，有谁读懂你呢？一纸休书，文静灵秀的你被弃，从此劳燕分飞，连理枝断；从此一腔愁苦哀怨；从此一杯杯苦药强咽；从此，在"执手相看泪眼"里，一朵娇艳的花儿渐渐枯萎，"人比黄花瘦"。

我隔着时空，总是看见你瘦弱的身影，孑立在黄昏中，依倚着危楼斜栏，天空昏暗，落红满地，容颜憔悴，沉沉的心思，行行的眼泪，绝望的相思无人倾诉，"怕人寻问"，只能"咽泪装欢"，怎一个"愁"字了得？一词合罢，你已耗尽心血，留下最后一抹凄婉的笑容，一缕幽魂随风远逝。

沈园池畔，残阳如血，穿过婆娑的竹林，斑驳的碎片丢落了一地，"滴下钗头多泪，沈家园里草犹悲"，垂柳轻拂下的那一泓碧水不再清澈，绿荫婆娑里的青青竹林没有了昔日的勃勃生机，"天长地久有时尽，此恨绵绵无绝期"。

断墙残垣，千古绝唱，一首挽歌唱了八百年，沈园里的雨落了八百年，沈园里的柳絮飘飞了八百年，沈园上空那轮皎皎的孤月也等待了八百年……你轻立云端，仙袂飘飘，一定看到了风烛残年84岁的他最后一次走进烟雨氤氲的沈园，"尘满面，鬓如霜"，空对着沈园老泪纵横；你一定听到了他颤抖的声音回旋在天际，"伤心桥下春波绿，疑是惊鸿照影来"，"也信美人终作土，不堪幽梦太匆匆"，他为自己当年的懦弱付出了一生的时间去追悔、赎罪，然后随你而去……你终于可以舒展眉头，会心一笑了。年华有限情无尽，生不能相伴，死却能相依……

你的故事湿透了我的心扉，走近你，走近了一段无奈的爱情，千年前的故事至今仍在演绎，唯一不同的是，今夕还有谁会在诗词中暗自神伤，还有谁会守着一个承诺等到地老天荒！

孤独与孤单

高中语文组　王　萍

现在的很多人动辄就说自己很孤独，其实充其量就是孤单或无聊。孤单，是一个人独处，没有伴；而孤独是源于心灵深处，即使和一群人共处，可仍无法排解内心的孤独感。史铁生云：人生来注定只能是自己，人生来注定是活在他人中间并且无法与他人彻底沟通，这意味着孤独。

柳宗元的《江雪》所创设的意境应是孤独的最高境界："千山鸟飞绝，万径人踪灭。孤舟蓑笠翁，独钓寒江雪。"通过这样的意境来表达作者内心深处的浓重的孤独感。

李白虽然被誉为诗仙，但仍摆脱不了孤独的困扰，"举杯邀明月，对影成三人"，一代诗仙也只能对着月和影而徒发感慨；"众鸟高飞尽，孤云独去闲。相看两不厌，只有敬亭山。"作者和自然万物融为一体，在这一融合中作者暂且忘却了孤独。

其实越是思想家，他就越要忍受着孤独的折磨，所以自古至今很多人都在为自己寻找精神上的寄托，为自己的精神寻找一种崇高。一向以乐观豁达著称的东坡先生不也需要给自己找到精神上解脱或慰藉吗？"寄蜉蝣于天地，渺沧海之一粟。哀吾生之须臾，羡长江之无穷。"在精神上产生困惑时，他不也在给自己心灵寻找一种答案吗？"盖将自其变者而观之，则天地曾不能以一瞬。自其不变者而观之，则物与我皆无尽也。"说得多么精辟啊！站在这样一个永恒的高度，为自己，也为后代无数失落的心灵找到了慰藉。

所以白居易的"绿蚁新醅酒，红泥小火炉。晚来天欲雪，能饮一杯无"是很多人梦寐以求的：新酿的米酒，色绿香浓；小小红泥炉，烧得殷红。天快黑了，大雪要来啦……能否共饮一杯，老朋友？这样温馨的场景，和老朋友畅谈人生种种，是多么让人羡慕啊！

送 考

高中语文组　周霞桥

今天，2012 年 6 月 7 日，平生第一次送考。

警灯闪烁，干净的大巴一辆跟着一辆。每每逢着春游，也是这样的大巴，只是那日的司机似乎总是很没耐心，超车狂奔的大有人在，而今日，大巴整齐有序地跟着，双跳灯按着同样的节奏有力地跳动，一如考生们"怦怦"的心跳。

车内少有的安静，平日里无论什么时间，这群叽叽喳喳的小雀从来都不愿意消停，可今天或许是起得有些早了，或许他们真的有些许忐忑吧，竟然觉着班主任王红老师接电话的声音有些突兀和刺耳了。

车子以 40 码的速度稳稳地驶向目的地。七年前，在这个熟悉的地方，我开始了自己的征程，而此刻我又将把第一批喊我老师的人送上如此重要的战场，我想我应该是幸运的吧！

近了，校门口有些拥堵，私家车横七竖八地塞着，有新有旧，但无论从哪辆车上下来的孩子，都背着家长期待的眼神，一串一串，串起了多少家庭殷殷的期盼。

有了昨日的演练，学生顺利地坐到了休息室的座位上，安静却掩不住脸上的兴奋，时不时互相小声地讨论着，连一向沉默不语的她也突然转了性似的喋喋不休起来。

时钟滴答，转眼就到八点半了，竟一下子不知该嘱咐他们什么，简单地强调了一两句老生常谈的要点后，他们便有序地站起身，朝着考场走去。庞大的人群都朝着一个方向涌去，平时看来宽敞够用的楼梯一下子被噎着了。

警戒线懒懒搭在地上，细弱却无言地阻隔了我们，看着学生头也不回地走向考场，心头涌出一种难言的情绪。三年了，看着他们从懵懵懂懂喜欢淘气贫嘴，到哭着在周记里告诉我学画有多苦可自己还会坚持，再到装得小大人似的认真地说："老师，你帮我拔分吧，做多少题都成！"我很有幸感受着他们一路的蜕变，犹记得艺考过后第一堂课上他们坚定而成熟的眼神，我知道他们真的长大了。

三个小时的等待有些漫长！沉稳的班主任王老师说着梦里的本科预测，政治老师出身的张老师谈着风水和喜鹊，我们则跟着肆无忌惮地笑。其实这笑声背后是忧，更是莫大的期待！

11：15，老师的吃饭时间到了，菜式很是丰盛，可是终究也没吃下太多。11：30的铃声准时响起，该收正卷了，还有半小时。等待在无言中继续。12：00，铃声大作，站在太阳下的我竟然狠狠地喘了口气，可我分明告诉自己我不紧张，身旁的杨杨居然也随着我的气息声漾出了憋了一早晨的笑容。

警戒线随着铃声再一次躺到了地上，附近的老师都一个箭步冲进考区，紧张地观望着或快或慢走出来的考生，不敢细问，却希望从孩子的眼神里看到种种暗示。

王老师麻利地张开了塑料袋，准备收集"二证"（准考证和身份证），我则在一旁拿好饭券，迎着第一个到来的学生，虽然我极想开口问上一句"卷子难吗？"可是考过便结束，我不能自私地影响他们下一场考试，忍住，再忍住。

一个，两个，一张一张饭券从我指尖滑出，传递到班里34个学生的手里，当最后一张饭券被抽走的瞬间，我知道我的使命完成了，这一刻以后，我真正送别了他们。

同学们，你们要记得不管今年的高考是成了，抑或败了，你们始终都是我心中最乖巧的学生，认真走好以后的每一步吧，加油！

散步偶感

高中语文组　周莉莉

傍晚，晚饭后，我俩出门随意走走。还是那么热，一出门就满身是汗，于是走到河边，希望有水的地方能清凉一点。突然想看看他以前小时候住过的房子，听说离这里不远。

走进废弃的厂区，杂草丛生；破旧的厂房只剩下框架，连窗户都没有，简直是一副屋架骷髅，令人悚然，惨不忍睹。偶尔看到几个人走过，原来这边也还是有人住着。

找了半天，他才记起老房子的位置。踏着令人觉得亲切的石板路，顺着几棵大树拐过去，终于找到了——两排低矮的红砖小平房。触目所见，蛛网遍布，破落苍凉；四周还有不知名的小虫在叫着，愈发苍凉。门上的铁锁早已锈迹斑斑，透过玻璃窗往里看，空空如也，想起这是他小时候住了多年的地方，突然心里充满了一种柔软的感动。

记忆里，我远方老家的老房子也是这样，还有读书时住过的房子，该不都是这样了吧？

在这样的一个黄昏，在距离我的家乡那么远的地方，在长大这么多年后，面前的一切就这样触动我的心弦！刹那间有一种恍惚之感，好似光阴流回到很多年前，在那个我熟悉的地方，有亲爱的家人朋友在身边，仿佛还能听见当年的笑声，那样的生活好像从来不曾远离。时光真的残酷，就这样把我们的生活改变得面目全非，而我们却浑然不觉。

又想起刚才来的路上，看到河边的一些小植物都已经长那么高了；上次看到的时候才离地面一点点，真的不得不感叹时光飞逝。

"等拆迁后这边就什么痕迹也没有了。"听着这句话，我又忍不住再回头看一眼，小平房仍然倔强地伫立在那里，它大概不知道等待自己的是什么吧？

（三）记　游

杭马记

高中语文组　时　浩

一

2014年11月2日的杭州马拉松赛是我本年度参加的第三场马拉松赛。

我是在同事陆英的帮助下报名参加这次杭马的，陆英和老汤他们两口子都是资深跑友，这次我们相约同跑杭马。

11月1日早上7点在小区门口和陆英夫妇汇合，驱车前往苏州。在滨河路泊车，时间尚早，三人步行至狮山路体育中心。上马协大巴，人到齐后开车，经停苏州日报社又上来一拨人。男男女女，老汉阿婆靓妹帅哥都有。然后车上苏嘉杭高速，一路南下，中途经停德清服务区，放风片刻。大巴车上领到了我此次参赛的衣物包和号码布，号码是22717。

车上睡了片刻，一觉醒来已进入杭州市区。下午一点半到达下榻地，是位于文三路上的星庭风尚连锁酒店。原本安排的是我和吴江的高万海一个房间，后来听说高万海不来了，领队说再另行安排吧。

就近吃过午饭，陆英夫妇说他们去西湖玩，我说你们去吧，我一个人随便走走。从文三路到天目山路走了一圈。困意袭来，就回房间休息。听着电视睡觉，醒来已是下午4点，觉得有精神头了，就想出去走走。去哪里呢？明天的比赛起点在黄龙体育中心，那就去那儿看看吧。几年前我曾经骑着自行车对着地图在杭州城里转了好几天，大致的方向还是有的。沿着文三路向东，走小路上天目山路，继续向东，走不远就可以望见黄龙体育中心的高塔。走不远路过浙大，就有了进去一游的念头。

上次来浙大还是九年前的事了。2005年"五一"节，我来杭州玩，恰同乡杨春光兄在浙大读研究生，就蹭吃蹭喝住在了春光兄的宿舍里，一住就是一个礼拜。春光兄将他的自行车和园林卡给了我，让我去玩。我拿了地图对照着上面的景点，爱去哪儿去哪儿。灵隐、虎跑、龙井、西溪，最远骑车过了钱塘江大桥，到了萧山，西湖更是一日三次骑游过。苏白二堤、南山北山两街都重复去过许多次。浙大的几个校区也都转过。还曾在一个晚上夜闯浙大文学院想去拜会时任文学院院长的大侠金庸，无奈天色已晚，怅然而归。那一周的骑行杭州奠定了我对杭州最基本的认识和了解。临别时现已结婚当时尚在谈恋爱的春光兄夫妇在浙大留学生餐厅热情为我饯行。时间很快，春光夫妇研究生毕业后都留在了杭州的银行系统工作，早已结婚、生子。后来和他们的联系也少了，不觉九年就过去了。再次进入浙大，又找到了春光夫妇请我吃饭的留学生食堂，又找到了曾住过的春光兄的研究生宿舍楼。楼还是那座楼，食堂还是那个食堂，浙大的变化并不大。在伟人招手的雕塑前还有许多人在拍照留念，我回头望了望，走出了浙大。

在浙大路，由于建筑物的遮挡，看不到黄龙体育中心高塔，突然有点迷路，只能凭着感觉往西走去，拐了几拐山重水复之际，柳暗花明，就上了曙光路，黄龙体育场在望。第二天就要比赛，杭马的准备工作正在展开。发令颁奖的主席台已经搭好，上面有许多穿比赛服的选手在拍照。大屏幕和音响也在调试，声音震天响。主席台后面停了几辆厦门电视台的转播车。明天上海马拉松同步开跑，我想是不是央视五套明天转播上马不转播杭马了呢？也随手用手机拍了几张，就准备回去了。早点睡觉，养足精神，明天开跑。沿曙光路直行，转教工路，再转文三路历时四十多分钟就到了宾馆附近。这时已经七点多了，夜色正浓。恰好宾馆外有家陕西饭馆，走进去要了一碗烩麻食和一个肉夹馍，吃了个汗流浃背，心满意足回到了房间。

二

按马协原先的安排，第二天凌晨4点半起床，吃早餐，5点半乘大巴到黄龙体育中心。当时心里就奇怪，4点半睡得正香呢，有必要起那么早吗？正看电视，陆英敲门告诉我，计划有变：第二天早6点起床，退房吃早餐，六点半一行人走到黄龙体育中心，大巴不送了，能多睡一会儿了。我想这还差不多。

　　片刻后，一背旅行包的大汉推门而入。问之，说是临时调剂过来的，今晚和我一个房间。大汉身材健硕，皮肤黝黑，一看就是经常跑马的。他说半个月前刚去跑北马，但因为雾霾没有跑成，这是第二次跑杭马了。大汉的装备很齐全，长装短装都有，显得很专业。一进门就开始整理他的装备，别好号码布，穿起来拿着个微单相机，对着镜子摆出造型一顿好拍。我躺在床上看电视，劲爆体育在播英超，利物浦对纽卡斯尔，看了上半场，零比零，没劲，关灯睡觉。

　　可能是对比赛的兴奋和期待，夜里睡得不很踏实。凌晨4点半，大汉就起身了，忙着整理装备和洗漱。我虽然醒了，但不愿这么早就起来，也不习惯，就又蒙着头睡了一会儿。6点起床，洗漱完毕，打开电视机，斜躺在床上，吃了两包苏打饼干，喝了半瓶矿泉水，下楼退房、集中。6点半，一行人集中在酒店门厅，准备出发。天有些阴沉，比较冷。不少男的穿了长衣长裤，有几个女士倒穿着清凉，教人看上去替她们冷。在苏州马拉松协会的大旗引领下，一伙人步行前往目的地。一开始路上行人比较少，一些人看到我们这样运动的装束还露出异样的神色。走上教工路，和我们一样装束的人开始多了起来。越接近黄龙体育中心人越多，人们从四面八方向这里汇聚，公交车上一车一车都是穿比赛服的人。还有几百米到黄龙体育中心，公交车、大巴、出租车排成了长龙，已经开不进去了。前面有警察在极力疏导，参赛的人潮水一般汇集到这里，各色的旗帜迎风飘扬。

　　我们的队伍已经走散，只能各自为战。在体育馆十号门附近有存衣处，有志愿者在引导。找了半天没有找到我对应的号码区。原来这里是全马的存衣点，半马的还在大巴车上。又找了过去，在六号车找到了对应的存衣区，就脱了衣裤存了起来。天微明，风大，穿着短袖短裤感觉还是颇冷。趁机又在黄龙体育场正门拍了几张照片，稀里糊涂就随着人流到了出发点。发令台后一群红衣大妈们在扭着大秧歌。发令台前穿红衣的志愿者手挽手拉起了人墙，隔开了赛道，特警们也雄赳赳地立在两侧。赛道中间，一行人引人注目，一个貌似大人物的正接受电视台采访。

　　全马、半马都在一处起跑，赶紧去找自己的位置。就听志愿者们喊，往后，往后，再往后。离起点走了一百多米说是可以了。原来跑全马的在前面，半马在后面。全马号码布是红色的，半马是蓝色的。站定了，一开始还感觉有点冷，随着人越来越多，就不觉得了。到后来，已经人挤人、人挨人，密不透风了。一看表，7点半，还要等半个小时。有人说今天上马杭马同时开跑，估计央视转播上马了，杭马电视上看不到了。有人说说不定都转播呢。就有人开始论证一家电视台同时转播两场马拉松赛的难度，各种声音都在响起。

　　突然，后面的人开始集体性骚动，人们抬头望天，一架直升机飞了过来，跟着我们这也骚动了起来，随着直升机转去，骚动也传了过去。等到直升机再飞过来，就看到了CCTV的标志。那直升机一圈一圈在头顶盘旋，过来一次人群就骚动一次。不一会又有一架遥控的小型飞行器从头顶飞过，忽高忽低，来来回回，来回一次，人群骚动一次。就在直升机和飞行器不停骚动中，时间走向了2014年11月2日上午8点。

三

　　终于起跑了，人群动了起来。随着人流向前走了几步，又停了下来，原地踏步。前面的人确实在动，但我们这里又显然不动。有人说，别急，跑全马的两万多人呢，等这些人跑完了，起码得三四分钟。渐渐有了松动，可以缓缓行进了。当我正式踏上起点的时候，电子计时牌上显示的是8点05分27秒。发令台上站着几个穿蓝色羽绒服的人，看样子是发令的官员领导，旁边的大屏幕上显示跑在最前面的是个黑人。

　　刚出起点，人还是很密集，根本跑不起来，前不见头，后不见尾，只能跟着人流涌动。每过一处有摄像的地方，总有人兴奋地要去亲近镜头，或跳或笑。跑的人绝大多数短袖短裤，奇装异服的也不少，有穿成动漫人物的，有蜘蛛侠造型的，有超人的，有肌肉服的，有僵尸服的。有肩扛大旗的，也有头插小红旗的，不少美女穿着清凉性感，凹凸毕现，还有赤脚跑的，果然光脚不怕穿鞋的。有年轻人跑了一两千米就气喘吁吁，也有老人跑了几十公里面不改色，似闲庭信步。有朋友边说边跑的，有情侣拉手跑的，有大人抱着小孩跑的，有年轻人推着老人跑的。各种各样的人物，各种各样的声音，各种各样的风景。杭州市民见惯世面，在道路两侧加油助威，也有义务伸出援手提供帮助的。

　　从起点出发，沿曙光路跑了两三公里，就到了西湖边。西湖里波平浪静，隐隐可以看见白堤和断桥。沿着西湖边的步行街一直就到了解放路，顺着解放路，跑过一条隧道，也不知东西南北，一直在跑，六七公里处就进入了钱江新城。钱江新城是我不曾来过的，感觉就像围着杭州市民中心绕圈子。又过了一个不长的涵洞，就到了12公里处，短马的终点。这个时候感觉小腿后面的肌肉有点紧张了。想一想还有9公里，多一半已经过去了，就继续坚持吧。终于要上桥了，这是钱江四桥，刚上桥时是18公里，下了桥是20公里。我曾在钱江一桥上骑自行车走过，四桥没来过。虽然两边景色不错，但已无暇去看，一心只向前，终点就在前面2公里处。

　　下了桥还有一千多米，感觉这一千多米好漫长。到了半马终点前200米处，人流分开。跑全马的继续向前，有那么多人继续跑下去，好生佩服。半马的左转就到了。提气、冲刺，张开双臂冲向终点，终于完成了。看电子计时牌，刚好2小时。

　　领奖品的人实在太多，好不容易挤进去。领了一块奖牌，也没有别的纪念品，只拿到一瓶水。找到存衣服的六号车，领了衣物就地换上。做了几个拉伸动作，感觉还好，不是太累，比半个月前常熟半马状态要好。身上的汗早已风干，拿手一摸，是一层盐。选手们陆续到来，人影散乱。终点不远处，一个老头子躺在地上，医生正在急救。等了半晌，才挤上像春运火车一样的免费摆渡车。摆渡车将一车人拉倒就近的地铁站，又再回去拉人。

看来只能乘地铁返回黄龙体育中心了。身上还带了几块钱，幸好凭参赛号码布可以免费领取地铁票一张。问工作人员到黄龙体育中心坐到那里？答曰，武林广场。地铁七八站到武林广场。出站，张目四望，一脸茫然，不辨东西。黄龙体育中心安在？问人，说还有五六公里。怎么走？拐弯太多，记不清楚。正发愁之际，在过街天桥上望见青山隐隐，窃喜。黄龙体育中心近山，望着山前进，肯定没问题。时间尚早，且步行前去。此时膝盖隐隐作痛，下台阶甚是吃力，走路不易。

8点起跑，10点跑完，11点到武林广场，12点走到黄龙体育中心，刚好四小时。此时跑全马的选手陆续跑向终点。看着这些不论是有力冲刺还是步履沉重的不管是男是女是老是少，心底里不由生起一股钦佩之情，他们都是英雄！

四

肚子有点饿了，在黄龙体育场一层的一间极小的肯德基里要了一个汉堡和一杯可乐先垫一下吧，顺便和旁边的一个四十来岁的哥儿们聊了起来。他说从北京来，这次是来杭州看朋友，顺便跑杭马，半个月前刚跑了北马。他跑的是全马，我问用了多少时间？他说三个半小时。我说他厉害。问他平时怎么训练，他说每天早上5公里，家离单位近，不影响工作。又聊了一会儿，歇息了片刻，就出来了。

体育场外有黄牛在倒卖球票，下午3点的，中超最后一轮，杭州绿城对长春亚泰，三十块钱，问我要不要？这是一场无关生死的比赛，尽管我还牵挂着恒大和国安的争冠大战，但还是有些许心动。毕竟来一次杭州不容易，跑个半马再看一场中超回去，就完美收官了。又想着看完球再买票乘动车回去，不知道什么时候了，掂量了一下，就对黄牛摇了摇头。

下午1点半左右，在存衣处找到了苏州马协大旗。队员们陆续来到了旗下，交流着比赛情况和成绩。退休医生六十多岁的领队高金宝全马跑了3个小时30分,还说跑得慢了。和我同一房间的大汉半马跑了1小时40分。晚到的陆英夫妇跑了2小时10分左右。所有人都看不出疲惫的样子,脸上都洋溢着笑容。说着笑着,相互鼓励着。在老年人活动中心找到了本队大巴。由于一些人找不到地方,吃饭又耽搁了一些时间,等到所有人都凑齐,发车返程的时候已经是下午2点半。

  在车上等待的时候,我配了几幅照片,在朋友圈发了一条微信:终于跑完了,强人真多,坚持,超越!这不是炫耀,是一种对自我的期许吧。以前我还挺自负的,觉得自己挺能跑的,在学校操场上跑个十圈二十圈好像挺厉害似的。这次跑了杭马才真正认识到什么叫天外有天,人外有人。你厉害?在几万人的队伍中你什么都不是,你普通得不能再普通。跑在你前面的人不知道有多少,你只不过跑了个半马,全马可不仅仅只是半马乘以二,你能不能跑下来还是个未知数。你才三十多岁,正值壮年,看看那些跑完全马的,那么多比你老的、比你小的,那么多女的,你跑完半马都花了两个多小时,你这个时间人家全马都跑完了,这是怎样地挑战人体极限啊!你还敢说你能跑吗?这样想着,也就暗暗下了决心,一定要平时多训练,明年杭马跑全马。

  车子从黄龙体育中心驶出,沿着天目山路向西驶去,碰上堵车,走走停停,异常缓慢。高队、王队这一干老头子精力真是旺盛,在年轻人都疲倦之时他们竟在车上唱起了高亢的歌曲,驱走堵车的窝心。走了1个小时终于出了杭州市区,上杭州绕城高速,转沪杭高速,再转乍嘉苏高速。在嘉兴服务区休息,买了一盒薯片充饥。上车,继续西进。倦意袭来,就睡了过去。醒来的时候已到苏州,远远的街灯亮了,夜色笼罩着苏城。人们分几拨下去,越来越少,最后我和陆英夫妇在体育中心下了车。走是走不动了,乘公交车两站路到了新城花园酒店,步行不远,到了昨日我们停车的地方。老汤车开得飞快,一路向望亭驶去,这大概就是归心似箭吧。

  说起来这是第28届杭马了。28年了,初生婴儿都要靠拢而立之年了。今年我才匆匆赶来。当然，对于杭马我不会是匆匆过客。有理由相信我会和它成为朋友，会相伴到老。

到家，已是晚上7点半。走的时候，孩子还在熟睡。回来，孩子兴奋地叫着，爸爸回来了。现在她还小，不知道什么是马拉松。我想有那么一天我会带着她一起去跑马拉松，也会有那么一天她一定会超过我。

生命不息，运动不止，运动的生命应该是可以传承的。

补记：时间过得很快，又一年过去了，2015年的杭马又要来了。2015年上半年我参加了多场马拉松赛，全马也跑了三个，半马最好也到了1小时40分以内。运动机能和成绩都有不小的提高和突破。下半年由于第二个孩子11月初要出生，不宜远行，几场马拉松赛都没有参加。今年的杭马在11月1日，陆英他们又要去了，我是去不了了，在这里祝他们取得好成绩吧。还是那句话，生命不息，运动不止，来日方长。

美国游学十六天日记

高中英语组　王林方

Day 1

7月5日早上6:30家里出发至苏州桂花公园，然后乘坐大巴前往上海，两小时后到达上海浦东机场。11点半开始登机，第一次乘坐飞机，心里不免有些紧张。这一次乘坐的是达美航空公司的大飞机，感觉还是比较平稳，就是起飞和降落时耳膜不太舒服，嚼下口香糖就OK了。飞机上升到10000米的安全高度，飞行平稳，人也就舒适了。

第一次乘飞机犯了几个小小失误。首先过安检的时候，把我新买的一条牙膏查了出来（液体、乳霜不能带上飞机），只能当场扔掉。其次晚上飞机上的温度比较低，而我由于国内夏天比较热只穿了一件短袖T恤，唯一带的一件外套放在箱子里托运了，只能领了飞机上的一条薄薄的小毛毯披在身上，最后差点感冒。

在飞机上的时间只能靠看电影、睡觉度过，由于太长时间坐着，两腿感觉很不舒服。飞机飞了大约12个小时，到6号半夜1点抵达美国西雅图。前往洛杉矶还要转机，这里需要过美国的海关。美国对进入本国的旅客有严格规定，不能携带植物、肉类。估计是防止破坏美国的生态以及防疫的需要。飞机上喇叭一遍又一遍播放着如果被查到携带违禁物品会被罚款500美元。当时我思想激烈地斗争着，因为我带了一些牛肉干、鱼干（听说也是违禁的），最后还是选择了全部扔在机场，以免不幸被罚3000多人民币。接着乘坐美国国内的航班又飞了2个半小时，终于到达洛杉矶。接机的大巴把我们送到一个停车场，美国住家已经提前在这里等着我们，分好组后他们热情地把我们领回家。由于我们的住家是墨西哥人，所以晚上在美的第一顿晚饭吃了墨西哥餐"taco"！

Day 2

第一晚，由于时差的原因，一点睡意也没，瞪着眼睛等天亮。凌晨打开微信竟然好多老师和我一样睡不着，所以索性一晚上就群聊了，反正也睡不着，时差、兴奋、新鲜是我们聊天的主题。挨到5点睡意袭来，正做梦间闹钟开始响起，学习的第一天正式到来。

上午我们一行人参观Monroe中学。这个时间也是美国的暑假，暑期的学习段叫作Summer Bridge，有需求的学生自愿选择课程，为下一学期的学习提优补差，所以每个班级学生数很少，3至12人不等。

阅读课对我很有启发。老师和学生每人拿一本小说，一段段读，老师针对每段内容提问。Bridge这个词很好地诠释了这种特殊时段的学习作用。

午饭后参观当地图书馆，好多老师已经困得趴下了……气温不高，有点冷。晚饭继续墨西哥餐，最让我们不能接受的是蔬菜全是生的，洗洗干净切切小拌点萨拉就可以吃了。由于住家条件一般，没有提供太多的肉，而我们有几个男老师可是食肉动物，所以晚上决定去逛附近的超市。超市里东西很多，同伴们也买到了肉，吃完以后感觉有点小幸福。这里的鸡肉、咖啡、车厘子比国内便宜很多，于是我们准备每天买些车厘子吃，同伴开玩笑说吃到就是挣到。但是这里西瓜价格很贵。

Day 3

住家很早起来帮我们做早饭，每人一份炒蛋、两块面包、三根小香肠、一杯果汁，味道不错。今天上午我们要参观 Morningside 高中。我很认真地听了一节英语课。美国的老师没有给学生划单词，没有概括中心意思，也没有给出标准答案，更多的是开放性问题的提问，他们非常注重学生品格的培养：勇敢，自信，责任。

You should know who you are, what you can be and what you should be.

我强烈地感觉到我一直是在教"书"，而他们才是真正的"教育"。

简单的中饭后，下午继续听讲座。给我们做讲座的是一位出生在意大利的美国老太太，抹着口红，很热情，精力也比较充沛。当她看到我们下午犯困，便把所有老师叫到大太阳下上课。她身体力行，先往草坪上一坐，我们也只能打起精神认真听讲。

晚上，住家妈妈带我们去"长滩"，那里风景美得让人窒息，还有那艘大船 Queen Mary。晚饭是在当地很有名的饭店吃的，奥巴马吃过的地方，看菜单 Obama's special 就是总统大人当时点的菜。

Day 4

上午再次参观 Monroe 中学，所有苏州的老师齐聚一堂，分享我们在洛杉矶三天来的经历和学习心得。

午饭时，和当地的老师进行了交流。校长告诉我们：学生在校发生意外,校方不是包揽一切责任的,但事先学校需要向学生、家长告知相关安全提示。

下午,我们参观了南加州大学(USC)。这所大学不像国内的大学讲究"门面",它没有气派的大门。在南加州大学,有很多入口,我想这是不是在体现美国的包容和开放呢。这是一所私立学校,收费贵得让人咋舌,每年仅学费就要十万美元。但是这里有很多中国留学生,看来我们中国人越来越富裕了呀。

2小时后去了当地有名的大卖场,也不便宜,空手而归。一天学习交流回到家里,住家妈妈热情地邀请我们吃越南菜,菜单所见即所得,分量足得让我相信美国没有奸商,撑死我了⋯⋯

Day 5

今天不想谈学习和交流,想说说这里的环境和交通。

关于环境这里的确漂亮,在国内好久没看到这么蓝的天空了,普通老百姓的住房都是建在树林之中,屋前屋后有小花园,房子是木质结构,地上一层但都有地下室。这里的气温也是非常宜人,大多时间披件外套正好;如果实在热的话只要到地下室去,根本不需要空调。奇怪的是这里居然没有蚊子,也少见苍蝇。我判断,应该是这里比较干燥,很少下雨,不适合蚊子的生长吧;也许就是晚上气温比较低,蚊子受不了这种低温。

关于交通,这里也是经常堵车,公路上密密麻麻的汽车,每家至少有2辆,在这里汽车是比较便宜的东西。我注意了一下行驶在路上汽车的牌子,虽然有很多国内没有见过的老爷车,但是大部分的牌子都是我们耳熟能详的,有丰田、福特、雪佛兰、大众等;公路上开过的豪车,感觉还不如望亭小镇上多。看来老美虽然很有钱,但生活着实低调。他们讲究的是实用性,而不是一味追求豪华外表,这很值得我们好好借鉴。

美国的驾驶员非常遵守规章制度,每当我们上车时都会提醒我们系安全带,每到一个路口都会停一下。在美国会让我们真正感受到什么叫"车让人",只要驾驶员看到人行道有人就会足够耐心地等行人过马路。为什么这里的驾驶员这么守规矩呢?因为这里的罚款实在太厉害，罚得你不得不"自觉"。还有就是这里没有电瓶车，路上除了汽车，有时还能看到很酷的摩托车和自行车。

Day 6

早上告别洛杉矶的住家，因为我们要前往下一站去波特兰学习了，看见几位女教师眼眶都湿了，估计和这里的住家已经有感情了，依依不舍，毕竟住家也照顾我们快一周了。

上午我们一行人经过美国内华达州西部沙漠里的奥特莱斯（购物的地方），在这里很多中国人见名牌包包都是几十几十个买，保健品几千几千买，因为这里的东西比起国内的价格实在便宜得多。

因为是周末，去拉斯维加斯的路上大堵车，大伙儿都在想象着电视里面赌城的镜头。到了之后看见赌城的酒店很奢华，在二楼上造了一片天空和一条威尼斯小河，逼真极了。赌场没窗没钟，放纯氧，让赌徒们忘了时间忘了一切。大部分老师不喜欢这里的灯红酒绿，熙熙攘攘。

回到入住的酒店已经接近0点，听说这里的酒店很便宜，因为老板很有经商头脑，不挣酒店住宿的钱，而是要挣赌徒的钱。十赌九输，还是洗洗睡了吧，明天还要赶早。

Day 7

六点不到，送早饭的就来敲门了。睡眼蒙眬吃了早饭，继续赶路，前往科罗拉多大峡谷。花了230美元乘坐了科罗拉多大峡谷直升机，来到大峡谷的底部，景色超赞，很多老师都说值得一来，也顺便体验了一下乘坐直升机的感觉。从谷底返回上面，然后在玻璃桥（skywalk）上走了一下，下面就是万丈深渊，很多老师在走的时候，双腿发抖，我想这项目不适合有恐高症的人。

下午2点返回，五个小时后到达巴斯托吃晚饭，洛杉矶和拉斯之间的一个小城。晚上10点半到达林肯酒店。

Day 8

半夜11点睡觉，夜里3点起床。离开洛杉矶，前往波特兰。

这几天睡眠严重不足。对身体和精神都是严峻的考验。好在到了波特兰就可以有安定生活了。

大家浩浩荡荡进驻波特兰州立大学，Andeo 的负责人介绍了相关情况，主要是就每天的交通问题作了详细的解释。

4 点半住家 Pam 将我们接回家中。

房子不错，一层小楼，有地下室。男主人和女主人都是黑人咨询师，算是同行。还有个 24 岁的女儿不住在家里。晚饭后，他们陪我们走到轻轨站，教我们明天怎么乘轻轨上学。白天好长，这里九点半天才天黑。以前以为老美戴副墨镜在耍酷，来到美国才感觉墨镜是必备的，这里的阳光很刺眼。

Day 9

打开冰箱，看着乱七八糟的食物，顿时食欲都没了，每人拿了个鸡蛋和香蕉解决了今天的早餐。拎起一袋面包塞进背包当午饭。

第一天乘美国的轻轨，有点紧张，时刻关注着每个站点。这里的站点都是以交叉的两条路命名，所以不算太难。项目组给每位老师发了 16 张车票。每天上车时我们把这张票塞进一个机器，另一个机器立马吐出打出一张印有当天日期的票。带着这张票，可以乘坐其他任何一辆轻轨或巴士，不计次数不计路程，不用再付费（每张车票 5 美元）。

在巴士车厢内，两侧都有黄色的线，乘客在下一站下车只要拉一下这根线，喇叭里立刻响起叮咚的音乐，提醒司机下一站停车。司机会和每位上车的乘客问候，每个下车的乘客也都会向司机道谢，好和谐。

午饭时，发现带出来的面包发了霉，一会儿回家必须和住家说清楚。校园里有很多餐车，买了一份土豆甜面，6 美元。

晚上，男主人教我们怎么洗碗。首先垃圾分类很清楚，食物残留放在一个可循环的盒子里，废纸塑料放在另一个垃圾筒里，其他就都放入厨房里一个超大的垃圾筒里。水池边有个按钮，一按就发出嗡嗡的响声，住家介绍说这是将水池里的脏东西进行处理成为堆肥。

Day 10

昨天 Pam 给我们准备了今天的早饭和中饭。早饭就是粥，我要求他不要加任何东西，什么酱啊之类的想想就吃不下，还不如白粥来得痛快。中饭也是简单的两块面包加个鸡蛋。

虽然吃的不怎么样，但波特兰的风景好极了。比较洛杉矶，这里优美干净，虽然不是大都市，但小家碧玉也很清新可人的。

波特兰州立大学满眼绿色。大树参天，小松鼠在树间草地上跳跃，空气无比清新，漫步校园，心情无比舒畅。今天中午又遇到了大学里免费发放水果，心情大好。

在波特兰大学，大家都体验了一下拿免费水果，那个队伍长得和中国大妈商店门口拿赠品一样热闹。人家打着改善学生伙食的目的，我们觉得好奇也去凑了个热闹。一人可以领取两大袋苹果和一只甜瓜。真心好吃，今天的中饭就是它了。

Day 11

Activities-based EFL 是我喜欢的上课形式，有很多课堂活动，对成人来说比较幼稚，但很适合我们的学生，轻松活泼，让所有学生都有兴趣参与其中,在享受乐趣的过程中不知不觉有所收获。但是，想想我们每个班有那么多学生，作为一位中国的老师，面对的挑战不是一点点啊。

今天下午提前放学，就相约到附近的商场购物。回家时，自作聪明提前一站下车，结果找不到家了，还好有谷歌地图。这个软件是昨天买了新手机下载的，今天就派到用场了，非常好用，以后再也不用担心自己会迷路了。

顺便提一下这边的苹果手机是世界上最便宜的，苹果6要比国内便宜 1000 元多人民币。

Day 12

今天第一节课让我很兴奋，老师让我们就前几天的课程学习作一个（小汇报）mini-presentation，有的小组合作上台摆了三角形、星型的造型，有的小组介绍了 mind-map 教学法，有的小组展示了合作教学法。

我们组合作展示了游戏教学法，结尾采纳了 Cathy 的建议，当我们唱着小苹果欢乐地跳到自己座位上时，全场轰动了起来，大家都为我们鼓掌叫好。

最后我们所有学员都完成了小汇报，美国老师对我们评价很高。

Day 13

转眼又是星期五了。吃晚饭时，同伴用中文问我要不要吃个肉圆，住家可能误以为我们在谈论食物不好或者不同，当场就向我们指出在他们面前这样做有失礼貌，她说她不懂中餐，但已尽量迎合，所以请我们尊重她的劳动。我们没有解释，确实错了。

今天洗过澡后一定得洗衣服了，已经有一个星期的衣服没洗了，不然要没衣服穿了，虽然已经买了 2 件 T 恤。美国人不像我们一样每天要洗衣服，他们把一周换下来的衣物集中一天洗，所以常常看见他们换下来的衣物是一大筐一大筐的。美国人洗好衣物后直接高温烘干，所以根本看不见有人晾晒衣物，据说晾晒衣物是要被罚款的。

Day 14—15

周末，住家带我们到迷失湖野营。两个晚上，五个人，挤在一个小屋里。湖的周围到处是杉树、枞树，绕湖一圈，走走停停，嬉笑追逐。远望山顶白雪皑皑。手机没有信号，远离网络！

Day 16

时间在每天上课下课的忙碌中飞逝。每天积极地迎接所有的挑战，从不会有煎熬的感觉。

昨天读到杨绛的一句话：有些人之所以不断成长，是因为有一种坚持下去的力量。我不敢说自己成长得多快，但我的内心肯定是强大的。继续加油！

英国修学日志

初中语文组　裘丽萍

一

开学的忙碌中迎来了9月11日,赴英培训。黎明破晓前,赶到区教育局,许老师和我同去,她第一个到达。此时的教育局大楼笼罩在深蓝色的夜幕中,虫鸣唧唧啾啾,静谧而安详。出国培训会议上,强调要有时间观念,很有道理。守不守时体现了一个人最基本的素质,一个没有时间观念的人基本上得不到别人的尊重,也会丧失很多机遇。

不久,团队成员陆续到达,大巴车直奔上海浦东国际机场。车子很快到了机场,今天似乎特别快,也许心情愉悦吧!这次培训到今天能够顺利成行,教育局领导做了很多工作,很多努力,真的不容易,想着这些,更觉应该珍惜这次难得的学习机会,用心去感受,用心去学习。

机场的托运行李和安检都很顺利,待到候机,收到家人和朋友发来的信息,心里暖暖的感动。不管身在何处,身处何境,他们都是我们前进的动力。11:40,准时登上波音787,维珍航空,空姐的笑容好灿烂。男同志们主动为女同志提行李,很绅士很细心,我的护颈枕掉了还浑然不知,唐老师跟在后面却悄悄帮我捡了。出门在外,互帮互助,才能更强大。

此次飞行12小时不到,长时间地坐着倒也是种考验。飞机配备触摸屏幕,随手选了一部电影来看。一个叫克拉克的女孩去一家富有的家庭做女看护,看护的对象是一个叫威尔的银行家,在一次车祸中不幸高位瘫痪,颈部以下不能动弹。两人在朝夕相处中,渐渐产生好感。就在这时克拉克知道了威尔准备用安乐死结束他不想再过的生活,于是克拉克决定让他改变主意。她用自己真诚善良的心让威尔感受到了温暖和爱。故事往往这样,威尔也同时爱上了她。然而，威尔决定用一种特殊的方式去爱这个其貌不扬满心善良的姑娘，他要放手。为了让她寻找更广阔波澜的人生，他坚决选择了安乐死。看过很多爱情电影，却很少真正感动的，此刻心里真的触动了。每个人都会爱，被爱，但怎样爱，懂得的人也许并不多。放手的爱，爱得豁达，爱得彻底，爱得深沉。父母对子女，放手地爱，让其独立，是否也更好呢？这部电影叫作 Me before you，说来惭愧，这几个单词还算能看懂，翻译为中文是遇见你之前。

追着太阳飞了 11 个小时多，在北京时间 23 点，伦敦时间下午四点左右，降落在伦敦希思罗机场，入住伦敦市的百年名校帝国理工大学宿舍。

二

入住在位于伦敦市中心的帝国理工学院宿舍，房间大概十多平方米，很微型，简单，干净。床呢，比火车卧铺宽一些，翻一个身不留神可能就滚到地板上了，呵呵。12 号 3 点多醒来，然后睡不着了，生物钟挺准的，毕竟几十年了。这里比北京时间晚 7 小时，现在 6 点半，苏州应该是午饭时间吧。

今天 26℃，多云，格子衬衣，卡其色休闲裤，舒适皮鞋，在英国，也穿得英伦风些吧。上午是艾伦老师对英国教育整体的介绍，主要是对英格兰的教育整体介绍。艾伦老师从教 40 年，现在退休从事教育监督机构顾问，相当于我国的责任督学吧，即第三方监督。所以，他对于英国的教育应该有着一线教师的实践和专家级别的审视。基础教育，西方国家向来注重学生能力和技能的培养，忽视知识的传授与巩固。近年来，英国政府也在试图改变这一教育理念，要求学校更重视基础知识教学。比如母语教学，要求抓好听说读写能力训练，提高学生母语素养。这一点与我们语文课程标准倒是如出一辙。

很多人认为，西方国家发达，教育设施先进，教育资源丰富，让孩子上学一定很容易。但事实上，我们一直误解了，即使是发达国家，也有家庭供孩子上大学有困难的。一个本科读完需要花费 5 万英镑左右，约等于人民币 45 万。有相当一部分学生需要通过政府助学贷款完成学业，等毕业找到工作还清贷款估计要 20 至 30 年。由此看来，英国家庭的高等教育负担也是比较重的。

下午的讲座中，纳迪娅，一位小学女校长也说起，她学校所在的区域是个渔村，离伦敦市区较远，很多家长根本不识字，更不懂教育孩子。她于是创造性地进行教育教学改革，在学校开设学生自主学习课，教师单独辅导的加课，完全免费，得到家庭贫困家长的支持。有了家长的支持，学校的亲和力增强了，其他工作开展也就顺畅了。她还创建了自己学校的四个核心价值体系，即启发、创造、爱心、勇气，并通过别致的途径去实现这一价值体系。她通过简化的瑜伽训练，规范学生行为，净化学生心灵，校园处处设计好瑜伽的脚印，让学生在走路中修炼瑜伽，学会做人。她把这一做法称为"走动式静心"。

一天 7 个小时的培训，老师们十分敬业、细心、热情，让我处处感受到英国人做事的严谨态度和做人的真诚善良。尽管语言沟通存在一定困难，需要翻译，却在交流中时时产生共鸣，教室里回荡着激烈的讨论和欢乐的笑声。

顺便记下，吃饭基本在学校食堂，早餐是西式、面包、果汁、鸡蛋。午餐还是西式，烤鸡块、炸薯条、烤土豆、炒饭，炒饭是一粒粒的米饭，硬得发干。有个幽默的老师开玩笑，打个喷嚏这盘子炒饭就飞没啦！吃一顿午餐基本要 8—9 镑，因培训给的午餐费是 7 英镑，超出部分自己掏腰包。晚餐在街边小小的中餐馆吃了碗馄饨，5 磅多。以汇率是 9 来算，基本上吃最简单的一餐需要人民币 80 元左右。总之，物价有点高，食品更贵些。

三

9 月 13 日，星期二，多云。

培训第二天，由艾伦老师主讲英国教育的变革。进入 21 世纪，英国教育改革的步伐加快，教育专家认为这种快速改变并不好，带给教师和学生巨大压力。当改革推出时，应好好执行，成熟后再进入下一步骤。目前，英国的教育正处于一个有意思的时间拐点上，也就是说，英国教育正在经历一场蜕变。一个领域的前进或优化，似乎就会在该领域内产生震荡，真理总在纷争中渐渐清晰起来。在英国，督学机构在教育领域发挥着重要作用。英国教育标准局用三天时间对一所学校的各方面工作进行调查研究，然后作出决定该学校是哪种等第，一是一级棒的，二是好的，三是不太满意的，四是失败的。判定为第三等的学校要在两年内进行改进，期间督学每 6 个月去学校拜访一次。如果某学校被判定为失败的，那么这所学校的校长将被撤职，再派新校长接管。因此，在英国，督学机构对学校具有绝对的说话权，对学校监管起到重要决定和推动作用。

中午 12 点多，在教室吃完汉堡包，接着上课。下午的课是学校管理能力和领导能力。以前，英国成功的学校都是校长独裁式管理，那种军事化的、由上而下的管理。也出现过以讨论为主的管理模式，学校领导处理任何事都要讨论，结果导致什么决定也拿不出来。现在，学校基本都是企业化管理，学校将权力下放，责任分散。比如，让家长加入学校的管理。

另外，提到校长的教学，以前，在英国，校长的工作时间有 50% 用于教学上，现在校长不教书了，只专注于每个教职员工是否达到预期的目标。

今天又是将近 7 小时的上课，团队的老师都因为时差问题睡眠不太好，晚上三四点醒来就睡不着了。然而，每个老师很珍惜这次珍贵的学习机会，都打起了十二分的精神认真听课，积极与英国老师交流，我们的团队很自觉。

四

9 月 14 号，星期三，晴。

早晨 5 点醒来，生物钟开始调整过来，顿时感觉安心多了。

因为要 9 点上课，所以还有两三个小时。我们去附近的海德公园散步。晨曦微露，略有凉意，整座城市还在沉睡中——英国人喜欢泡吧，此时人们还都在睡梦中。

从宿舍往东北方向走，经过艾伯特皇家音乐厅，穿过马路走一小段就是海德公园。公园是开放式的，没有门头。英国的大学也是这样，我们培训所在的帝国理工学院就没有大门，各个教学楼散落在这一街区，和城市建筑融合。包括英国的住宅区，小区没有大门；市中心基本就是联排别墅，多半六七层，当然是富人居住的。基本上外墙红色棕色砖实砌，窗户一律白色格子，门都是实木古典风格，非常漂亮。这些住宅，很多都是百年甚至可能更久，看上去壮观豪华，窗户玻璃几乎一律透明。

海德公园，并没有刻意建造的东西，有的是参差错落的树木和大片整齐的草坪，鸽子成群在草坪啄食，享受清新的空气。一个个的身影跳到我面前，娇小玲珑，原来是只毛茸茸的小松鼠。它一点也不怕生，在我的脚边跳来跳去，好不欢乐。在这里，人与自然相处和谐。

9点上课，艾伦介绍英国课程设置的开发交付和评估。艾伦让我们浏览学生作业本，了解教师对学生作业的批改状况。总体来说，学生作业的难度与国内同年级相比，显得较为浅显些。作业本较为个性化，各种颜色的笔做题，还用一些符号去辅助。老师的批改不仅是对错，还有旁批，标出错误，指出问题，给学生明确的改正方向。通过作业反馈，教师不断修正自己的教学，更合理有效地辅导学生。另外，由于学生们的语言功底普遍不高，各科教师除了要批改作业中的学科知识错误，还要关注学生的语言运用是否正确，如文法有误，教师就要将错误的表达圈出来并在边上写G。

由此看来，作业批改大有文章可做。记得我当年读师范，有个数学老师就喜欢给好的作业写个"good"，那时候看到这个单词心里很开心。回想自己教学，有时会给学生作业上留言，表扬进步，也会指出不足，有时也会画个笑脸的图案。学生发来的作文电子稿，基本在一周内给出修改意见，回复邮件。但是，在批改作业中和学生的交流方面基本停留在教师对学生单方面，还是有待提高。

下午5点下课，翻译员丽莎带我们去唐人街，估计看我们吃不到中餐可怜兮兮吧。丽莎帮我们办理了交通卡，地铁公交车都通用。进入地铁站，真让人诧异，老旧的环境让人不敢相信这是发达国家。地铁比苏州的矮小，有些人勉强挤进地铁车厢里，头还要歪过去才能不至于被门挤到。回到宿舍，我查了网上资料，英国的地铁1856年开始修建，1863年1月投入运营，是世界上最古老的地铁拥有国之一。可想而知，英国在100多年前，工业发达到何种程度了。

五

9月15日，星期五，雨。

清晨，被窗外汽车呼啸声吵醒，拉开窗帘才知道下雨了。终于等到伦敦的雨！今天正好去参观学校，可以与伦敦的雨亲密接触了。

今天是第一天参观学校，英国人讲究拜访时间，迟到不好，早去也不太好。所以，丽莎是掐着时间带我们去。冒雨走了2公里到达地铁站，穿了外套的我已经开始有点哆嗦起来。昨天还31℃，一夜之间下降了15℃，再加上秋雨拍打，真是措手不及。下地铁站，里面一阵阵热浪扑面而来——瞬间，我们经历了冰火两重天！

下站后，丽莎指着街边的一扇玻璃门说，就是这儿了。我们都有点惊呆了！这不像学校啊，倒是很像一家公司的门，要刷卡才能进。门口也没有学校的牌子，如果没人介绍，在这里来回走几百遍都不会知道里面是学校。进入玻璃门，发给我们每人一个访问卡，上面写有访问者姓名、日期等，底部还有条形码，这个安全工作真是到家了。这样的学校，估计连苍蝇都飞不进去。

今天的午餐特别有意义，学校安排我们和学生们共进午餐。孩子们十分热情，主动和我们握手，主动将餐具摆好，分好食物。我的餐具少了一把刀，未待我开口要，边上的一个女孩子马上说：我去帮你拿好不好？另一个孩子还带领我们去卫生间，其实他也是新生，对学校不熟悉，一路上问了两个老师才把我们带到卫生间。这一刻，我真感动了：一个孩子，能这样主动诚恳做事，这所学校的教育一定是成功的！育人，不是就要达到这个境界吗？

离开学校前，我们纷纷在进门处拍照留念，因为这确实是一所用心做教育的学校。

六

9月16日，星期四，晴。

今天是中国传统节日中秋节，我们在英国帝国理工大学充实的培训中度过了这一天。

上午，由英国未来领导人基金会的机构主任玛丽娜主讲这个基金会的宗旨目标和具体做法。据玛丽娜介绍，未来领导人基金会的目标就是负责训练校长，使之成为具有领导人核心价值观念的人，从而成为一个优秀的校长并有效地管理学校。在教师教学行为方面，英国近年来正在转变教育学生的方式，由从前的命令转变为引导，更注重教师以身作则，用自己的言行对学生进行身教。

下午的主讲人是哈格特，这位老先生曾被光荣授予英国女王颁发的勋章，对特殊教育作出了一定贡献。通过讲课，逐渐认识了英国特殊教育的发展，也具体了解了英国在特殊教育上各阶段的实施方法。

整整一天的培训，老师们认真聆听并不时与主讲老师交流探讨相关教育问题，课堂里充满了浓浓的学术氛围。晚上，我打算换换口味，吃一顿麦当劳当中秋节晚餐，一个汉堡、一份薯条加一杯可乐。这是我用拙劣的英语点单的。英国人真的很友好热情，知道我不怎么懂英语，不厌其烦地言语加手势语为我点单。

这几天感受颇深的还有穿马路，行人在没有红绿灯路口过马路，车子刹车停下等行人先过，有的驾驶员还做一个请的手势，让人受宠若惊。晚上9点，应丽莎的邀请，全体成员集中宿舍楼下草坪上过中秋。细心的丽莎带来了3盒月饼，我们席地而坐，吃着丽莎甜甜的月饼。大家互相祝福，说着，笑着，热闹着。仰望天空，看不到月亮，听说今晚有月食，不知是不是这个原因。云层边缘笼着淡淡的月光，月亮还是在的，只是躲起来了。

七

9月19日，星期一，阴。

这周开始访问学校，今天访问的小学是约翰·里尔学校（Sir John Lillie Primary School）。早上8点半出发，公交车坐了好多站，停了。丽莎说，到了。我一看，红砖围墙和一般院子的围墙没什么区别，围墙上也没有校名。一扇小铁门进去是个小院子，再进入就是教学区了。伦敦的学校真是"深藏不露"。

副校长一见我们团队就逐个打招呼，咯咯咯地笑着一脸夸张。学校有150年历史，目前学生450名，在伦敦算规模较大的小学了。来到操场上，正是课间活动时段，远远看见一个班级孩子排成一排坐在地上，上前询问才知道是做了错事在"受罚"呢！我们询问校长这么"罚"是否会引起家长反对。校方很坦诚地回答，开学初学生如果违反纪律，就要整个班级"受罚"，这是为了让学生养成学习的好习惯。学校的政策条例都挂在网站上，家长都知晓，家长们不但不反对，反而支持这种做法。

中午在食堂和学生一起用餐，整个午餐前前后后的工作都是由学生自己完成。四五岁的孩子已经可以分工明确地做餐前准备。孩子们见到我们都很热情，过来照相，说着"hello"，还说"你好！"英国人的热情友善，从孩子身上可以看到，成人也是彬彬有礼。我们问路，他们都会停下脚步，很和蔼地回答，即使我们的英语表达不够清晰，他们还是努力去听，然后明确地告诉我们怎么走，该换什么车，在哪里拐弯。这次在英国我们都是乘坐地铁和公交车往来，没有专门接送的汽车，所以，问路是家常便饭。

八

9月21日，星期三，晴。

7：15出发，还是乘坐地铁，转另一线地铁，再转公交车，一个多小时后来到位于伦敦东北部的Grazebrook Primary and Nursery School。执行校长托马斯欢迎我们前去访问，他向大家介绍学校的发展概况、教学理念和教学方法。学校的数学教学是一大特色，使用的却是我国上海的教材、教法。

在这个学校走班听了几节课,课堂教学总体感受是教学节奏张弛有度,师生互动贯穿课堂,学生状态是身心放松中略带紧张,学生根本没有开小差的机会。值得关注的还有他们的数学作业本,A4纸大小,纸张厚实,每页都印有淡灰色的小方格。这种小格子的页面对于数学作业有着多用途,可以更方便地画图形、线段等。作业本上清晰地贴着每一课学习目标,部分学习基础较好学习能力较强的学生有较高的学习目标,课堂结束时由老师和学生分别在每个目标后打钩反馈学习结果。

最后,校长带领我们去观摩了最令人印象深刻的学前教育。有些班级在教室外的活动场地参加活动,孩子们有玩沙的,有玩水的,有学做饭的,有滑滑梯的,也有晒太阳看书的。在课堂里,每个小组轮流学习字母,没有轮到的孩子则可以搭积木、看图书,十分轻松。

九

9月22日,星期四,晴。

8点半出发乘坐地铁出行,今天参观的学校也比较远,要地铁再换公交。说话间,地铁开到了地面轨道,原来这里的地铁和地面火车的轨道是相通的。

学校老师特地到校门口来迎接,让我们受宠若惊。穿过一条小径,隔着铁栅栏匆匆掠过一个农场,还颇具规模,种着各种果蔬。校长罗拉和副校长向我们表示欢迎,分别向我们介绍学校概况。学校有28位教师,70多位职员,有来自世界各国的学生共670名,使用的方言有80种以上。学校的办学宗旨是每一个教师都要为每个小孩子负责,学校在数学、文法和写作方面做得特别出色。

值得一提的是教室布置,每个教室都比较大,除了五六个以小组为单位的桌椅,其余四个角落基本上这样布置:一是教师办公区,配备办公桌,电脑等;二是学生读书角,有沙发或地毯地垫可坐可躺;三是学生生活用品存放区;四是教学用品存放区,有木制抽屉式整理柜。教室墙上配有一排排挂钩,用来悬挂学生的外套,下边就是放置书包的小柜子。每个小组的桌上都有笔筒,里面是共同使用的各种彩笔、尺子等。

随后,我们观摩六年级的数学课,教学内容是几何学。学生以小组为单位,通过搭类似"乐高"的积木,直观地感知几何形状,完成作业。学生时而独立思考,时而互相交流。

在午餐闲聊时,我们谈到英国的教师待遇,老师们觉得在英国当老师尽管薪水不算高,但相比其他职业有较多假期,退休金也是比较高的,所以他们觉得当老师还是有一定优势的,最重要的是教育学生也是很幸福的事。

赴韩文化交流旅行日志

周政昌

2013年7月11日至15日,苏州市相城区中小学生一行30人前往韩国进行了游学活动。游学期间不管是就韩国风景方面还是我们团队成员方面,所见所闻所感好些颇值得回味。我在每天晚餐后查房前的一个多小时空隙里,或者是查房后就寝前的时间里,安心坐下将一天点滴作些记载,直录五天"历史"。

一

2013.7.11，早上，晴转雨。

领队陈忱女士昨晚来电，希望我们能比原来约定的8点提前半小时从区教育局出发，以免在前往上海浦东机场的路上碰到堵车延误了登机的时间。陈忱女士是江苏省教育国际交流协会的领队老师，昨天她刚刚带回了一个赴外文化交流团回到上海，南京的家也没时间回去，便又投进了策划我们这个赴韩文化交流学生团的领队工作。

早晨，我提前去区局等候相关学校前来汇合的带队老师和学生，不曾想蠡口小学的王丽群老师已经在区局门口等候了。不一会儿，好多小朋友在家长的护送下陆续来到；来得最迟的是陈曦照、华佳辰、陆丽娜、顾欣怡和邓祎呈等几位小朋友，他们离集合点最近，却来得最迟。这也是意料之中的，老师都有这样的经验，早晨上学晚到、迟到的不用多问，一般是不会远道的，而往往是那些离学校最近的学生。不过晚到者华佳辰和顾欣怡两位不在这"常规"之列，这两家其实是老早就出了门的，他们的迟迟不到是一直在相城区行政中心楼群里绕，可就是绕不到教育局所在的10号楼。

这也难怪，因工作我已经进出这个中心十年了，可是到今天还没有真正弄明白这些楼群的排列规则——也许我也从来没有上心研究过。来接我们前往浦东机场的大巴车李师傅吧，他是从南京过来的，还是第一回来行政中心。但是他是位"老驾驶"了，省会大城市里来的，跑的码头多，见识也广。可他先是在行政中心楼群的外围转圈，就是钻不进来；后来好不容易钻进了楼群，并且见到了11号楼，他想往左开依次找，没找到10号楼而又跑回了马路；李师傅再次回到11号楼前，再向右找去，还是没找到10号楼，反而又滑出了行政中心的楼群。他实在没辙了，就打电话给我，说实话我也说不清先走哪路再走哪路，因为中心内的路压根儿没路名。时间已经超过七点半了，我急中生智，叫李师傅把车开到11号楼前的马路上停下，然后我奔到那里上李师傅的车把他带到了 10 号楼前。

华佳辰和顾欣怡两家的遭遇就同李师傅一样。当我们老师将两家大人孩子"接引"到 10 号楼前,大人小孩早已是满头大汗——并非天热,主要是时间已经接近 8 点了,急的!

这样看来,把楼群的编次搞得颠三倒四,还是很能锻炼培养人的观察力和耐挫力的。还好,尽管有点儿小"磨难",8 点之前,我们一行 30 人的团队总算集合完毕了。8 点准我们的李师傅准时发车,前往浦东国际机场。

1 点的航班误点了,通知说要 2 点起飞。杨志钱、华佳辰两个小孩早饭也没有吃,此时早已饿得肚子咕咕直叫。寄掉行李,通过安检,找到我们航班的候机厅,两个孩子急着要去买吃的了。我干脆把我所带的一帮孩子一并叫上同去餐饮处。这些小孩哟,一个个像饿虎扑食,饭的饭,面的面,汉堡的汉堡,只管狼吞虎咽。原来这些小家伙已经激动好几天了,今天一大早起身后,将随身行李自行整理了又整理,居然大多没有来得及吃早饭。

服务员来收款了,陆丽娜、顾欣怡两位很潇洒地递上银联卡,听凭刷卡。刷完卡还拨通妈妈的电话:"妈妈,我开始消费啦! 你收到我消费信息了吗?"好玩的是华佳辰,一大碗排骨面是下肚了,面对收银员却惊呼了起来:"呀! 我的包落在候机厅啦! "这一吓不轻,小家伙额头汗涔涔的,又马上急转身往候机厅跑去……收银员以为他"赖账"想叫住他,我挥挥手说我来代付;同时我叫小家伙别跑,我拨通了守候在候机厅的陈老师,她也正想打电话过来问哪位将一个黑色的随身小包落在候机厅沙发上了。我代华佳辰付了 65 元面钱,领着这帮小家伙往回走,他们一个个舒舒坦坦地散着步,回到候机厅去了。

5 点 50 分(北京时间 4 点 50 分),我们的飞机降落在仁川国际机场。从上海到韩国仁川飞行了 1 小时 55 分钟;在上海烈日炎炎气温高达三十七八摄氏度,仁川机场大雨刚过空气凉爽,估计在二十三四摄氏度光景。

"仁川已到,安全着落。"这是我一到韩国向家长们群发的第一条信息。早在组织本次韩国游学的培训会议上，陆慕实验小学的好多学生家长知道是我带他们的孩子，千叮咛万嘱咐，要我到了韩国就给他们报个平安消息。我是"爷爷级"人物了，深知这些年轻家长的心理。

出了机场，首先去饭店晚餐。踏入韩国的第一顿大餐是水煮肉片，汤料多鱿鱼，很丰盛。好些学生一落座便在韩国导游和餐厅服务员的指导下津津有味地品尝起正宗的韩国料理了。也有几个和我一样，面对韩国导游孙成仁的热情指导，只能"望鱼生叹"，因为我们都不吃鱼类的，而眼前却偏偏是满锅鱿鱼片。

这给我们这几个"另类"当头一闷棍！你看看，主食就是那一锅热气腾腾的鱿鱼加肉片，辅食是每餐必有的四个小碟，当然是盛着花生、萝卜、泡菜之类，外加一小碗大米饭。我有过青岛、大连、烟台、三亚等海滨城市旅游的经验，知道在有些城市餐饮的不适。记得我在20世纪80年代首次去海滨城市青岛旅游，走进任何一个饭店街摊餐饮，尽是刺鼻腥味，食欲全无。三天青岛生活，每餐我都是钻进一个防空掩体里的快餐店，顿顿吃肉馅锅贴。所以这次带队来韩国，我备足了榨菜、豆腐干之类。我招呼几位与我一样不食腥味的孩子共享我自备的食品，准备就大米饭、泡菜加榨菜豆腐干当一顿晚餐了。"周老师，怎么不吃火锅呀？"细心的交流中心陈老师走过来问我，我指了指旁坐的几位孩子说："我们不吃鱼的。不知这店里能否为我们炒个肉片？"陈老师很快端来了一大盘炒肉片，我们几个这下也可以美美地享受来到韩国后的第一餐了。

这一天主要在旅途中，虽然还没有真正进入旅游，人倒也是蛮累的。当大家入住首尔罗成酒店，学生们一个个睡得还是蛮早的。按约定的时间，9点半的时候，我们三位带队老师前去查房，好几个房间的空调打在18℃，我们一方面叮嘱孩子们盖好被子，一方面动手调到25℃，并且叫他们我们出房门后就把房门保险链安上。

查房结束，回到自己房间，已经是10点半多了。洗澡、洗衣结束，又趴在桌前记下以上这些文字，时间已过午夜。应该睡了，明天还有更多的麻烦需要我们带队老师处理。

二

2013.7.12，雨。

上午去了首尔防筑中学，进行了文化交流活动。

朴校长非常热情地接待了我们，把我们几位带队老师接到他的校长室介绍了防筑中学的简况；防筑中学的学生们也早在教学大楼五楼的大讲堂等候我们。这群学生为我们准备好了表演节目和笔记本、小玩具等交流纪念品。可是我们，面对这些"有备而迎"的中学生却两手空空，我这个"周团长"真真正正地大尝了一把"无备而去"的尴尬。看来不仅上课要"备课"，带队出访以至于任何工作都得"备课"。呵呵，"教学六认真"检查自有其道理啊！

防筑中学是一所初级中学，16个班级500余名在校学生，近40位教师，师生比与我们差不多。他们实行小班化教学，每班在30名左右。韩国的小学生上午上课，下午自由发展；初中生上下午各三节课，其余相当多的时间也是自由支配的；高中生则学习任务很重、学习压力也很大。与我们不同的是，高中每天六节课必须按教学班整齐划一进行学习或复习课程，其余的课堂，则完全由学生自主决定：或进数学班、国文班、外语班，或进实验室、活动室、图书阅览室。学生根据自己所缺、所需、所感兴趣者进入相应的课堂或活动室学习、活动，反正相应教室或活动室都有辅导老师在。

我们的学生好羡慕韩国学生的"自由"。但是，当听说韩国学生现在还没有放暑假，并且就是暑假也只有三到四星期时，我们的学生不由得"庆幸"自己没有生在韩国。然而，当我们的学生得知韩国学生能够享受长长的两个整月的寒假时，个个倒吸了一口冷气，哀叹自己命苦啊！其实韩国处于寒带，暑假短而寒假长，我们江苏苏南暑假长而寒假短，总的休假时间大体相当的，谁也不必羡慕谁。中韩的教学时间和教学方式以及高考学生所承受的压力，好像也并没有本质的区别。

韩国的学校一般都很小的,根本没有我国五六千、甚至上万学生的航空母舰式的中小学;尤其是小学和初中,一千人以上的罕见;学校分布很合理,覆盖区域很全面。特别是小学校,分布点很多,为的是尽可能让小学生上学少穿甚至不穿马路。朴校长提醒我们注意观察上下学的小学生,很难见到有家长接送;一般都是学生自己上学到校、放学回家的。我们团队的翁老师还真留意了这一现象,验证了朴校长的话。

还有一个有趣的现象是学校行政不设"副校长",一所学校就一个"校长"主持全局工作和调配微观事务。不用说,这样简约的"行政"配置,形象工程、形式主义的东西是无法生存啦,因为朴校长们除了工作,也要吃饭、睡眠和拥有一些自由支配的空间时间呀,不可能还有什么剩余时间去经营"工程"了呀。当然,韩国学校行政的简约,更为主要的是为了有效使用纳税人的每一分钱。

防筑中学的课堂少了我们中国课堂的"规矩"。我们走过一些楼层,课堂里的课桌似乎没有我们中国式课堂课桌纵横对齐的严肃;学生们上课也比我们课堂上学生来得散淡些。但是据朴校长介绍说他们讲究"课堂严肃,课后活泼"。看来,他们的课堂"严肃度"是稍逊于我们的。他们的"课后活泼"倒是真切的,就拿中韩学生在五楼大讲堂里集合后的情况来说吧。集合时两国学生都很规矩,当我们的学生在一名防筑中学老师的带领下去参观校园时,大讲堂留下的韩国学生很快就"活跃"起来了:学生间咿哩哇啦的讲话吵闹自不必说;有趣的是一个大男生竟然将一个小男生倒抱了起来耍玩;连一个左手吊在绑带里的"伤员"学生,也用另一只手在与一个女生嬉戏打闹。而这一切居然还是明目张胆地当着我们中韩两国老师的面,而韩国老师也不出面加以阻止,听凭本国学生在外国老师面前"出丑"。韩国的教学理念到底是什么呢?我们对学生管理的要求,其目的又是什么呢?他们的"松"我们的"紧"于人的终身发展到底孰利孰弊呢?我看着眼前这一切,默默地思索了起来。

我们的学生参观完毕防筑中学校园又回到了大讲堂，两国学生的交流正式开始。照例是东道主朴校长致欢迎词和我方代表访问团致谢；照例是韩方的学生会主席表示欢迎并介绍他们韩国初中生的学习、活动、生活情况和我方的学生代表致谢并介绍我们中国学生的相应情况。紧接着，防筑中学引以为自豪的学生乐队表演了节目，而后就是两国学生的互动交流。

这是一个非常有意思的过程。两国学生一列间一列交互着坐的，起先只是你望望我我看看你，相对一笑，不发一语——"发语"也没用，双方语言不通。不过，尴尬很短暂。首先打破尴尬的是防筑中学的几个女生，她们主动将小礼品用双手端着伸向了身旁的中国学生，自然还带着韩国少女迷人的笑靥。有趣的是我们的好几位初高中男生，竟然羞涩得低下了头，非但不敢伸手去接受，只是一个劲低着头连正视韩国女孩一眼都不敢。还是我们团队的刘兴雨、唐思颖等几位小女生，她们倒大大方方地从大哥哥大姐姐手里接受了小礼物，并且站起身恭恭敬敬鞠躬道谢。

中国人可是讲究"礼尚往来"的呀，由于我这个"团长"的失职（当然客观原因是事前我根本不知道），并没有关照我们的学生准备好相应的小礼品；现在可急坏了刘兴雨们。几个小女孩真的好机灵，唐思颖一拍小脑袋主意上心头：她从日记本上撕下一片纸，写下了大大的"聪明"两个汉字；然后也用双手举着伸向旁座赠送她礼物的姐姐，当韩国大姐姐郑重地接过"礼品"，唐思颖小朋友点点纸片上"聪明"两字，又指指这位大姐姐高声喊道："聪明！"这位大姐姐也好玩，用生硬的口音跟着唐思颖学说"聪明"，唐思颖连教了三遍，韩国姐姐连学了三声，她边学边笑着。这位姐姐突然站起身来，奔到我们团队的韩国导游身旁，用韩语大概在问"聪明"什么意思；我们的孙导告诉她"聪明"的含义后，她笑得非常灿烂。当她正跨出奔回座位的第一步时，忽然返了身，又是用韩语问孙导什么问题，然后连声念叨着"漂亮"，并且奔回座位的一路不断地念叨着"漂亮"，生怕一断念叨，这个"漂亮"的词语就会落进她的肚子深处，赖在她的肠子角落里永不肯出来似的。回到唐思颖身边的韩国大姐姐，在唐思颖面前竖起了大拇指，连声赞美唐思颖"漂亮"。一个是"聪明"，一个是"漂亮"，两个人笑得好欢；引得四围的中韩学生都哈哈大笑，有的韩国学生也跟着学说"聪明""漂亮"。

这一下，大讲堂里尴尬、羞涩的氛围消散殆尽了；我们的一些个初高中男生也阳刚了起来，短暂冻结的思维也活跃了。初中生杨志钱，接受了旁座韩国学生的铅笔，他灵机一动，拿出了自己口袋里的钱币，左手是六元人民币，右手是一张千元韩币，他将两手交互比画了几下，意思是告诉韩国学生这两者是等价的。然后他收起钱币，拿一张一元人民币按到了韩国学生的手心，意思是赠送给她留念的特殊"礼品"。

杨志钱的这一"创举"引爆了整个大讲堂，好多接受了旁座韩国学生小礼品的中国学生得到了启发，纷纷掏出自己口袋里的一元、五元人民币回赠给旁座；这又启发了韩国的有些学生，他们也掏出一些韩币再赠我们团队的学生。

好一个大讲堂，简直变成了一个中韩钱币交易市场！

这一下可急坏了我们江苏教育国际交流协会的两位随团老师和两位韩国导游，纷纷喝停钱币交换。其实，两国学生并不是在钱币交换，而仅仅是在互赠小面额的各自国家的钱币而已。当然，为防止不测和事态的不良变化，制止"钱币礼品"是很有必要的；因为"钱币"不是"礼品"。是啊，大差错的发端往往是"小苗头"或所谓的"小节"。

年轻人的心灵是非常容易沟通的。两国学生的交流自动自然地进入到用英语交流的境地，只是初高中生流畅些，小学生们滞涩些；进而又有人想出了两两或几个几个手机合影。这一下大讲堂又成了一个记者招待会，四处闪烁着拍摄的闪光。"漂亮"的刘思颖和"聪明"的韩国女孩两颗脑袋斜成一个倒 V 形，两侧各是伸出两个做成正 V 型的手指头，拍摄了一张合影，两人笑成了两朵灿烂的花。

两个小时的交流活动在不知不觉中滑了过去，最后是中韩学生合影留念。我们团队成员与防筑中学的学生是散乱随意站立的，在一片欢笑声中来了一张"合家欢"。我代表访问团向朴校长赠送了一本剪纸集。结束了我们对首尔防筑中学的交流访问。

中餐是著名的韩国"人参鸡"。

下午外观了韩国总统府青瓦台。这是一座背靠青山、面朝皇宫（景福宫）的建筑群落，规模也不大，并不觉得多么庄严，也不觉得多么豪华，总体感觉很普通。相距青瓦台并不遥远、介于当代政府与古代政府（皇宫）之间的地方，便是一条横贯的公路，车水马龙的；人们在此自由往来。这样的总统府第，给人的感觉是比较亲民的；至于到底如何，我对韩国政治并没有深入的研究，无可褒贬。但是有一点可以肯定，一个人的居处与他的思想理念、情感倾向、审美趣味会有某种联系的。同为贾府中上流社会的贾政与贾赦，其居室用品与布局，区别就很明显；至于焦大、刘老老与王熙凤、林黛玉的居处环境，有天壤之别自不待言啦。同样的道理，一个政府的府邸环境，与其执政理念也不见得毫无关联吧。

外观了青瓦台，接着便参观了韩国国立民俗博物馆。这里是展示韩国传统生活方式的地方，陈列着相关的近4000件民俗资料。尽管韩国的好多民俗与我国汉民族多有相通之处，可是我们团队的这些学生对自己民族的民俗知之甚少，因此当他们处身于这个博物馆中，那一物一件，在其眼中都是新鲜无比的，这引起了这群孩子的极大兴趣，一个个忙着拍照留影，忙得不亦乐乎。

从韩国唯一的全面展示民俗生活历史的国立综合博物馆出来，便去参观了景福宫。韩国的这个皇宫形制，明显受到我们故宫的影响，它只是缩微、简化了我国的皇宫——由此也可以推想到历史上的韩国，与我们古代中国有非同一般的渊源。

我们是从皇宫后门神武门进入景福宫的。一踏进皇宫，同学们马上纷纷议论，"皇宫为什么都用沙地呀？""难道古时候韩国是很穷很穷的吗？"……是的，我也觉得奇怪，皇后嫔妃宫女们拖着长长的朝鲜族民族服装，行走在这样的沙地上不是很容易弄脏的吗？要是碰上下雨天，皇帝大臣太监来来去去，御靴锦鞋还会干净？穷冬烈风不是要把整个儿皇宫弄得黄尘弥漫满室尘埃吗？被韩国导游孙成仁称之为"泼妇"的刘兴雨小朋友，对此好奇心十足，追着问孙导这些个一连串的疑问。咱们的孙导尽管大学读的是历史，可是他似乎深通心理学，尤其是儿童心理学，面对"泼妇"刘兴雨小朋友的追问，他就是笑而不答，叫她自个儿仔细观察好好思考。孙导把刘兴雨们的胃口吊了起来，却"引而不发"。孙导唉，你错了，这帮孩子呀并不是那么好打发的。她们有的拖着孙导的衣角，有的赖着不走，有的大喊大叫，有的假哭假笑，还有两个齐声说唱："孙叔叔，坏蛋！孙叔叔，坏蛋！"总之一句话，你孙导不把谜底揭出来，就让你孙成仁没有好日子过。

"你们去过北京的故宫吗？"孙导被刘兴雨、唐思颖、李康慧等一帮小朋友缠得实在没法，便抛出这么一问。小朋友们有说去过的，有说没去过的。

"去过的小朋友，你们还记得不记得皇帝寝宫外的场地是金砖地还是石块地？"孙导又抛出了一问。小朋友们有说是石块地的，有说是金砖地的。

"好了，你们想想吧。等参观到皇帝办公的宫殿时，你就明白这里的宫殿外场地为什么要用沙地啦。"看来孙导不仅是导游，更是一位教育家，并且是一位深通咱们孔老夫子"不愤不启，不悱不发，举一隅不以三隅反，则不复也"教育之道的高明的教育家。

几个吵闹极凶的小朋友似乎心有所动，若有所思了，也就不再吵要"标准答案"了。大伙儿紧随着孙导继续着参观，大家又发现一座座宫殿的名称写的是"康宁殿""思政殿""勤政殿"之类，且不说这些殿名简直就是北京故宫殿名的翻版，怎么书写的文字就是我们的汉字呢？孙导见孩子们满脸写着疑问，他就告诉大家，早先韩国是中国的属国，每年要向中国皇朝进贡，也用汉字，所以这些殿名不是用韩文而用汉字书写。

孙导还特别提醒各位："你们参观民俗博物馆时有没有注意

到,那些韩皇帝下达的'圣旨',落款纪年用的是'万历''嘉靖''康熙'等,那些年号可都是你们中国古代明朝清朝时候皇帝的年号呀。可见那个时候,韩国是臣服你们中国的。可是现在韩国早已不通用汉字了,除了韩语多用英语,甚至连名称也是从英文或意译或音译。"孙导见孩子们很安静地在聆听,他又问道:"小朋友们,你们知道这个变化的原因吗?"

"孙叔叔,这儿是石板场地啦,不是沙地了!"俞胤杰小朋友冷不丁地打破了孙导问题造成的短暂宁静。俞胤杰是个非常特别的孩子,他会独自徘徊在花前树下与草木对话或干哭,会蹲在池塘边对着水中游动的鱼儿说"红鱼啊红鱼,让我骑着你一起遨游吧",会用手轻轻地抚摸着皇宫内台阶石柱顶上的石像石兽喁喁私语,叫它们乖乖蹲着别乱跑……

"对啊,你们看看这个殿叫什么殿?"孙导问。

"勤政殿——"同学们调皮地拉长了声音齐声回答。

"想想看,'勤政殿'应该是皇帝干吗的地方?"

同学们七嘴八舌没个准音,孙导就告诉大家,应该是皇帝办公的地方。"办公一般是在白天还是晚上的呀?"孙导的问题一个连着一个:"皇帝睡觉呢?是在晚上还是白天呀?"这简直是一个白痴式的问题。

错啦,朋友!正是这个"白痴问题"一下子让孩子们开了窍。大家很快地研究出踏入这个皇宫起始时疑问的答案了。

原来从后门进来先到的是皇宫后花园,"康宁宫"应该是皇帝皇后的寝宫。皇帝晚上睡觉惧怕刺客到来不知觉,寝宫四周宽阔的场地铺上砂石,人踩踏在上面肯定会沙沙作响,尤其是在寂静的夜晚,那声响可以起到"预警"作用。"那可是古人采用的'防恐'措施噢!"孙导加重了语气强调。"勤政殿,皇帝办公的地方,白天里安保人员四处都是,不用怕了,所以这儿不用铺沙子只要用石板就好了,整洁耐磨又干净。"说到这儿,孙导轻轻地拍拍俞胤杰的小脑袋瓜子,又说道,"北京故宫皇帝皇后的寝宫四周不也是铺了鹅卵石吗?有的皇帝啊,做坏事常常害死人;反过来了,他就最怕夜晚别人来害他喽!所以啊,小朋友,我们千万不要去做害人的事情,害人者结果要被人害的哟。"

从景福宫出来后,我们团队又直奔"未来梦想之家",似乎经历了"时光隧道",从古代一下子穿越到了现在以至于未来去啦。

"未来梦想之家",融合了韩国IT企业的一流技术,将先进技术及高科技产品预先展现眼前,同学们在那里亲身体验了一把韩国先进的IT技术。孙导对此也非常自豪,说韩国的网速绝对是世界一流的,中国还在闹3G,而他们韩国早已是4G时代,很快就要进入5G时代了。世界上大部分国家下载一部电影需要一晚上,他们韩国早已是仅须几分钟了。

当同学们流连于这个神妙莫测令人神往的"未来梦想之家"时,咕咕作响的肚子提醒大家,应该从"未来"退回到"现实"中来了。我们一行便驱车去了"李家店"饭庄,品尝了正宗的韩国"石锅拌饭"。饭后,大家心满意足地返回宾馆养精蓄锐,猜想着明天的精彩。

三

2013.7.13,雨。

来到韩国第三天了,一直是阴雨,而且很多时候还是大雨。给我们出行带来了一些不便,好在我们的孙导安排巧妙,常常会相机调换活动项目,变成雨停时安排露天参观,雨来时安排室内活动。一小时儿童公园和一小时战争纪念馆广场游览,均是在室外的,孙导安排得当,老天也作美成全我们一行,这两处的游赏时段,刚好是微雨,甚至是雨止的时候。

不过,连绵的阴雨也有好处,那就是带来凉爽。我们从三十七八摄氏度的国内,飞到韩国,三天来一直生活在二十摄氏度左右的环境中,人体舒适度很高,大大减轻了旅游的疲累,因为行走也不会出淋漓的大汗,不容易造成精疲力竭。

今天大雨,几个主要活动均在室内,瓢泼大雨一点也没有扫掉我们的游兴,那雨啊,在我们眼中不是烦人,而是潇潇洒洒,舒舒坦坦。

上午，室外大风挟裹着大雨的时候，我们正在首尔广津青少年修炼馆天体观测室中，仰卧着观看球幕电影，欣赏着天文立体影像，神游于广袤浩渺炫丽神奇的宇宙空间。

　　真是奇怪，明明是我们安安稳稳地躺在躺椅上仰望球形空间的顶部，感觉上自己好像乘坐在游动的船儿上甚至是飞翔的宇宙飞船上，遨游于太空星际之间。我们的飞船刚才还是匀速穿行于大大小小的星星之间；忽而突然加速，钻进了一条长长的隧道，完全是以火箭升空的加速度，刺溜一下蹿出这神奇的"时光隧道"，飞到了遥遥远远的"未来空际"，那里有村庄河流，有林立高楼的城堡，有闪烁凄迷的激光还是极光。我们的飞船就缓缓地降落在平整的赤色的外星球的地面了……

　　我们团队的学生看得很投入，几十人躺在一个并不太大的椭圆形空间里，静悄悄的，除了电影中的声音，没有半点学生发出的声响。例外的是，当影片中介绍到有 15 个国家的天文学、物理学等科学家联手进行着向太空发射了"太空望远镜"，观测天体天象的立足点由地球提升到太空了，影片里将 15 个国家的名字一一报出，可是没有听到"中国"的时候，我们的学生疑问连连："你听到报中国了吗？""怎么没有中国的呀？""中国怎么不参加的呀？"……一个小时的球幕多维电影结束了，我们的学生带着点遗憾和思索缓缓地离开了天体观测室，一路走来，不见了前两天参观游览时的打打闹闹，说说笑笑。

　　欣赏了天文立体影像之后，更上一层楼，大家又去手工操作室，学做"天文太阳镜"和"星座辨认仪"。大多小学生操作熟练，可见我们的小学手工课还是蛮到位的；但是也有几位已经生疏了，大概是六年级的作业练习考试实在多了，将这几位的"手工基本工艺"时间挤跑了吧。好些初高中生也相当雀跃，他们一下子重拾了童心，童趣大发，回归了快乐的小学低年级时光。这些个大哥哥大姐姐呀，内心里也许在想，是刚才在观看球幕电影时，穿越了"时光隧道"，还真把自己带回到了童年时光吧？

　　从广津青少年修炼馆出来，天空中还在下着中雨。孙导带着我们拐进了一所室内植物园。我们团队成员在植物园的几层楼内上上下下，大棚庭院内内外外。出出进进将韩国的林林总总的植物欣赏个够，身上滴雨不沾。

当我们从二楼顺着一道缓坡栈梯下行的时候，省中外文化交流中心的俞主任询问学生："你们知道这条通道主要供谁使用的？"

"我们——"学生的调皮劲又上来了。

"除了我们，主要是为了那些需要坐轮椅上下楼层的孩子们。"俞主任说，"以人为本，不能停留在口头上、墙壁上，应该渗透到日常生活的每一个细节中。"

俞主任这话显然不是说给孩子们听的吧，应该是说给我们基层老师、基层的管理工作者听的吧，我想。

是的，尽管我们到韩国来只是短短的第三天，所见所闻真的还是"浮光掠影"，但是韩国以人为本的理念还是很快觉察到了。譬如这三天里，我们的大巴车没有遇到过"堵车"，这并不是韩国没有堵车现象，尽管韩国人口稀少，全国也只有五六千万；不过"首尔"毕竟是韩国的首都，人口密度、马路车流量还是不小的。只是他们把以普通民众为本的理念落到了实处，坚决地实行"公交优先"的交通规则，道路中央硬是用绿线劈出一条"绿色通道"，专供公交车、大巴车和七人以上中巴车行驶；别的车辆倘要钻空子，好，你来吧，等待你的不是罚款，而是扣押你的驾照，甚至吊销驾照，请你终身不得从驾。

韩国的有些措施还真是值得我们思考的。比如公共场所随地吐痰的罚款，我国常听到这样的笑话：有人吐了痰要被罚五元，那人便掏出十元说："不要找了，我再吐一口就是了。"你看，那种对"规则"的蔑视，公德的沦丧，达到了何等的程度！同样是这类罚款，韩国人不是这样的，他们是根据被罚者上年度总收入的一定比例来罚的。我国那个张狂的"富人"要是在韩国遇上这类罚款，那好了。假设你富到去年年收入高达一百个亿，那好，就按照百分之一的比例来罚吧，你吐出的一口痰就会贵达一个亿。

毕竟是一个亿呀，就算你富到流油，要硬生生地挖去你一个亿的心头肉，你还敢这样张狂吗？

唷，扯远去了，回归我们的旅程吧。我们从植物园出来，已经是午餐的时间了。

中午用过韩国料理之后，我们前往战争纪念广场。一架退役的 B-52 重型轰炸机居于纪念广场之首，极为醒目。机舱内里已被掏空，仅是躯壳一具；但是外观保持着服役时的状貌，色调依旧是乌青森然；那雄踞虎伏伺机欲发的姿态，不禁让人有所联想，令人心生惊悚。

在辞别战争纪念广场前往灾难体验馆的途中，导游给我们留了半个小时，在一家免税化妆品商店拐了一下。不管男女，大多学生都为爸爸妈妈姐姐阿姨买了点什么。看来，这些孩子的出游，出发前一家人都是做足准备的。这是我从这些小家伙非常熟练、非常快捷、目的性极强的化妆品选购上推测出来的。

灾难体验馆，是一个参观者可以参与的互动性灾难应对体验场馆，具有极强的直观性。由于时间有限，一行近 50 人（包括与我们五天同行的沭阳中学十多名高中生）仅参与了地震、台风、火灾三种灾害应对的逃生体验。不少同学首次明白并铭记了自己学校的连廊过道中的应急灯的巨大作用以及安装的位置为什么要贴近地面，更明白了日常一定要保护好这些打扫卫生时"碍手碍脚"的应急灯和墙壁低柜楼道拐角处的灭火器、沙子箱的道理。

从灾难体验馆出来，已经是晚餐时间了。自从 11 号跨进韩国的国门以来，一直在体验韩国的"餐饮文化"；可能是生怕我们的孩子们淡忘了祖国的"餐饮文化"，也可能是为了让我们对中韩"餐饮文化"的比较敏感度不麻木吧，今天的晚餐导游安排了一顿"中国菜"。是的，三天了，真有点怀念"家乡味"的。当我们怀着莫大的期待动筷品尝"中国菜"后，个个摇头，人人皱眉——真是大失所望啊！这些菜呀，哪有"中国味"？一问，原来这家饭庄的老板祖籍是中国山东的，他回到家乡学了几个月"中国菜"手艺，就在首尔开起了饭庄，韩国人一吃确实不同于韩国料理,老板说是"中国菜",韩国人就认为这就是正宗的"中国菜"喽。哈哈,"假冒"并不是我们的"特产",世界上哪里都有。当然,极有可能这家老板打心底认为这就是正宗的"中国菜",并且他也精心地经营着,这样说他"制假售假"就不公正了。对此,我们只能这样理解:久离本土的"风味"总归不可能纯正的。

看来,"藤"离不得"根","根"离不得"本土"。只管蔓延而不再返本的"藤",往往就是非中非外的啦!

变味了的非中非韩式的"中国菜",真的很难下咽,我们团队里好几个孩子是回宾馆后吃了方便面撑饱肚皮的。

不过,这滞涩的一个音符并没有给我们团队五天韩国游乐章带了多少不谐,"欢乐"的基调继续演奏着。晚间查房时,王丽群老师推开徐梦琦、曹晨希的房间门,呈现在她眼前的一幕,让她忍俊不禁。你知道为什么?那些小家伙呀,已经在"体验"为爸爸妈妈买的化妆品了:黑眼圈,大花脸,血色的嘴唇好吓人,亮闪的指甲直刺眼……朋友,当你看到这样淘气的孩子,能不笑喷吗?

四

2013.7.14,雨。

夜半惊魂!这是我昨天半夜经受的一场虚惊。

我查完房回到自己房间已经11点多了,洗完澡洗好衣服,将近12点了,人有点累,就靠在床头闭目养神,等待头发干些再躺下睡觉。不曾想,眼睛一闭,居然睡着了。睁开眼来,一看手表,已经是午夜2点缺几分。再一看旁边床上,不见了同室的学生。看到卫生间的灯亮着,估计他在上厕所吧,于是我安然地躺下身来准备睡去。

睡下后,我又仔细地听了听,觉得卫生间里一片静寂,半点声响也没有。不对呀?我起了疑虑。我轻轻地叫了一声那孩子的名字,竟然不见回音!我跳起身来,跑到卫生间门口一瞧,空无一人!这一吓,非同小可,惊出我一身冷汗。我赶忙侧身看房门保险链——完了!这孩子出门去啦,保险链子打开了,那链条链锤笔直地垂挂着,静静的,一动也不动。

这可已经是下半夜了呀,他会到哪去呢?干什么去呢?白天里毫无什么异常的迹象呀?早先我曾询问过他,他在韩国也没有什么亲戚的,这深更半夜他会不会……我不敢往下想了,背上又是冷汗一通。

"对!他出门时有没有拿上房门钥匙,拿的话表明他偷偷地出门还要偷偷地溜进来的;要是不拿的话,那这个后果我就不敢想象啦!"刹那间,我的脑海特别清朗,脑子转得特别快。这也是我三十多年工作历练慢慢练就的:遇上的麻烦越大,事情越紧急,我的脑海越清晰明朗,预测推理判断的速度愈加快捷。

我赶紧转身回到写字台前,一看台面上那把房门钥匙不在,我吊起来的心放下了一大半。我舒了一口气,拿起手机给他发了条信息:"×××,你去哪了?赶紧回房睡觉!"

"我在楼下房间,吃方便面。怕出出进进打扰您,想跟他们睡了。"

"谁允许你自说自话的?不准!马上回房间睡!"

至于这孩子是真的在楼下房间吃方便面,还是在底层上网(韩国的宾馆一般是底层可以无线上网,其他楼层没有这一功能。同时对非成年人入住的房间,网线和收费电视频道也统统切断的——我们在韩时间虽短,他们将"以人为本"理念落到每一个实处,这感觉很是鲜明),或者在别的什么地方干些什么事,在这夜半时分,我是绝对不会去深究的了。

考虑到这孩子在回避着我进出房间,我也没有坐等他回房,而是钻进被窝自管躺下来待他回来。不多时,他回房来了,我就一句"睡吧!"侧过身去背对着他,这下真的安稳睡去了。

今天早餐后,我找了楼下房间的两个孩子,证实昨晚他们三个是在一起吃方便面的。后来我把三个孩子叫到一起,再次强调纪律:"接下来两天犯纪律,我就到你们家长处'放红老鼠',让你们永远不得随学校组织的旅行团出游!"

说老实话,昨晚这么一惊一乍,不可能睡得踏实充分了,今天心情有点抑郁精神有点萎靡。老天爷似乎也知道我的抑郁，早餐后在前往三八线参观的一路上，车窗外的雨，下得没完没了，像是应了我惆怅的心情。

到达三八线参观点的时候，雨愈发厉害，变成了瓢泼大雨。此处的三八线旅游景点，并非我们熟知的"板门店"，而是汉江和支流清川江交汇口的三八线分界处观察点。

三八线，我们一行在大雨中来，还是在大雨中离去。三八线的大雨啊，什么时候会停下来？三八线呀三八线，你的上空什么时候能艳阳高照，天清气爽呢？

已经是中午时分，我们带着沉思去餐馆美美地吃了一顿火锅，是金针菇、蘑菇、木耳加肉片，泡菜之类自然是不会少的。火锅料随你取了煮着吃，只是你既然煮了那就得吃完，否则是要罚款的，因为你在浪费食物。

韩国人容不得浪费。譬如一次性筷子，你在韩国的任何一家餐馆是看不到的，他们认为这是无谓浪费木材。我们入住的罗成酒店，属于"四花酒店"，相当我国三星级宾馆吧，房间里找不到一件物品是"一次性"的。牙膏、牙刷、肥皂、洗发液、沐浴露、木梳等都不提供"一次性"的，都需要我们入住者自己带去。而我国三星级以上的宾馆饭店，入住者什么都不用带的，房间里充斥着"一次性"的用品。韩国的富裕远超我国中西部地区，这是谁都知晓的；但是为什么他们反倒比我们节俭呢？是"富裕"养成了"节俭"，还是"节俭"成就了"富裕"，抑或是两者的良性互动使韩国走上了"富裕"的高速路、养成了"节俭"的优良习惯？

我们团队的孩子们是不会思考这些问题的，你看他们，一个个只管狼吞虎咽，可能是味道鲜美，更可能是这一餐他们必须把肚子填得饱饱的，否则一整个下午的游玩没有足够的能量。对于他们来说，接下来的六个小时才是今天的、甚至可以说是这回来韩的"大餐"。

孩子们欢乐的下午六小时，是在"乐天世界"中度过的。"乐天世界"本不在我们的游程之中，这个半天照例应该在"爱宝乐园"活动。可是"爱宝乐园"的绝大部分游乐项目都是在露天的，天公不作美，今天从出门到三八线再回到城里午餐，一直是大雨转中雨，中雨变成大雨。就是下午雨止太阳出，"爱宝乐园"好多项目也是不能开放的，因为地滑危险；再说看看老天爷，满脸不高兴，阴阴郁郁，看样子不把今天下午浇一个通透，他老人家是不会罢休的。

　　学生的安全高于一切！这是本次游学活动的组织者和我们几位带队老师的第一要义。对此，随团访韩的省教育厅中外文化交流中心喻主任，把我们苏州的三位带队和苏北沭阳中学的带队张老师，以及两位韩国导游召集到一处，进行了一次短暂的紧急磋商。导游孙成仁建议改游"乐天世界"，因为两个游乐园就活动项目的趣味性来说，并没有本质差异，"爱宝乐园"胜于"乐天世界"的就是多出一个动物园。孙导认为今天就是冒雨游"爱宝乐园"，绝大部分项目无法参与，反倒扫了孩子们的兴；并且要改道的话就要快，去迟了，"乐天世界"将拥挤不堪，因为估计下午硬去"爱宝乐园"的团队很快也会折回"乐天世界"的。不为别的，仅为学生"安全"计，我们四位老师当即同意了孙导的建议。后来的事实证明，孙导的估计完全正确，我们老师的决定完全正确。

　　"乐天世界"拥有一个巨型的天棚，除了一个"自由落体"活动项目矗立于天棚外露天大雨中，其余数十种游乐项目尽收于这个巨大无比的"乾坤袋"似的天棚之中，就连一般游乐园中均在野外的"过山车"，也被收在这个大棚里了。读者朋友，你这下可以想见这个天棚之巨大了吧。

　　这真是我们这些孩子的乐园！这让沉闷了一上午的孩子们，顿时神清气爽，雀跃着扑进了天棚之中。

　　孙导极有经验，先给每位学生发了一张游乐园中文版地图，关照学生们先研究想游玩的项目和所在位置，然后三五结伴商量好了一起出游，不要单游独玩。并且指定了几个点，关照我们带队老师分散在那些点上守望，这样可以让不慎走散的学生见着老师放心或者给弄不清方向的孩子指点。因为这个游乐场实在太大了，大到小学生们一旦走散可能会找不到北而心慌惊哭的。

一切关照明白，好些学生想分散游乐去。孙导叫大家且慢，由他带领了全团成员首先去排队游历了大型游乐项目"魔幻岛"，让大家首尝了一把韩国游乐园的新鲜、神奇和刺激。

岛内，洞穴曲折幽深，不见尽头；河流跌宕起伏，大起大落；灯光明灭迷离，飘忽无定；海盗凶神恶煞，强悍凌厉；白骨七零八落，磷光闪烁；冤魂悲号哀鸣，凄楚心酸……游人乘舟，忽而爬上坡顶，倏忽急落谷底；刚到一潭静水空间，忽而险峰劈面而来。船上乘客，无不大呼小叫；前后船只，到处"鬼哭狼嚎"。

人就是这样，越是让人害怕的越是想去尝试；尤其是孩子们，这种心理尤为强烈。同学们从令人毛骨悚然惊心动魄的魔幻岛洞穴中河道里爬上岸来，大棚内碰碰车、旋转木马、飞荡秋千、特快彗星、飞行气球、西班牙海盗船、单轨火车……平日里可能乐此不疲的游乐项目，现在大家对此已经了无兴趣，因为刚刚的"魔幻岛"历险刺激，已经把大家的"历险胃口"吊得老高老高啦！华佳辰、邓祎呈、范展鸿几个机灵鬼，一下子就锁定了一个叫作"恐怖之墓"（被他们俗称为"鬼屋"）的游乐项目。

这是一个在"鬼墓"中穿过三道鬼门关的恐怖体验活动。这个项目的入口在二楼，他们急匆匆地往楼梯上奔去，却被楼梯口把关的工作人员拦住了，向他们要门票。原来这是个自费项目，需要三千韩币。几个小家伙不管这个因素，一个劲地想要进去一探究竟；可是他们就是一时找不到售票处。我在大棚中巡视我们的学生情况，他们一见我就来求助，我也不知道在哪里买票；他们告诉我说那个把守的人比画着好像说在大门口。我就带着他们到游乐园大门口寻找，没有发现。我便拿出地图，指着"鬼屋"活动点，询问检票的服务员在哪买票。她明白了我的意思，用非常生硬的中文说"旁边,旁边"，这回是她用手指点着"鬼屋"了。我们又折返"鬼屋"，终于被我发现了，就在那道爬上"鬼屋"去必经的楼梯左侧的墙体里，有三台自动售票机。三个孩子一得到门票，赶紧往二楼去，飞快地一头钻进了"墓穴之门"。

我继续着大棚巡视，一则看看新奇，二则遇上需要帮助的学生协助一下。这个大棚的地坪向下有两层，最底下是一个巨大的溜冰场，四周是商店；走上一层，四围是宽宽的走廊，站在栏杆边沿俯视溜冰场，居高临下一览无遗，走廊后面是或经营餐饮或售纪念品的铺子。大棚地坪往上有四层，三层均有不同的游乐项目，也有各种各样的经营餐饮和出售小商品的铺子。在这个大棚内，游乐、吃喝、购物一应俱全。

当我再次转悠到"鬼屋"之前，又见到了好几位我们的学生，也在那里团团转着找售票处。周靓怡等女生也在其中，她们告诉我，先期从"古墓"中出来的同学都说里面太好玩了，一个"女鬼"居然被范展鸿打哭了。这帮善良的女生想进去看看那"女鬼"，同时安慰安慰她，因为范展鸿打"女鬼"不是故意的，走出古墓后的他一直在愧疚伸手打哭了女鬼这事。

范展鸿是我们团队身量最小的男生，他的动手打哭"女鬼"，完全是个意外。前面说到过，范展鸿等三位是首先进得"古墓"探险的。当他们行经一道"墓门"，拐角处突然探出一个"女鬼"的脸，瞪眼、伸舌、舞爪、探身，刚好站在旁边的范展鸿吓得不得了。"女鬼"本意仅仅是吓唬吓唬人，不会触碰到游客的。哪里知道范展鸿吓得非同小可，前后又是人挨着人，他一个小不点，前行不得后退不成，于是对着迎面而来的"鬼脸"闭上双眼，伸出双手一个劲地摇呀推啊，一通乱舞。这可好，伸颈而来的"女鬼"脸庞，就重重地挨到范展鸿的左一重拳右一重拳，终于被打得受不了呜呜直哭起来。

这桩"范展鸿打哭女鬼"的新鲜事，很快地在我们团队的学生中传播开来了，于是三五结伴的同学们不时来到"鬼屋"之前，争相进得"古墓"去探个究竟。我照例指点周靓怡几人去买得门票，她们也像男生一样，兴致勃勃地钻进墓门去了……

事后得知，杨志钱等人居然放弃了好多游玩其他项目的时间，在此买了三次门票，钻了三回"古墓"。我对此是百思不得其解，这到底是一种什么样的心理呢？这种心理怎么会造成的呢？是好现象还是令人忧虑的呢？

这个游乐园，真的是这些孩子们的"乐园"。这一点是肯定的。本来约定6点集合的，等到6点10分，门口集合点还是只有几个人。我们几位带队老师和导游不得不返回里面，分散到多个游乐点去逐一将还在游玩着的同学，拽到门口集合点来。一直逮到6点40分了，才算逮全。好家伙，在返回途中的大巴车上，孩子们热烈谈论的依旧是一下午6个多小时的游乐。倘要叫他们说说刚才从游乐园出来，在饭店里吃的什么晚饭？恐怕没有哪个孩子说得准确了，不管是问男生还是女生。

五

2013.7.15，雨转多云至晴。

这回赴韩文化交流活动终于大功告成啦！

下午3点（北京时间2点）我们乘坐OZ 365航班，由韩国仁川国际机场返航上海浦东国际机场。在韩国孙成仁导游的精心安排、省教育厅对外文化交流中心陈忱老师和我们三位带队老师的通力合作下，各项任务圆满完成而没有出现大差错。在这充实的五天中，全团没有哪一个出现身体不适什么的，我出发前准备好的感冒药、退烧药、黄连素、消炎止痛药、晕车药、防暑药和创可贴等200余元的药品，五天里原封不动；到最后我悉数赠送给了孙导，让他带着，以备以后哪位游客不时之需。

五天里，孩子丢三落四的小事情总归是难免的；但是由于我们三位带队分别在队伍的前、中、后管带，尤其是陈忱等两位老师，充任着"收容员"角色，哪位把手机落在饭店里、谁的门票不慎掉落了、谁进了商店买了东西把随身小包撂在店里了……我们的两位细致入微的"收容员"包管看见。

今天早晨，大家睡了一个懒觉，早饭后我们老师再三叮嘱各位同学分类整理行李包裹，将托运行李箱和随身携带小包物品分开，要求反复检查是否有禁带物品。由于检查到位，准备充分，全团30人安检、通关还是比较正常的。只是11号到达韩国通关时，李康慧小朋友护照上签证的日期有点误差带来点小麻烦。但那不是我们的问题而是使馆签证失误造成的。好在我们在上海登机前就已经将团队分解为三支，分别由我们三位带队分别主管一支。当李康慧通关搁置而造成王丽群老师一支11人都被搁置关口时，另外两支就先行去领取行李，并且帮助被搁置成员的行李从转动的传送带上领取下来，静候王老师他们的到来。

　　能顺利认领李康慧们的行李，可得感谢陈忱老师的英明。我们在上海浦东机场托运行李前，陈忱老师给各位发了一段红布条，叫大家统一系在行李箱提手上，这就是我们团队行李箱特有的醒目标记。所以在韩国机场行李、传送带上，我们很快地认全了迟到成员的行李物品。

　　这里该说一说，如果不及时把我们团队每位的行李从转动的传送带上认领下来，可能会增添不少新的麻烦。因为行李传送带转了一定时段后，机场行李传送带将停转，工作人员就会把滞留在传送带上的行李箱当作"失物"，用专车将"失物"运至"失物招领处"。如果那11人的行李箱被运去的话，等到他们通关过来再去招领处认领，要走很多冤枉路不说，就是那11人逐一认领的手续，也够你麻烦的。

　　出门在外，一要考虑周全准备充分，二要遇变不惊机动灵活，三要多方考虑处事果断，四要精诚合作互让互谅。

　　这种旅行的经验教训，直观地教育了我们的孩子们。古语有云"读万卷书，行万里路"，足见我们的前人对"行路"认识深刻到位；倒是我们的许多现代人，对"行路"重要性认识发生了偏差。"读书"的重要性毋庸置疑，但是"行路"的紧要同样是小觑不得的；两者缺一不可。现在的一般家长，对"读书"关注过度，而对"行路"疏忽得也可以，有时甚至到达了忽视的程度。错，大错特错！

　　其实啊，有好多知识、能力真的是"纸上得来终觉浅，绝知此事要躬行"。所谓"躬行"，"行路"就是重要的一种。就说韩国通关受阻并妥善处理这一件小事，对于大多数的没有这一体验的同学来说，尽管你跟他们"作介绍""讲道理"，他们的认识总归是很有限度的；但是亲历这一事件的我们团队所有成员，谁不会深知深思？

我想，我们现在好多家长真的要学会怎样爱孩子，要多多为孩子"计长远""计能力"。在安全有保障的前提下，不妨"放一马"，让孩子尽可能多"行路"。让孩子利用暑寒假走出家门、走出校门、走进社会、走出国门，多多"行路"，从而开阔视野，历经些磨炼，从中获得"真知"，培养胆识，锻炼社会适应能力、应变能力和生存能力。千万不要以狭隘眼光、简单的手段，成年累月地只知道将孩子圈在教室和家中，按在书桌前一味地"读书呀读书"，把一个个天性很好的孩子弄成一个个一踏进社会就无所适从的书呆子。

我们团队 9 点钟离开住了四夜的首尔罗成酒店，前往仁川国际机场，途经仁川跨海大桥，顺便参观了仁川大桥纪念馆，去了一个免税商店，中饭后就直抵机场等候登机。下午 3 点（北京时间 2 点）飞机按时起飞，北京时间下午 3 点 50 分，我们顺利抵达上海浦东机场。

"安全着落，飞抵浦东。"飞机停稳，我又给家长群发了一条报平安的信息，结束了我五天的"团长"生活。

浙西大峡谷游记

高中历史组　胡维静

高考结束后,学校组织我们高三老师去浙西大峡谷休闲。主题是漂流,漂流是我从未有过之体验,心实向往之,便欣然前往。

第一日:雨雾峰间起,游人山上行

6月11日早上7:00便从学校启程,到中午近12:00到达。一路上导游不时讲点让大家开心的解闷话,讲到历史还不算乖谬,不禁对导游有几分好感。

午饭时小雨淅沥不停,饭后即去游大明山。大明山为黄山余脉,翻过去即是安徽地界;水是黄山的山泉流到钱塘江再流经这里。经过短暂的徒步山路之后,乘索道上到1100多米高的驾云台以观九环峰。上得山时雨下得很大,不知是骤然变化,还是山上山下本就不同。先须穿过一段山洞,里面潮湿阴冷,寒气袭人,岩石上不时有冰凉的水滴落在身上。

到达驾云台时,已经大雨如注,在绕山而修的曲折小径上哪里能观到九环峰,只是一片白茫茫的雨雾,偶尔隐约可见疏落的几株劲松,仙姿不凡宛如黄山松一般,还有两三形状优美的小山峰,想必晴好之日的九环峰是美如仙境的,而此时是"雨雾峰间起,游人山上行"。

约一个小时走完了观景小路,大明山之游也就结束了,再穿回山洞,坐索道下山时雨已经停了。在千米高空俯瞰两峰之间的峡谷,顿觉一股凉气从脚底升起。

第二日:喧阗且止,听得念奴歌起

6月12日上午,导游说给我们买了柘林瀑、老碓溪、涧门关三个景点的套票,游完行程就全部结束。我们惊问:"何时漂流?"导游说涧门关景点可山路可水路,水路行程就是漂流。这才明白被我们视为主题的漂流竟是这样,想起昨日大雨滂沱还心系漂流,真是"骤雨东风过远湾,滂然遥接涧门关"。

　　游柏林瀑要一路爬山,蜿蜒陡峭的山路,雨后湿滑的石阶,导游不断提醒"看景不走路,走路不看景",任身边水声潺潺、树影婆娑我们只能驱驱前行。可能是山路既长且艰,在途中一个平坦处,建了一座"仙姑祠"供游人歇脚,穿过一个木板桥进入,里面供着何仙姑。一进门一个老年和尚便递给每人一炷香,让在仙姑脚下拜三拜,许个愿。我是相信"佛在心中"的,从未拜过任何神仙菩萨,可是进了门就被几个和尚裹挟着不由自主,也拜了三拜,许了愿,捐了钱,此行圆满。

　　柏林瀑有一低一高两处瀑布,经过费力地攀登终于来到名曰"炎生瀑"的低瀑,旁边一块巨石上刻着"如练如帘"四个鲜红大字,巨石之上瀑流如白练水帘一样倾泄而下,激起的水雾不断升腾又随之消散。转过一个弯,再攀拾若干石阶,便到名曰"龙门瀑"的高瀑,巨流垂直冲下山崖,訇然若天上洪钟之鸣,与咫尺间的低瀑互相唱和,高低二瀑如同高低有致的音阶奏出黄钟大吕般的宏乐,屏蔽了一切纷扰,在这里"喧阗且止,听得念奴歌起"。

　　两瀑之间让人恋恋不舍,导游说午饭时间到了,饭后还有两处景点。当在餐桌前坐下时,感觉到小腿酸痛,并不时战栗,才知道刚才的山路回应了久不运动的我。饭后大家都感到体力不支,一致决定不去老碓溪了,直接去漂流。

　　到了涧门关经过排队等待,终于上了漂流的皮筏,一筏六七人,一位筏工撑筏,经过三四个有落差的水面后,再换坐游轮上岸,不到半小时就完成了一直萦绕的主题——漂流。

　　坐上返程的车,感觉心中空空如也,与层叠的群山、幽深的峡谷、苍翠的绿树渐行渐远,却觉得其中风景无尽,需要慢慢地看、细细地品,而两日来被导游的安排驱使着,所到之处皆游人如织,我知道:这种排着队、喊着喇叭的集体旅行,到不了我想去的地方。

　　浙西大峡谷,暂时别过了!

除夕值班（代后记）

今天除夕，是我四十余年教学生涯中的最后一个除夕值班。

值班嘛，照例该巡视巡视校园的。八点到岗后和传达室当值朱文龙、沈卫明两位保安聊了聊，问了问当日校门进出情况，就去巡视校园。一百三十余亩的校园里，除了我们几位值班成员没有任何人了，一路走来，空气蛮清新，凉丝丝的微风嗖嗖，愈显得校园的空空荡荡；连鸟雀也少见，仅见七八只灰喜鹊在向阳的小树林里飞来扑去，也不怎么发声，只是偶尔喳喳几响，自管相互追逐嬉戏……

校园绿化没有很好地规划管理过，绿植有点凌乱，草坪、灌木、乔木栽种布局很是随意；没有像大多校园绿植经过精心设计：高低错落花木相间、块块片片方圆有致。但我以为我们校园绿化的随意性，反倒是恰到好处的，抛却那份造作刻板，崇尚自然天性——这才是深得绿化真谛的做法。并且我相信，三五十年之后，这种乔木为主的校园绿化，必定成翁翁郁郁莽莽苍苍的大气候，必定会酝酿成学府气象；而现如今风行的精心设计时时需要修剪管理的精致校园绿植，漂亮的仅仅是当下，可是三五十年之后呢？

兜到"问天阁"南面，我不由自主停下了脚步：处身于这片香樟树林中，微微的樟木幽香若有若无；更主要的是，在这片小天地里颇能感觉到"乔木森森"的意境——这是十三四年之前新校落成，栽下这片樟木小林子时没有想象到会这么快就形成的景象。

不错的，"十年树木"，这话真是前人经验绝妙总结。我这么想着、走着，移步至"百草园"东侧的运动场前了。一道铁丝围网锁住了偌大的运动场，还是依旧的模样；一排十八棵香樟木挺身守卫着偌大的运动场，既和当年一样又和当初不一样：如今的十八卫士，腰圆膀粗，根深叶茂，少年长成青壮年了！

沿北侧围墙，转到"花季楼"西侧干道，向西朝隔离栏外鹤溪路望去，车流隐隐然，而不闻鸣笛声；这可能是由好多箸竹丛、荆棘灌木丛和零零落落高高低低的乔木组成的三四十米绿化带相隔有关。朝东南望去，"风华楼"被两撇斯大林式胡须、三四楼高的七八棵塔松圆括号似的半围着，绿绿的松针在红艳艳的风华楼外衣映衬下，愈发浓郁。收回视线，朝花季楼脚南面那片小梅树林看去，光秃秃的梅林枝枝丫丫间亮色点点，跨步踏上软软的草坪，走近一瞧，原来是初绽的蜡梅花；凑近花朵嗅一嗅，不闻香味，原来还是含苞待放。一棵棵瞧过去，枝枝杈杈，上上下下，星星点点，热热闹闹。一晃神，仿佛觉得无风的冬阳里，已经是梅花绽放，满林满园，芬芳馥郁……回过神来，花敛香收，依旧是繁星点点而已。但我相信，不用几天，这片小小梅林，必定是迎风冒寒吐蕊喷香的热闹景象，哪怕那时整个校园依旧是今天似的静悄悄空荡荡。因为梅花自有秉性：我欲绽放，无惧风雪；我自展示，不为取悦。

一圈校园巡视结束，回到办公室坐到电脑前，不禁点开空间"日志"，写下以上这些，打发一下独自值班的寂寞时光。

又及：

说到"除夕值班"，我这一辈子十年团委书记、二十一年副校长，再延续三年总支副书记，总共三十四年的行政生涯，已经无数次的"除夕值班"了。一般的都已忘却，但是2003年除夕值班我印象很深，因为那年放寒假前我们从原312国道西侧老校区全迁进入了现在鹤溪路的新校区，好多扫尾工作还没来得及完成，就匆匆放假了。因为一则人家学校早已放寒假；二则好多远道的青年教师都急着回家去过年——预售好的火车汽车票过期了就很难再买到，回家过年麻烦的。为此，我们苏州本地行政人员就自觉地多值班，加强白天晚上全天候的行政值班，两人一档。我记得那年我和张宇主任一档，连值除夕和大年初一两天两夜的班。白天里做一些归归并并的物件整理工作，晚上和张宇上下半夜分别各一次外出巡视校园，特别注意堆放在场地连廊的物品。半夜里，两人裹上大衣，戴上部队里通用的"拉胡帽子"，持一柄能装6节一号电池的细身大头手电筒，一幢楼一幢楼一个区域一个区域巡查，生怕来之不易的公物有所损失。

记得除夕那晚，天很冷，我们住在行政楼二楼的第二会议室，就是现在的专家接待室里。那时还没有装修，也没有沙发，就是一张长条会议桌和一圈硬木椅子。我们搬了两张跳高使用的运动垫子铺在水泥地上，放上我们自带去的被褥。躺在这样的被窝里，安静下来，没过多少时间，阵阵冷意从脚跟侵往上身，从背部冒到胸口……无法安睡，就爬起身来做俯卧撑，暖暖身体再钻进被窝里睡。张宇不耐烦了，干脆不睡了，上网找人"斗地主"。我自管睡下，可是张宇斗得好欢，那不时发出的"啾啾啾""啾啾啾"，加上时时袭来寒气，我怎么可能安睡呢？我也爬起身来，旁观张宇跟人斗地主。我记得张宇那时的网名叫"泥皮皮"，他斗地主还是蛮有一手的，哪个出牌慢了或者是臭了，他还不时在对话框里留言调侃人家。具体说了那些调侃的话语，我现在当然记不得了，只是记得那晚之后，在相当长的一段时间，我就一直以"泥皮皮"相称张宇的——这美名不知张宇今日记得否？

现在行政夜值班有专门的值班室，里面有空调、淋浴什么的，还配有专门的被褥。条件虽然比不得自己家里，但比我们当年不知好多少了。但是，奇怪的是，我今天想来，那时除夕值班给我留下的记忆尽是美美的、甜甜的……

附：何永康教授为《作文训练例文》写的序文

　　一个学生的语文水平如何，看他的作文就可以知道大概。因为它带有很强的综合性，可以从总体上、融会贯通上、灵感与悟性上检测一个学生的语文程度。

　　但作文又很难教。我教了多年的中文系写作课，讲解，批改，评说，不可谓不卖力，但成效总是不大。间或冒出几个写作"尖子"，多半由于他们的基础本来就好。这里边原因很多，有一点应引起特别注意，那便是：教师必须"下水"。

　　中国有句俗话："瘸和尚说法，能说不能行。"语文教师若不能与学生一齐"下水"，写出高于（或略高于）学生的文章来，那就颇有一点"瘸和尚"的味道了。讲一套又一套的作文知识，三五年下来总能对付；然而要想跟学生写同一道作文题，比一比，赛一赛，写得自如，写得潇洒，写得学生点头称是、萌动仿效之心，可就不是简单的事儿了，恐怕要为此努力一辈子。

　　教师要传授知识。语文教师的"下水作文"，是一种特殊的"传授"。中学生写作，需要有"范本"。选入《语文》课本的古今中外名篇，是最直接的"范本"，它们档次高，不易学，主要有助于提高学生的审美眼界；作文讲评课上老师介绍的同班同学的好作文，是又一种"范本"，它们来自左邻右舍，水平相近，亲切，熟悉，容易学到手，但不利于层楼更上，看到更远一点的山外青山；介于两者之间的，既亲近易学、又有较高档次的第三种"范本"，我以为就是教师的"下水"之作。然而很可惜，这种"范本"总是千呼万唤难出来！

　　眼前这一本由周政昌、于铸梁两位先生主编的《新编初中语文作文训练例文》，满足了我们的期盼，它是地地道道的中学语文教师"下水"文集。这里的每一篇文章，都来自作文教学实践，凝聚着每位老师的体验、感受、情感、思考和经验，洋溢着对学生的无比真挚的爱。每读一篇，我都仿佛看到一位可亲可敬的老师从高处伸出双手，热情地呼唤自己的门生："来，跟我上，老师拉你一把！"这是多好的作文教学方法啊！激励、启示、诱导、切磋、叮咛、鞭策，尽在其间。做学生的，怎能不为之感动，怎能不狠狠地憋一口气，朝着老师树立的"标杆"纵身一跃？

　　本书的两位主编，为全书的立意、构思、体例设计、理论经纬做了很好的工作。31个专题排布得很合理，覆盖面相当广，内在联系自然紧凑，既适于教又适于学。书后所附周政昌先生的两篇论文——《还作文教学以本源》《一条作文"内功"训练的有效途径》，有的放矢，分析细致，有理论深度，对中学作文教学颇富启发意义。看来还是"下水"好，不"下水"哪来这么多真切的感受，哪来这么多经验之谈？

　　政昌先生是我们南京师大的校友，嘱我为序。我欣然从命，因为他们奉献了一本有新意、有情趣、有价值的好书。

1996年酷暑于南京师范大学西山

　　说明：周政昌、于铸梁两位先生主编的《新编初中语文作文训练例文》，由北京教育出版社于1995年出版发行，该书一经面世，广受中学师生欢迎，甚至还有不少老师学生致函主编索要或购买的。主编周政昌便将该书奉赠两本给南京师大何永康教授，希望再版时有先生的见解。何教授浏览之后很是高兴，欣然写下这篇序文。应诸多读者要求，1996年7月再版《新编初中语文作文训练例文》，同时将何教授的这篇序文置于卷首。

　　这样做不是"拉大旗作虎皮"，而是让热心的读者朋友、中学的语文老师和学生们，聆听作文教学专家的意见，尤其是希望广大的语文老师能够接受何教授建议：积极投身到"下水"作文实践中来，探索中学作文教学的有效途径。

在这本《野草》的最后,再次附上何永康教授的这篇序文,一则解释本集子虽为"学生优秀作品集",为什么还要辑录老师作品的道理;二是还要借助何教授教诲,大力倡导语文老师进行作文教学务必"下水"实践。